普通高等教育“十一五”规划教材

演讲语言与欣赏

赵贤德　唐善生　主编

科学出版社

北　京

内容简介

本书由上下两篇组成。上篇为演讲语言，共10章，分别为绪论、演讲的发音、演讲的开头语言、演讲的结尾语言、演讲的修辞语言、演讲的辩论语言、演讲的体态语言、演讲的服饰语言、演讲的禁忌语言和名人演讲的语言艺术，各章之后均附有思考和练习。下篇为演讲欣赏，共选录中外优秀演讲辞（包括辩辞）20篇，各演讲辞后附有简析。全书既注重阐述演讲语言的理论，又强调演讲欣赏与实践。讲述演讲语言理论简单明了，易懂易学；所选演讲赏析范例与时俱进，具有鲜明时代性，读者既可以欣赏优秀人物的演讲辞，又可以研读他们的成功经验。

本书既可以作为相关高等院校、高等职业院校的公共基础课或公选课教材，也可以作为广大演讲爱好者的自学用书。

图书在版编目（CIP）数据

演讲语言与欣赏/赵贤德，唐善生主编. —北京：科学出版社，2010
（普通高等教育"十一五"规划教材）
ISBN 978-7-03-029766-2

Ⅰ.①演　Ⅱ.①赵…　②唐…　Ⅲ.①演讲-语言艺术-高等学校-教材
Ⅳ.①H019

中国版本图书馆 CIP 数据核字（2010）第 247108 号

策划：杨　阳
责任编辑：王纯刚　张振华/责任校对：刘玉靖
责任印制：吕春珉/封面设计：东方人华平面设计部

科学出版社 出版
北京东黄城根北街16号
邮政编码：100717
http://www.sciencep.com

北京中科印刷有限公司 印刷
科学出版社发行　各地新华书店经销
*
2010年12月第 一 版　开本：787×1092 1/16
2021年7月第五次印刷　印张：12 3/4
字数：285 000

定价：39.00元

（如有印装质量问题，我社负责调换〈中科〉）
销售部电话 010-62136131　编辑部电话 010-62148322

本书编写人员名单

主　编　赵贤德（江苏技术师范学院）

唐善生（浙江师范大学）

副主编　许彩云（江苏淮阴师范学院）

尤翠云（湖北咸宁学院）

参　编（按姓氏音序排列）

刁世兰（安徽合肥学院）

郭晓阳（江苏广播电视大学武进学院）

李　琳（江苏技术师范学院）

沈光浩（辽宁渤海大学）

沈文娟（江苏广播电视大学武进学院）

朱春敬（吉林北华大学）

前 言

现代社会须臾不可离开语言表达，语言表达能力的强弱可以说是一个人智慧高低的反映，它影响着一个人的事业发展、人际关系和精神状况，甚至影响到一个国家的形象，同时也是一个人随身携带的、永不过时的、最重要的、也是最基本的能力。

我总在思考着这样一个问题：同样是大学老师，为什么易中天就讲红了中央电视台《百家讲坛》；同样是中学老师，为什么魏书生在全国的巡回演讲几十年来经久不衰，创下了中国教育界的一个神话；同样是大学校长，为什么李培根的一个毕业致辞就红遍各种媒体；同样是企业家，为什么俞敏洪的演讲在大学生中有口皆碑。原因何在？就是语言表达问题。

正因为如此，很多高校学子深刻地认识到语言表达的重要性，所以演讲与口才之类的课程很受欢迎，演讲与口才之类的教材总是很畅销。针对市场上演讲与口才之类的书籍良莠不齐的现状，我们组织了部分从事语言教学与研究的教师，编写了这样一本实用性较强的教材。本教材具有如下几个特点：

一、系统性。本教材对演讲语言进行了系统探讨，具有较强的针对性和系统性。本教材上篇分别从演讲的开头语言、结尾语言、修辞语言、辩论语言、体态语言、服饰语言以及名人演讲的语言艺术等方面进行了全面探讨。下篇精选了中外一些优秀的演讲辞，尤其是当今名人的一些经典演讲语录，供读者欣赏和学习。

二、现实性。以往的演讲与口才之类的教材所含内容无论是举例还是选文，似乎都与现实隔绝，对现实生活的引领作用是很有限的。而本教材所选演讲辞大多数来自于对今天有一定影响力的知名度人物的演讲，既有政治家的演讲，也有企业家的演讲，还有教育家的演讲，这些演讲辞具有强烈的社会现实性、使命感和社会责任感。

三、励志性。以往类似教材所选演讲辞由于缺乏现实性，所以其励志性较弱。而本教材所选的俞敏洪、马云、李开复、牛根生、张瑞敏、任正非、李嘉诚等人的演讲辞具有强烈的励志性。这些企业家在社会上具有较大影响，在青年学生中影响更大。聆听他们的演讲，阅读他们的演讲辞，我们的内心往往会受到强烈的震撼，饱受求职和就业挫折的青年学子也一定会受到鼓舞和激励。

广大读者阅读这些优秀演讲辞不仅可以欣赏演讲者们独特的演讲风格，学习他们精湛的演讲艺术，同时还可以领略到他们当初创业的艰辛，研究他们的事业成功之道。不过这只是编者的主观愿望，至于能否转化为客观效果，还有待实践检验。

……

西方哲人卡西尔在《人论》一书中说：“在这个人类世界中，言语的能力占据了中心的地位。因此要理解‘宇宙’的意义，我们就必须理解言语的意义。”“正是言语的一般符号功能赋予物质的记号以生气并‘使他们讲起话来’，没有这个赋予生气的原则，人类世界就一定是又聋又哑。”我国先哲在《春秋谷梁传》一书中说：“人之所以为人者，言也；人而不能言，何以为人？”“一言而可以兴邦……一言而丧邦”（见《论语》）。可见，语言就是人性，语言就是力量，语言对于社会、对于个人都是至关重要的！

因此，掌握好语言这个交际工具应该是我们现代人的一种基本技能！

赵贤德

2010年10月

目　录

上篇　演讲语言

上篇　演讲语言

第一章　绪　　论

语言，是人类专有的交际工具。没有语言，就没有人类，就没有人类辉煌的文明！如果把36亿年的生物进化史浓缩为一年，则人类在这一年中的最后24小时诞生，而促使人从动物界分离的重要因素之一是人学会了说话。

会说话是一件了不起的大事。语言帮助人们结成了社会，发展了思维，组织了生产，并使人类文明的成果代代相传。因此，法国大文豪雨果说："语言就是力量。"

"一人之辩，重于九鼎之宝；三寸之舌，强于百万之师"（刘勰《文心雕龙·论说》）。综观古今中外，凡欲成大事业者无不穷力锻炼和提高自己的语言表达能力；凡已成大业者，无不推崇语言能力的重要性。

演讲是语言的艺术，是征服的艺术，是一种行为智能，演讲绝非简单的语言技巧。出色的演讲能沁人肺腑、摄人魂魄，从而使你的思想主张深入人心，使你的呼唤化作他人的行为，它可以让选民毫不犹豫地为你投票，让评鉴者心悦诚服地为你戴上桂冠，让你的上司赏识你，让你的意中人倾心于你……可以说，演讲能力的高低在一定程度上决定一个人能力的强弱。

生活中时时都需要演讲，主持会议需要演讲，商务谈判需要演讲，接受采访需要演讲，鼓励员工需要演讲，凝聚人心需要演讲，化解矛盾需要演讲，宣传动员需要演讲，汇报工作需要演讲，加薪晋职需要演讲，竞聘上岗需要演讲，工作述职需要演讲，自我推介需要演讲，介绍产品需要演讲，打通人脉需要演讲，激发士气需要演讲，征服他人需要演讲……

显然，演讲是我们日常生活的重要组成部分，是对我们每个人必要的能力要求。因此，提高演讲能力也是我们每个人的任务。

第一节　概　　述

一、演讲的定义

演讲是口才的具体表现形式之一。什么是口才？口才是一个人驾御自己的思维，运用口头语言解决实际问题的能力。口才主要有三种形式：交谈、演讲和辩论。

演讲是以宣传鼓动为目的，带艺术性的严肃的社会实践活动。它要求演讲者面对听众，以有声语言为主要表达形式，以体态语言为辅助形式，系统、鲜明地阐明自己的观点和主张。

要弄清楚演讲的内涵和外延，有必要弄清演讲和朗诵、报告之间的区别。

（一）演讲不同于朗诵

1）演讲与朗诵的范畴不同。演讲属精神实用艺术，侧重于宣传鼓动；朗诵属表演艺术，侧重于欣赏。

2）演讲的选题有很强的现实性、时代性；朗诵的材料有很强的时空超越性。

3）演讲讲究激情，其语言有特殊性。演讲有生活化的舞台语言，有舞台化了的生活语言，演讲一定要有激情点（高潮)；朗诵追求意境，其语言属于舞台表演语言。

（二）演讲不同于一般的报告

内容上，报告注重政策性、权威性、指导性；演讲则注重典型性、鲜明性。

语言上，报告要求朴实，感情表达不要求大起大落，其基调平稳；朗诵必须要有起伏；演讲不是表演，是表现，要注重控制情绪，最好的演讲员是他的眼泪在眼眶里，而听众的眼泪在脸上。

二、演讲的特点

（一）现实性

演讲有明确的目的，它的目的是要能影响听众的行为。演讲的内容与我们的生活紧密相关，它针对现实生活中我们关心和重视的问题，当众发表自己的看法主张，探讨解决问题的途径，使听众受到教育和启迪。

例如，大学生生活中的铺张浪费问题、人际交往中的问题、学习缺乏目标而不踏实用功的问题等，都可以成为非常好的演讲主题。

（二）鼓动性

演讲是一种形象生动、声情并茂、富有吸引力和感召力的宣传形式。它比一般的语言形式更富有鼓动性和感染力，它不仅让人知道或感动，更要促使人们行动起来。

例如，在演讲的结尾常使用具有号召性的语句：“同学们，古人早在几百年前就告诉了我们‘由俭入奢易，由奢入俭难’的道理，作为新世纪的青少年，五千年文明古国的希望寄托在我们身上，我们难道不应该把先人这一高尚品行传承下去吗？让我们从自己做起，从小事做起，把享乐和攀比的时间与精力都放到学习上来，用实际行动向世界证明——中国的现在充满力量；中国的未来将更有力量！”

（三）艺术性

演讲不同于日常的发言、报告，它讲究艺术性，可以综合运用多种艺术形式为其服务。

例如：舞台艺术、雕塑艺术、语言艺术等，能够把听众的视觉、听觉都调动起来，使之产生兴趣，引发共鸣。在演讲中适当地加入音乐，能极大地强化语言的感染力。

三、演讲的构成要素

演讲者、听众、演讲的环境，是演讲过程中不可缺少的三大要素。

1）演讲者是演讲活动的主人公，也是演讲成败的决定因素；

2）听众接受演讲并反映出演讲的效果；

3）演讲得以进行的环境是演讲者和听众共同相处的特定场合，这一场合因时间的不同和聚会原因的不同而有着特定的气氛。它对演讲活动能否顺利进行乃至成败具有无形的影响。演讲的语言要跟随演讲气氛和目的的不同而加以组织，否则再好的演讲辞也可能不起作用，甚至起反作用。

四、演讲的分类

（一）从功能上划分，演讲可分为五种

1.“使人知”演讲

“使人知”演讲是一种以传达信息、阐明事理为主要功能的演讲。它的目的在于使人知道、明白。如美学家朱光潜的演讲《谈作文》，讲了作文前的准备、文章体裁、构思、选材等，使听众明白了作文的基本知识。它的特点是知识性强，语言准确。

2.“使人信”演讲

“使人信”演讲是演讲的目的是使人信赖、相信。它从“使人知”演讲发展而来。如恽代英的演讲《怎样才是好人》，不仅告知人们哪些人不是好人，也提出了三条衡量好人的标准，通过一系列的道理论述，改变人们以往的旧观念。它的特点是观点独到、正确，论据翔实、确凿，论证合理、严密。

3.“使人激”演讲

“使人激”演讲是演讲意在使听众在思想感情上与演讲者产生共鸣而激动起来。如美国黑人运动领袖马丁·路德·金的《我有一个梦想》，用他的几个“梦想”激发广大黑人听众的自尊感、自强感，激励他们为“生而平等”而奋斗。

4.“使人动”演讲

“使人动”演讲比“使人激”演讲进了一步，它可使听众产生一种欲与演讲者一起行动的想法。如法国前总统戴高乐在第二次世界大战期间的《告法国人民书》演讲，号召法国人民行动起来，投身反法西斯的行列，就属于此类演讲。它的特点是鼓动性强，多以号召、呼吁式的语言来结尾。

5.“使人乐”演讲

“使人乐”演讲是一种以活跃气氛、调节情绪、使人快乐为目的的演讲，它多以幽默、笑话或调侃为材料，一般常出现在喜庆的场合。它的特点是材料幽默，语言诙谐。

（二）从表达形式上划分，演讲可分为三种类型

1. 命题演讲

命题演讲是由别人拟定题目或演讲范围，并经过准备后所作的演讲。它包含两种形

式：全命题演讲和半命题演讲。全命题演讲的题目一般是由演讲组织部门来确定的。比如某单位举行“让雷锋精神在岗位上闪光”主题演讲，为了让演讲员各有侧重，分别拟了《把爱送到每个顾客的心坎上》、《练好本领，为民服务》、《从一点一滴做起》三个题目，给了三个演讲者，要求以此组织材料，准备演讲。半命题演讲指演讲者根据演讲活动组织单位限定的范围，自己拟定题目进行的演讲。比如中央电视台曾和《演讲与口才》杂志社联合举办的 “十城市青少年演讲邀请赛”命题演讲，即以“四有教育”（即有理想、有道德、有纪律、有文化）为范围，具体题目自拟。命题演讲的特点是：主题鲜明、针对性强、内容稳定、结构完整。

2. 即兴演讲

即兴演讲是演讲者在事先无准备的情况下就眼前场面、情境、事物、人物临时起兴发表的演讲。如婚礼祝辞、欢迎致辞、丧事悼念、聚会演讲等。它的特点是：有感而发、时境感强、篇幅短小。它要求演讲者要紧扣主题，抓住由头，迅速组合，言简意赅。

3. 辩论演讲

辩论演讲是由两方或两方以上的人们因对某个问题产生不同意见而展开的面对面的语言交锋。其目的是坚持真理、批驳谬误、明辨是非。比如，我们生活中常见的法庭辩论、外交辩论、赛场辩论和生活辩论等。它的特点是：针锋相对，短兵相接。辩论演讲较之命题演讲、即兴演讲难度更大些，要求演讲者必须具备正确的思想、高尚的品质、严密的逻辑性和较强的应变性。

（三）从内容上划分，演讲可分为五种类型

1. 政治演讲

凡是为了一定的政治目的，出于某种政治动机，就某个政治问题以及与政治有关的问题而发表的演讲均属此类。它包括外交演讲、军事演讲、政府工作报告、政治宣传等。

2. 生活演讲

生活演讲指演讲者就社会生活中存在的某些问题、风俗、现象而作的演讲，它表达了演讲者对这些问题的看法、见解和观点。这种演讲涵盖的内容更加广泛，如亲情、友谊、吊贺、迎送、答谢等均属此类。

3. 学术演讲

学术演讲指演讲者就某些系统、专门的知识和学问而发表的演讲。一般指学校和其他场合的专题讲座、学术报告、学术发言、学术评论等。它必须具有内容的科学性、论证的严密性和语言的准确性三大要素。这是学术演讲与其他类型演讲的一大区别。

4. 法庭演讲

法庭演讲指公诉人或辩护代理人在法庭上所作的演讲或律师的辩护演讲。法庭演讲有自己的突出特征：公正性和针对性。

5. 宗教演讲

宗教演讲指的是一切与宗教仪式、宗教宣传有关的演讲。它包括布道演讲和一些宗教会议演讲等。这种演讲在我国的影响不大，听演讲和作演讲的人为数有限。

由于演讲的内容、形式、功能复杂多样，我们对演讲的分类不可能做到绝对的划分和绝对的标准。这里介绍的只是几种基本类型，旨在进一步明确演讲的内涵和外延，为大家提供一些参考。

第二节 演讲的意义

演讲在日常生活中是常见现象，它对于促进人类社会的进步和个人的发展有着特殊意义。

一、演讲有利于提高成功的几率

第二次世界大战结束后，美国的社会学家经过研究认为：未来社会，要掌握三大战略武器——原子弹、美元和舌头。原子弹代表一个国家的国力；美元代表一个国家的经济基础；舌头，有人说代表演讲，也有人说代表口才。

历史的发展，证明了演讲与口才的特殊作用。

春秋战国时期，秦晋大军攻打郑国，郑国的文臣武将一筹莫展，武将不敢出征，文臣没有办法，最后郑王不得不让烛之武老将亲自出马，去秦国一趟。烛之武受命危难之间，到了秦地，找到了秦军的统帅。他游说起来，动之以情，晓之以理，情真意切，痛陈唇亡齿寒的利和弊，最后终于说服了秦国的统帅立即撤军，而且留下两员大将协助保卫郑国。晋国一看无可奈何，也只好撤军。这就是口才的威力。因此，刘勰在《文心雕龙》里说道："一人之辩重于九鼎之宝，三寸之舌强于百万之师。"

三国时，正是由于诸葛亮卓越的口才舌战群儒，才建立了联吴抗曹的统一战线，致使号称"八十万大军"的曹兵几乎全葬于滔滔的长江之中。设想一下，假如刘备不让诸葛亮去，而是让张飞去，其后果又会什么样呢？

以上是古代的事例。在现实生活中，演讲与口才也同样起着重要作用。

现代社会是高度文明的竞争社会。在这个崇尚脑力竞争的时代，语言所表达出来的人的智慧，远比双手表现的更直接、更经济，也更有力量。也许有的成功人士不一定有很好的口才；但是，口才能助你成功，能加速你成功，能极大地提高你成功的几率，有时在关键时刻起着决定性作用，这是毋庸置疑的。

据调查，80%的应聘落选者是因为在面试中言语不清、表达混乱而失败的。招聘者都明白：是人才者未必有口才，而有口才者必定是人才。因为语言是人的思想及情感的表达，是心底的声音，能显示一个人的多种才能。招聘者既要通过语言交流了解应聘者的基本条件和潜力，又要借此机会考察其口才和思辨能力。应聘演讲要求应聘者把自己的资格和能力浓缩在一个很短的时间内交代清楚，这无疑是考察一个人表达能力、适应能力、创造能力以及学习能力等各方面能力的最好方法。而那些羞于启齿、表达困难，不善于用演讲语言包装自己的人，只能将机会拱手让给别人！

有两个小车司机，要竞争上岗，只能保留一人。第一个司机演讲，大概讲了十来分钟，说我将来要开车，一定把车收拾得非常干净，遵守交通规则，而且要保证领导的安全，一定要做到省油之类的。第二个司机，三分钟都没说到，就结束了。他说，我过去遵守了三条原则，现在我遵守三条原则，如果今后用我，我还遵守三条原则：第一，听得，说不得；第二，吃得，喝不得；第三，开得，使不得。我过去这样做，今后我还这样做。“听得，说不得”，意思是保密。领导坐在车上研究一些工作，往往在没决定之前都是保密的，我只能听，不能说，不能泄密。“吃得，喝不得”，意思是保护领导的生命安全。经常陪领导到这儿开会，到那儿参观，最后总得吃饭吧，我也得吃，但是千万不能喝酒，这叫保护领导的生命安全。“开得，使不得”，意思是公私分明。你别看我开车，但是即便是领导不用的时候，我也决不为了一己之利私自开车。最后，第二个司机被录用了。这就是口才的作用，是演讲的作用。

二、演讲有利于消除惰性、清除旧观念

我们的民族似乎不是一个善于表达的民族，孔老夫子曾经说的“君子欲讷于言而敏于行”，仿佛成了我国知识分子的楷模之词。何为君子？有知识、有道德的人才能称之为君子。成为君子就要“讷于言”。类似这样的道德教条还很多，如“祸从口出”、“君子缄口”、“慎言”、“ 言多必失”等。但是，这些话并不适应新时代的发展，并不符合新时代对我们的要求。

在现代社会，不善于表达，不但不是一种美德，而且也非安全之道。对于现代社会现象的利弊兴革，人人都有发表意见和建议的权利和义务。谁要是一声不响，坐视不言，那就是放弃了公民的权利，也是没尽义务的表现。英国伦敦的海德公园，天天有人在演讲，从污染问题、物价问题，到评论时事、发表政见。这就是现代的合理社会，符合人性，符合社会的发展。

在现代社会，说话的人，往往也是做事的人。在某些场合，说话就是做事，做事就是说话。例如学校的教师、政策政令的解释者、公共卫生的宣传员、展览会的讲解员等，都是用他说话的才能服务于社会，推动社会各方面事业的进步与发展。至于一般办事员，一面做事一面也要说话。交流经验的时候要说话，交换意见时要说话，有所报告、有所询问、有所批评时，都不免要说话。如果应该说而不说，或是应该多说而懒得说，都会妨碍事情的顺利进行，妨碍社会的正常发展。

事实上，对于很多人而言，“讷于言敏于行”等只是一种借口。不敢讲，首先是因为知识的贫穷，知识储备不够，没底；其次是勇气的贫穷，不敢说。很多女生是这样，男生当中也有不少怯懦者；第三是毅力的贫穷，不坚持把每一次实践当作提高自己口语表达能力的机会去锻炼自己。归根到底，都是因为我们缺乏口才、缺乏演讲的技能与经验。

“人才的社会化”是教育的重要目的之一。从中学到大学的教育过程，就是帮助我

们完成社会化的过程。我们要成为真正的社会人，就必须提高运用语言与人沟通的能力。所以，我们要从心底清除一切陈旧的、保守的、不符合时代发展的观念，认识演讲与口才在现代生活中的重要地位，改正观念中不愿表达懒于表达的惰性。

三、演讲有利于实现自己的人生价值

当今社会，要想实现自己的人生价值，也必须要练好口才，大胆演讲。

在古希腊，谁能登台演讲，谁就是这个城堡的领袖。年轻的德摩斯梯尼（前 384—前 322 年，古雅典雄辩家、民主派政治家，早年从伊萨学习修辞，后教授辞学）第一次登台演讲的时候，他希望等到掌声和笑声。但是最后，没有笑声，只有倒掌声，听众把他哄下台去。因为他演讲时喜欢耸肩，同时话也说不清楚，气力也不足。但是，德摩斯梯尼并不气馁，他回家以后，自己剃个阴阳头，以示再也不出去，他把所有的书籍都找来，拼命地读书。为了克服演讲时耸肩的不良习惯，他在棚上吊了两个宝剑，剑尖正好对着自己的肩膀，如果一耸肩就扎着他了。经过这样长期的练习，耸肩的毛病改掉了。为了克服说话不清楚的毛病，他把小鹅卵石含在自己的嘴里练习说话。经过艰苦的训练，最后含着鹅卵石说话也非常清楚了。为了克服气不够用的问题，他边朗诵诗歌，边往山上跑。最后，当他有了丰富的学识和思想见地，克服了以前演讲时的毛病再次登台演讲时，人们的掌声暴风雨一般地响起来，德摩斯梯尼终于成为名垂青史的演说家。

美国第十六任总统林肯第一次在公开场合演讲时，满脸通红，嗓音都变了，好像有个棉花堵住了似的，手也不知道往哪儿放。林肯下决心改变这一现象。他走在乡村路上，见到树桩，见到高粱地，就对着它们演讲，配合手势怎么做，面部表情应该怎么样。经过长期苦练，林肯终于成为世界著名的演说家、雄辩家。林肯参加葛底斯堡的演说，总共才三分钟十句话，竟使一千五百人落了眼泪。现在已经铸成经文，放在英国的牛津大学里，作为英文演说的典范。

闻一多先生，1919 年在清华学校读书的时候，为了学演讲，早晨五点多钟就起床。有一次，他觉得演讲退步了一点，就在日记中写道："近来发现演讲渐落他人之后，乃奇耻大辱也！必须急起直追。"马上又开始勤学苦练。后来，闻一多先生的《最后一次演讲》成为我国演讲史上光辉的一页。

美国现任总统奥巴马，其演讲才能超群，善用比喻论证，辞藻华丽，善用排比句、排比段，气势排山倒海。他催人奋进的语言、令人痴狂的风格，点燃了千百万支持者心中的热情，为他成功击败强劲的竞选对手最终当选美国历史上第一位非洲裔总统提供了最重要的助力。

中国现当代史上的领袖人物，毛泽东、周恩来、邓小平、朱镕基、温家宝等，都是杰出的演讲家。他们的演讲、他们的谈判、他们的报告、他们的文章、他们的答记者问所表现出的自信豪迈光彩照人，给世人留下了一个个精彩的瞬间，让人永生难以忘怀！

第三节　演讲语言的基本要求

一、演讲语言要有强烈的感情

演讲时，一定要善于说出感情色彩较强的话。在演讲中，适当加些修饰性、容易让人动情的词语，就像做菜时的调料一样，很容易出味。如胡锦涛总书记在“纪念中国人民抗日战争暨世界反法西斯战争胜利60周年大会”的讲话中说：

第一次世界大战结束后，德、意、日法西斯势力逐步控制本国政权，他们对内实行残酷镇压人民的反动统治，对外疯狂侵略扩张，在亚洲和欧洲形成了两个战争策源地。他们企图重新瓜分世界，肆无忌惮地在欧洲、亚洲、非洲及太平洋地区发动野蛮的侵略战争，把整个世界拖进了血雨腥风和战火硝烟之中，使许多民族面临着生死的威胁，使人类面临着严峻的挑战。打败法西斯侵略，成为当时拯救人类文明最紧迫的任务。世界爱好和平与正义的国家和人民奋起抵抗，建立了世界反法西斯统一战线，开展了抗击法西斯侵略的英勇斗争。

这段话中“疯狂”、“肆无忌惮”、“野蛮”、“血雨腥风”、“战火硝烟”等词语，都带有强烈的文学色彩和感情色彩。

原江苏省宿迁市市委书记仇和（现任昆明市委书记）在升任江苏省副省长之日，在全市干部大会上的告别演讲时说：

在学校读书时，我就一直喜欢艾青先生的诗句，“为什么我的眼里常含泪水？因为我对这片土地爱得深沉……”。今天在这里，我和同志们、同事们告别，和宿迁人民深情告别，和这方热土深情告别，我就更懂得了他所蕴含的深情！今后，无论我走到哪里，宿迁，这块给我太多感动和真诚的土地，我都会永远回忆和珍藏。宿迁的每一步发展，我都会关心、支持；宿迁的每一点变化，我都会高兴、喜悦；宿迁的每一个胜利与成功，也都会带给我无穷的动力和无限的鼓舞。

仇和在主政江苏宿迁的工作成绩是有目共睹的，他对宿迁人民的感情溢于言表，因此他的演讲语言强烈、情感真挚，许多人听得热泪盈眶。

二、演讲语言要为广大群众喜闻乐见

群众的语言是生动的、鲜活的。要提高语言表达能力，就要向群众学习，用群众熟悉的语言跟群众说话。心血管病专家洪昭光教授的健康报告之所以受欢迎，就是因为他的报告通俗易懂、生动活泼，大量运用了群众熟悉的喜闻乐见的语言。如：

走路比药好

天天三笑容颜俏，七八分饱人不老；
相逢借问留春术，早晚走路比药好。

八字健身歌

日行八千步，夜眠八小时。三餐八分饱，一天八杯水。

养心八珍汤，强身八段锦。米龄八十八，茶寿百零八。

三平是个宝

平常饭菜，一荤一素一菇，粗粮细粮豆腐。
平和心态，不争不恼不怒，爱心宽容大度。
平均身材，不胖不瘦不堵，天天早晚走路。

洪昭光教授的报告立意高远，用的都是老百姓的语言，让人听得懂，用得上。这些通俗的语言，把健康科普知识的种子撒播到人们的心里。

厦门大学易中天教授能在《百家讲坛》上一举成名，其重要原因就是他面向广大群众，善于运用群众的语言，观众认为彼此之间没有距离感。关于这点，易中天教授说：

现代传媒的受众是一大群松散的人们，他们散落在各个家庭或办公室里，利用自己的闲暇时间，有一搭没一搭地接受着媒体上的信息。他们可选择的东西很多，而且是各色人等，老中青幼，各种文化程度的人都包括，正所谓众口难调。能不能把观众吸引过来看有关传统文化的内容？这就要求学者用非学术的语言，来讲学术性的内容。说得再白一点，你要说人话，别说书话，更不能打官腔。我总结我自己就是三句话，也叫三要三不要：说真话不说假话，说实话不玩虚套，说人话不打官腔。

事实上，想提高自己表达能力的人不都应该这样做吗？尤其是教师和领导干部，如果没有良好的表达能力，其教育教学效果和说服动员效果就难以达到最佳状态。

三、演讲语言要新鲜活泼

演讲表达的观点是“灵魂”，这个灵魂也需要新鲜的语言包装。演讲语言固然不追求辞藻华丽，但是也不能排斥语言的生动与创新，否则味同嚼蜡，表达的效果也会大打折扣。

吕日周在清华大学演讲时说：

官场如磨石：你是个球，会越磨越圆滑；你是把剑，会越磨越锋利。

官场如池塘：你是荷花，会出污泥而不染；你是荒草，会入污泥而腐败。

官场如草原：你是蜜蜂，就会飞向鲜花；你是苍蝇，就会寻找粪堆。

官场如田野：你是黄牛，就在阳光下劳作；你是黄鼠，就入暗洞里折腾。

吕日周的这些语言新鲜生动，给听众和读者留下深刻印象。

著名教育改革家魏书生也是一位杰出的演讲家。比如，关于培养怎样的人，魏书生说：

尽管我们个人无法改造客观世界，但我们可以把自己的内心世界管理得天清日朗，能让自己更珍爱生命，善待他人，求真务实，奋发进取，能方善圆，宽容开朗。生活的大浪也许把我们冲上高峰，也许把我们卷入深谷。无论在哪一个坐标点上，我们都能让自己自强不息乐观进取。真正做到高楼住得，茅屋居得；高官做得，百姓当得；寒也耐得，暑也熬得；表扬经得，批评听得；顺境处得，逆境受得。

魏书生的成功除了他先进的教育思想、教育理念以及苦干巧干之外，其新鲜的演讲语言和卓越的表达才能也为他走向成功助了一臂之力。

四、演讲语言要适当幽默

古今中外很多成大事业者都具有一定的幽默感。幽默是一种学问、一种艺术、一种品质、一种化干戈为玉帛的良药。有人形象地说："没有幽默感的语言是一篇公文，没有幽默感的人是一尊塑像，没有幽默感的家庭是一间旅店，而没有幽默感的社会是不可想像的。"

一切善于演讲善于表达的人实际上都是善于用幽默的语言表达自己或他人思想的人。党和国家领导人毛泽东、邓小平、周恩来、朱镕基、温家宝等的演讲很幽默；新东方创业元老俞敏洪、徐小平、王强等的演讲很幽默；阿里巴巴董事局主席马云的演讲很幽默；教育家魏书生的演讲很幽默……正是因为幽默，所以他们的演讲很受欢迎。

其实，在生活中、在工作中、在与人相处中，也一样需要幽默。适时的幽默可以使原本紧张的气氛变得轻松，使原本沉闷的场面变得愉快。

作为教师，在教学中更应该懂得幽默。幽默可以使学生更亲近你，更愿意上你的课，更加专心地听课，幽默可以使课堂气氛更融洽，使学生更轻松地学好更多的知识，使学生更愿意接受教诲。适当的幽默是一种智慧！

五、演讲语言词汇要丰富多样

一个人掌握的词汇越多，运用起来就越娴熟，其表达的效果也就越好。比如，同样是指称"美女"，针对不同对象的品质，我们完全可以使用不同的词汇，从而达到异曲同工的效果。如：

妖的叫美女，刁的叫才女，木的叫淑女，蔫的叫温柔，凶的叫直爽，傻的叫阳光，狠的叫冷艳，土的叫端庄，洋的叫气质，怪的叫个性，匪的叫干练，骚的叫有味道，嫩的叫青春靓丽，老的叫风韵犹存，浪的叫众星捧月，牛的叫傲雪凌风，闲的叫追求自我，弱不禁风叫小鸟依人。

当然，对于"美女"的称呼还有另外一种说法：

漂亮的叫美女，不漂亮的叫有气质；有才气叫才女，没才气叫淑女；瘦了叫苗条，胖了叫丰满；高的叫亭亭玉立，矮的叫小巧玲珑；脾气好的叫温柔，脾气不好的叫泼辣；傻笑那叫青春，绷着脸那叫冷艳；活泼的叫顾盼生辉，矜持的叫稳重大方；化妆叫妩媚动人，不化妆则是清水芙蓉；穿得整齐叫庄重华美，穿得随意则叫潇洒自如；年轻叫青春靓丽，年长则叫成熟动人；追的人多叫众星捧月，没人敢追叫傲雪寒霜；挣钱的叫追求独立，不挣钱的叫牺牲为家；多生孩子叫做母亲伟大，不生孩子叫响应国家计划。天天在家不出门的那叫贤惠，天天出去不回来的那叫女权；从不离婚的叫感情专一，经常离婚的叫追求幸福；唠唠叨叨叫循循善诱，贬损欺压叫野蛮女友；偏要和男人一样那叫不让须眉，偏要男人让着那叫女士优先。

因此，从事演讲的人一定要掌握足够多的词汇。当然，词汇的掌握需要长期的积累，不可能一蹴而就。

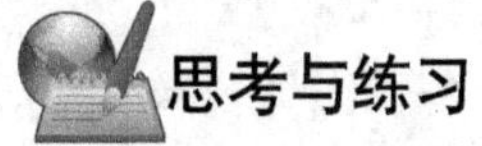

思考与练习

1. 谈谈你对演讲和口才的认识。
2. 当代大学生为什么要越来越重视演讲与口才的训练？
3. 谈谈你练习演讲和口才的经验。
4. 谈谈演讲语言有哪些基本要求。
5. 注意积累词汇和熟语，并练习运用。

第二章　演讲的发音

有声语言是演讲的主要交流工具，富有艺术感染力的发音能增强演讲的艺术效果，这是毋庸置疑的。抗战时期，文艺界人士在重庆举行诗歌朗诵会，赵丹拿着一张纸，急徐有致、抑扬顿挫地朗诵着。他声调优美，读得娓娓动听。满座宾客，无不为之动容。人们不知他朗诵的是谁家的诗歌，有位诗人上前一看，才发现他朗诵的是菜谱。看来，撇开内容不谈，声音本身就能给人美的享受。

有声语言由声音和意义两个因素组成。没有声音，就没有有声语言，演讲自然也就不复存在。本章将从以下两个方面对演讲的发音进行介绍：一是演讲的发音要求；二是演讲的发音艺术。

第一节　演讲的发音要求

一、咬准字音

优美的声音最基本的条件就是字音清晰。因为语言是交际的工具、信息的载体，唯有字音清晰明白地传到对方耳中，才能清楚表达信息，否则就可能引起误会。

一般来说，会说话的人不该有字音咬得不准的问题。但是我国幅员辽阔，方言众多。别说民族语言的差异、各个方言区的语音特点，就连在同一个城市里，仅相隔几十里的人的口音也各不相同。特别是20世纪90年代后，随着对内搞活、对外开放政策的实行，国人走南闯北，外国人也纷纷来我国投资或旅游，人们对语言障碍的认识更加深刻。

比如“十是十，四是四，十四是十四，四十是四十”这则绕口令，“十”、“是”二字卷舌，若北京人来读，真叫“不在话下”。但是，若让大部分南方人来读，那就全都读成“si”，卷舌没有了，“十”、“四”的区别也就不明显了。

语言学家赵元任先生的《施氏食狮史》这篇经典短文可以作为训练翘舌音的材料：

石室诗士施氏，嗜食狮，誓食十狮。适施氏时时适市视狮。十时，适十狮适市。是时，适施氏适市。氏视是十狮，恃矢势，使是十狮逝世。氏拾是十狮尸，适石室。石室湿，氏使侍拭石室。石室拭，氏始试食是十狮尸。食时，始识是十狮尸，实十石狮尸。试释是事。

有一个笑话，说的是有一个南方姑娘到了北京，好不容易挤上公共汽车，车门刚刚关上，这个姑娘突然叫起来了：“哎哟，我的 hái 子！”车上的人一惊：“怎么？是把小孩踩伤了，还是把小孩弄丢了？”乘务员立即叫停车。这位姑娘连连要求：“请你们开下车门吧！”车门开了，姑娘并未下车，反倒说：“好了，好了，可以走了。”原来她要说的是“鞋 xié 子”，是她的鞋被车门夹住了。

再举一个例子。这是发生在多年以前因方言造成的一场的误会。有位湖南老乡在北京的某商场向一个梳着小辫子的售货员买“皮箍”（高压锅内的垫圈）。他用湖南话开了腔：“喂，细妹子，有没有皮箍卖？”小辫子把“皮箍”听成了“屁股”，眼珠子一瞪，用北京话答了腔：“卖屁股？流氓！”湖南老乡以为小辫子在告诉他皮垫圈的价钱，把“流氓”听成了“六毛”，便笑嘻嘻地说“管他六毛七毛哩，反正是我老婆……”还没有等他说完“是我老婆叫买的”，小辫子更加火上加油：“还嬉皮笑脸的，畜生！”这下可恼了老乡，质问道：“么子？出身？买个皮箍还要查出身？我贫下中农出身！”（注：当时的社会很讲究出身的）老乡拂袖而去，小辫子哑然而立。

因为方言闹笑话、闹误会甚至造成严重的后果的事例在现实生活中并不少见。所以，说好普通话是每一个演讲者必须具备的基本品质。

二、吐字归音

“吐字归音”是我国传统说唱理论中提及咬字方法时所用的一个术语。从汉语音节特点出发，把汉字一个音节的发音过程分为字头、字腹、字尾三个阶段，吐字归音是口腔控制重要一环。

戏曲界有“千斤道白四两唱”的说法，可见说比唱更难。吐字归音的要领是：

（一）出字

出字是指头（声母）和颈（介音，也叫韵头）的发音过程，即“咬字”阶段。咬字要求干净利落、弹发有力，并与韵头迅速结合。如电 dian，d 是字头，i 是韵头，a 是字腹，n 是字尾。

整个字头的发音应具有一定的弹射力，这是整个音节是否有“力度”的关键。字头部位是否准确，咬字是否适当，是汉语语流中是否字字清晰，并且有一定“亮度”的关键。

（二）立字

立字是指韵腹（字腹）的发音过程。韵腹的发音应有“拉开立起”之势，要“立得住”，也称立度。汉字音节中，口腔开合度最大、泛音共鸣最丰满、声音最响亮的就是韵腹（主要元音）。再加上韵腹是声调（字神）的主要体现者，声调和韵腹充实的声音结合在一起，在有声语言中形成抑扬顿挫的语言音乐美。

（三）归音

归音是指音节发音的收尾过程。要求字尾弱收，肌肉由紧渐松，口腔随之由开渐闭、渐松。归音干净利索，趋向鲜明，既不可拖泥带水留尾巴，也不可唇舌“不到家”。开尾音节收音时应注意用减弱的声波来收束音尾，不要改变口腔的大小，不可“吃字”、“倒字”、“丢字”。“吃字”即吃了字头，出字不好；“倒字”即韵腹发音有毛病，字没立住；“丢音”即归音不到家，丢了字尾。

第二节　演讲的发音艺术

一、讲究音色

真实自然、圆润清亮的嗓音，天生有一种魅力，不但能使人愉悦，而且能升华人的灵魂，改善人的心情。

演讲者的声音应怎么训练呢？最重要的是控制气息。如果我们要扩大音量、提高音调，相应地就需要更多的气息，即所谓“理直气壮”。演讲者的气要足，首先要求吸气深。要想呼吸有深度，就要采用胸腹式呼吸，除了像平时一样用鼻吸气而外，还须同时用口吸气。这种吸气法的好处是，使横膈膜下沉，胸腔最大限度扩大，肺得以充分张开，所容纳的空气就多。

有了饱满的气息，就有了发声的“资本”。但是，还不能“铺张浪费”，还要学会控制住气息。控制气息的最难一关是慢慢吐出，吐得越慢越好。

只要把上述两项练习做好，演讲者就能达到声乐演员所说的“具有呼吸支点”，肺活量就大了，就容易把声音送出来，使口、鼻同时成为声音的共鸣器，音色就会变得厚实而响亮。

二、处理重音

所谓“重音”，是指演讲内容中需要强调的字、词、句等。大多数人错误地认为：需要强调时，声音要更大、情感要更强烈、声调要拔得更高。有些演讲学的教材似乎也是这样指导人们的。其实这是一种误导。早在公元前 44 年，希腊演讲家西塞罗就告诫演讲者：

不要每一段话都竭尽全力。为了使要强调的部分衬托得更为突出，要像画家那样，他们恰当地运用色彩的浓淡，使人物更为醒目。

西塞罗的告诫给我们提供了处理重音的原则，具体来说，处理重音又分为两个方面，一是确定重音，二是表现重音。

重音分为语法重音、逻辑重音、感情重音三种。要确定重音，先必须分清是什么类型的重音。

1. 语法重音

语法重音是口语中自然形成的一般重音，它只与语法结构相适应，不带特殊意义和特殊感情。语法重音的位置是固定的，因而形成了语句的自然节奏。这是有规律可寻的：

（1）定语、状语、补语，要读重音。

等到<u>快日落</u>的时候，<u>微黄</u>的阳光斜射在山腰上，……（老舍《济南的冬天》）

他们浴着凉爽的海风，…… <u>尽情</u>地说笑，<u>尽情</u>地休憩。（峻青《海滨仲夏夜》）

让暴风雨来得更<u>猛烈</u>些吧！（高尔基《海燕》）

（2）谓语要读重音。

海自己醒了，喘着气，转侧着，打着呵欠，伸着懒腰，抹着眼睛。（鲁彦《听潮》）

（3）用来做比喻的词，要读重音。

野花遍地是：杂样儿，……散在草丛里像眼睛，像星星，还眨呀眨的。（朱自清《春》）

（4）排比句中变化的词，要读重音。

在一个孩子眼睛里，他的老师多么慈爱，多么公平，多么伟大的人啊。（魏巍《我的老师》）

当然，这种重音只比非重音的词语略微重一些，并不十分突出。初学演讲的人可以向广播、电视的播音员、主持人学习，以较好地掌握语法重音。

2. 逻辑重音

逻辑重音也叫强调重音，它的作用在于强调句子中某种特殊含义。它在句子中没有固定的位置，可以根据目的不同而落在不同的词语上。例如：

① 星期一电视台播我们的演讲。

② 星期一电视台播我们的演讲。

③ 星期一电视台播我们的演讲。

④ 星期一电视台播我们的演讲。

⑤ 星期一电视台播我们的演讲。

这五种不同的逻辑重音强调了五种不同的含义：什么时间电视台播我们的演讲；什么地方（单位）播我们的演讲；星期一电视台干什么；星期一电视台播谁的演讲；星期一电视台播我们的什么内容。

可见逻辑重音选在哪儿，要根据当时说话的语言环境和目的进行精心选择。

3. 感情重音

感情重音是指为了表达思想感情的需要，把一句话、几句话甚至一段话读作重音。斯坦尼斯拉夫斯基说："重音，就是把重读的音节或字强调出来，强调出热爱或是气愤，尊敬或是轻蔑，直率或是诡诈，以及双关、讽刺的意味等。"

三、控制音量

音量是指声音的大小。演讲者音量大小的变化决不可随心所欲、盲无目的，而应由演讲者思想感情的变化所决定。音量大小的变化要有利于思想感情地表达。一般说来，思想重要之点、情感激荡之处，声音就要大些，反之就要小些。如何准确把握好音量大小的变化，至少由两点值得注意：

一是音量大小的变化要自然、流畅。当大则大，当小则小，完全听凭感情的驱使。不能毫无情由地忽大忽小，也不能不顾演讲的内容，人为地制造一大一小、忽高忽低的演讲效果。

二是音量大小的变化要做到恰当、适度。即音量大时，决不可大到声嘶力竭的失控程度；音量小时，也不能让听众听不清或听不见。没有变化的音量是没有吸引力的，变化不当的音量听众同样不喜欢。

四、把握停顿

把握停顿是根据表情达意和生理换气的需要，在演讲过程中，在字、词、句之间，所作的短暂停顿。演讲与朗诵一样，也研究抑扬顿挫。顿挫就是指这种停顿。

停顿一般分为语法停顿、逻辑停顿、感情停顿和生理停顿。

（一）语法停顿

语法停顿是依照标点符号所作的停顿。根据演讲稿上标点符号的不同，所作的停顿时间长短也不同。一般讲，句号（包括句末的问号、叹号、省略号）停顿的时间长于分号和冒号；分号和冒号停顿的时间则长于逗号；逗号停顿的时间又长于顿号。学习语法停顿，可以以中央人民广播电台或中央电视台的新闻播音员为榜样，以报纸登载的与电台或电视播送的同一条新闻为材料，边看报纸，边听新闻，来学习语法停顿。

（二）逻辑停顿

逻辑停顿是为了突出某一语意所作的停顿。例如：

英国政治家赖白斯曾在伦敦参事会演讲劳工情况，讲到一半，他突然停顿下来，取出了表，站在那儿一声不响地眼看观众，达 1 分 12 秒之久，其他参事员坐在椅子上很奇怪，互相看来看去，不知发生了什么事？后来大家一致认为：赖白斯忘了演讲辞！就在这时，赖白斯突然大声地讲道：

诸位适才所感觉的局促不安的 72 秒的长时间就是每个普通工人垒起一块砖所用的时间。

这里，赖白斯巧妙地利用了逻辑停顿，让其他参事员领略了普通工人劳动的辛苦，突出了演讲的主题。

（三）感情停顿

感情停顿是为了某种情感或受感情的支配而作的停顿。

感情停顿可打破标点符号的限制，在无标点处停顿。同时，感情停顿往往与逻辑重音、感情重音相配合。感情停顿如果有充分的内涵和饱满的感情，往往比有声语言更丰富、更深沉，令人有“此时无声胜有声”之感。

（四）生理停顿

生理停顿是指在演讲到长句时，找中间某个合适的地方顿一顿，换一口气。例如下面一段话，必须在几个无标点的地方停顿换气：

儿童教育真正的专家／是那些父母。他们卓有成效的实践经验／和见仁见智的看法／对那些在与孩子交流中感到力不从心／总抱怨孩子不听话的父母／将大有启发。（“／”为停顿符号）

从上例可知，生理停顿应与语法停顿、逻辑停顿、感情停顿统一起来，在实在无法统一的地方，必须选择合理的生理停顿处，以不破坏原句的语法、逻辑、感情等方面的要求为准。

五、驾驭节奏

这里所讲的演讲节奏是指演讲语速的快与慢。

所谓节奏的快慢，它是由说话时每个音节的长短以及音节之间的疏密程度决定的。演讲节奏的快慢，决不是由演讲者随意而定的，而是根据主题和情感的需要，恰当而巧妙地安排有变化的快慢速度，去完满地表现主题。一般地说，在讲到重要内容，就需要慢一些，一字千钧，深深印在听众的脑海里；反之，讲到一般内容时，就可以快一些。在情感激烈之际，其速度可以适当快些，或如江河倾泻，或如狂风暴雨，以激起听众心灵的波涛；当情感平静之时，其速度就要舒缓一些，或如行云流水，或如小溪淙淙，使听众恬淡入情。驾驭节奏有二忌：一忌是一上讲台，张口就讲，一讲又像放机关枪和连珠炮，没有间歇，没有速度变化，三下五除二，仓促完成了演讲。二忌是慢慢走上讲台，四平八稳，一字一顿，一个速度，匀速到底，结果像小学生背书，演讲平淡无味。

一个高明的演讲者，总是善于驾驭节奏，用跌宕起伏、快慢有序的节奏变化去激荡听众的心灵，这才可能取得良好的演讲效果，达到演讲的目的。

六、变换语调

语调是指说话的声音音调的变化。成功的演讲听起来抑扬顿挫，富于变化，其中一个因素是因为演讲者通过有声语言语调的高低起伏变化，来表现自己的思想感情。

同样一句话，可是由于声音高低和语调的不同，就会表现出各种不同的意思：

这是一百元？（呀，吓死人。）——惊讶

这是一百元？（嗯，怎么值。）——轻蔑

这是一百元？（是的。）——肯定

这是一百元？（完了。）——后悔

这是一百元？（糟糕。）——绝望

这是一百元？（我真高兴。）——欢喜

这是一百元？（啊，真稀奇。）——好奇

这是一百元？（不是开玩笑吧？）——怀疑

几乎所有的感情，即人类喜怒哀乐的各种神韵，都可以通过语音的高低起伏和语气语调的变化来表达。人在高兴时说话，声音自然活跃有力，嗓门显得特别大；人在悲哀失意时说话，声音暗淡无力，语调也低沉微弱；人在发脾气时，声音高而具有爆炸性，速度快而重音也特别多，给人一种压迫感。丧失声音表情的说话，只是一架没有生命的留声机。因此，我们必须使语气抑扬顿挫，表达出真情实感，这样的语言才有生命力。

七、加强语势

在演讲过程中，演讲者对关键性的句子从音调、音量、语速等方面加以强调，以引起听众格外关注，这种演说技巧，我们称之为加强语势。

加强语势用得最多的地方是结束句和层递性语句。比如下面这个结束句：“未来是属于我们的！”演讲者要讲出气势，就不能用一个调说出，而要渐次提高音调，而且把这句话的音量放大，使它明显地区别于其它句子。全句的重音放在“我们”二字上，以表现自信的情感。

层递性语句是一组意义相关但程度渐次加强的语句。它的位置，可以放在篇末（作为结束句），也可以不放在篇末。演讲者在遇到层递性语句时，为了体现其逐渐加强的语意，常用的方法就是加强语势。

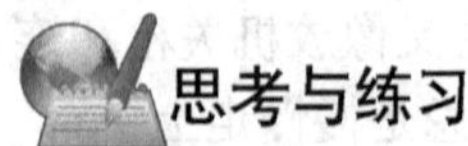

思考与练习

1. 简单谈谈演讲发音有哪些基本要求。
2. 吐字归音的要领是什么？
3. 简单说说演讲的发音艺术。
4. 搜集一些练习普通话的绕口令并尝试着进行训练。
5. 模仿中央电视台优秀播音员的发音，提高自己的语音面貌。

第三章　演讲的开头语言

演讲的开头，也叫开场白。它在演讲的结构中处于显要的地位，具有十分重要的作用。好的开头是成功的一半。匠心独运的开场白，因其新颖、奇趣、敏慧之美，往往能给听众留下深刻印象，并能立即控制场上气氛，瞬间集中听众注意力，为接下来的演讲搭梯架桥。因此，演讲的开头一定要制造出热烈的气氛先声夺人，紧紧抓住听众。

第一节　演讲开头的技巧

提到开头，也没有固定格式，因人而异，因演讲内容而异。有的演讲者思维很活跃，上台以后“唰”地把衣服拉开，“这就是我今天演讲的题目‘爱护森林’”，衣服上贴着一条大标语。还有的演讲者，先在桌上敲出马蹄声，然后问大家：“注意，这是什么声音？”大家说：“是马蹄声”，他再说一句，“对，这就是奋进的马蹄声，也是我今天演讲的题目。”这样的思路挺别致，一开始就把听众抓住。可见，演讲的开头并无套路，但一定要有技巧。

一、奇论妙语，逆势而行

听众对平庸普通的论调往往不屑一顾，置若罔闻；倘若发人未见，用别人意想不到的见解引出话题，造成“此言一出，举座皆惊”的艺术效果，会立即震撼听众，使他们急不可耐地听下去，这样就能达到吸引听众的目的。

毕业欢送会上一位班主任一开口就让大家疑窦丛生：“我原来想祝福大家一帆风顺，但仔细一想，这样说不恰当。”这句话一开始就把听众弄得丈二和尚摸不着头脑，他接着说：“说人生一帆风顺就如同祝某人万寿无疆一样，是一个美丽而又空洞的谎言。人生漫漫，必然会遇到许多艰难困苦，比如……”最后得出结论：“一帆风不顺的人生才是真实的人生，在逆风险浪中拼搏的人生才是最辉煌的人生。祝大家奋力拼搏，在坎坷的征程中，用坚实有力的步伐走向美好的未来！”

“一帆风顺”是常见的吉祥祝语，而老师偏偏反弹琵琶，从另一角度悟出了人生哲理。第一句话无异于逆势而行，平地惊雷，又宛若异峰突起，怎能不震撼人心？

需要注意的是，运用这种方式应掌握分寸，弄不好会变为哗众取宠，故作耸人之语。应结合听众心理、理解层次出奇制胜。不能为了追求怪异而大发谬论、怪论，也不能生硬牵扯，胡乱升华。否则，极易引起听众的反感和厌倦。须知，新鲜的认识始终是建立在正确的主旨之上的。

二、自嘲开路，调侃自我

自嘲就是“自我开炮”，用在开场白里，目的是用诙谐的语言巧妙地自我介绍，这样会使听众倍感亲切，无形中缩短了与听众间的距离。

在第四次作家代表会上，萧军应邀上台，第一句话就是：“我叫萧军，是一个出土文物。”这句话包含了多少复杂感情：有辛酸，有无奈，有自豪，有幸福。而以自嘲之语表达，形式异常简洁，内蕴尤其丰富！

胡适在一次演讲时这样开头：“我今天不是来向诸君作报告的，我是来‘胡说’的，因为我姓胡。”话音刚落，听众大笑。这个开场白既巧妙地介绍了自己，又体现了演讲者谦逊的修养，而且活跃了场上气氛，沟通了演讲者与听众的心理，一石三鸟，堪称一绝。

三、即景生题，巧妙过渡

一上台就开始正正经经地演讲，会给人生硬突兀的感觉，让听众难以接受。不妨以眼前人、事、景为话题，引申开去，把听众不知不觉地引入演讲之中。可以谈会场布置，谈当时天气，谈此时心情，谈某位与会者形象。例如，你可以说：“我刚才发现在座的一位同志非常面熟，好像我的一位朋友。走近一看，又不是。但我想这没关系，我们在此已经相识，今后不就可以成为朋友了吗？我今天要讲的，就是作为大家的一个朋友的一点儿个人想法。”在教师节庆祝大会上，如果天气阴沉沉的，你可以这样开头：“今天天气不太好，阴沉昏暗，但我们却在这里看到了一片光明。”接着转入正题，讴歌教师的伟大灵魂和奉献精神，他们燃烧了自己，照亮了别人和人类的未来。

即景生题不是故意绕圈子，不能离题万里、漫无边际地东拉西扯，否则会冲淡主题，也使听众感到倦怠和不耐烦。演讲者必须心中有数，还应注意点染的内容必须与主题互相辉映，浑然一体。

四、讲述故事，顺水推舟

精彩的故事，尤其是真人真事，能够一下子抓住听众的心，把握全场的情绪，引起听众的兴趣，使自己很快被听众接受。

有一位大学生在《我的渴望》的演讲中是这样开头的：

“我听过这样一个故事：有一个日本小姑娘，身患绝症，濒临死亡，但她毫不悲伤，因为她相信这样一个传说：从前有一个小孩得了重病，但他每天坚持折纸鹤，就在折到一千只纸鹤的时候，他的病突然好起来了。于是这个小姑娘也坚持折起纸鹤来，她折呀折，不仅折到了一千只，还多折了三百只，她坚信着有一天她的病会好起来的，她会像仙鹤一样飞翔。然而，这个姑娘最后还是死了。

这虽然是个令人悲伤的故事，但是这个小姑娘对生的渴望，却深深地打动了我。孩童尚且对生命如此渴望，我们新时代的青年对人生的追求不是应该更执着、更顽强吗？

朋友，你有追求吗？你渴望什么呢？”

开头引用故事要注意几点：一是故事要恰当，恰当才有印证力；二是故事要真实，真实才有说服力；三是故事要生动，生动才有感染力；四是故事要典型，典型才有渗透力。

我们平时可以多研究精彩演讲的开头，看看优秀的演讲家是怎样开头的，然后把学到的技巧灵活运用到自己的演讲中，多多练习，假以时日，也能说出优美动人的开头来。

第二节 常见的开头形式

一、开门见山，直抒胸臆

此种形式的开头，是指演讲者一开始就直截了当地提出此次演讲的中心论题，揭示出演讲的主旨，尤其是一些有时间限制的演讲，更宜采用这种形式的开头。

如 1981 年 5 月 8 日，原国家副主席宋庆龄《在接受加拿大维多利亚大学法学博士学位仪式上的讲话》的开头是这样的：

“尊敬的维多利亚大学校长佩奇先生，加拿大大使高文阁下，朋友们，同志们：我为接受加拿大维多利亚大学博士学位感到荣幸。我接受这一学位，不是为了我个人，而是把它看作是你们对中国人民的尊重和友谊的象征，看成是你们对中国人民在长期的革命斗争和建设我们人民共和国的事业中所取得的成就的敬慕的象征。同时，我也把它看成是中、加两国人民连接在一起的悠久而牢固的友谊的象征。”

这个开头，第一句便接触到了主题，使听众清楚地了解到这篇演讲为什么而发。接着，第二、三句概括了演讲的中心内容，连用三个“象征”，造成一种和睦友好的气氛，使听众的情绪随着演讲的内容发展变化，并与演讲者产生共鸣。

二、赞美听众，沟通彼此

20 世纪最卓越的心理学家弗洛伊德认为：人们做任何事情，都起源于两个动机：一个是性的渴望，另一个则是做伟人的欲望。美国历史上著名的总统林肯也说过：“每个人都喜欢听人家的赞美。”喜欢听人赞美，这或许是人类共同的弱点之一。演讲开始时，演讲者与听众之间的关系是比较生疏的，听众对演讲者有一种观望与期待的情感。演讲者要引起听众的注意并与之建立起友好的关系，开端语应该亲切，最好能适度地对听众赞美几句。

著名的演讲家李燕杰有一次到一家医院去演讲，当他走上讲台时，会场的情形正如他事先所预料的那样，有相当多的人在翻看医科书籍或者其他的读物，对听演讲没有多大兴趣。面对这种场景，他高声地朗诵了一首即兴诗：

“每当我忆起那病中的时光，白衣战士就引起我深情的遐想。他们那人格的诗、心灵的美，还有那圣洁的光，给我以顽强生活的信心，增添我前进的力量！”

随着他那激扬顿挫的声音、一板一眼的手势，以及真情实感的自然流露，人们慢慢地把手中的书放在了膝上，并抬头注视着他，会场顿时安静下来，听众的心显然被他的诗句打动了，他与听众之间的感情距离一下子缩短了，当他朗诵完最后一个字时，全场响起了热烈的掌声。

三、设问类比，引入正题

此种形式的开头，是通过提问，先在听众的头脑中设下一个悬念，激发听众去积极思考演讲者所要讲的问题；然后，通过类比，在听众的思绪中留下了一道形象而分明的风景线，促使听众的情感得到升华。

如著名画家范曾应北京第八十中学之邀，在北京朝阳剧场所作的一场演讲的开头就是如此，他说：

“亲爱的同学们，您到过长江之畔、东海之滨吗？在那儿，您会看到一叶叶满风的帆船，在风波中出没。此刻，您是否会想到：我们的生命，就像那启航的船，当我们把生命的风帆拉向桅杆之顶的时候，每一个人都会严肃地问：‘风，从哪里来？船，向何处去？’是啊！让我们选择一条最佳的航道，扬起那生命的风帆，乘长风，破万里浪，不负祖国和时代的厚望与重托。”

范曾同志利用设问类比式的方式开头，将生命比作启航的帆船，引起听众的思考。

四、适时应景，锦上添花

在参加寿辰庆贺、婚礼庆贺，以及联欢晚会等活动时，祝辞开头如能结合时令遣词造句，不仅会使主人喜笑颜开，而且还能使听众情味盎然。

如有对新人选择中秋佳节晚上办喜事，祝贺者开头这样说：“现在是花好月圆、五谷丰登的时节，两位新人春天播种了爱情，秋天已经收获了，真是两次都选择了最佳季节啊！”

如在春节结婚，祝贺者开头便抓住“春”字做文章，他说：“今年冬天不太冷，春天来得特别早。我刚走到新房门口，便已觉得‘春色满房关不住，两枝红杏出墙来’了！瞧新郎新娘那两张红扑扑、喜洋洋的脸，瞧大家满面春风的样子，真是新春大喜哟，来，干杯！”

上述适时应景式的开头，贴切适宜，恰到好处。后者除了运用传神的直接描写手法以外，还巧妙地运用了“引用”修辞格——活用唐诗，显得贴切异常，仿佛锦上添花。

五、交待背景，澄清疑惑

此种形式的开头，是用来说明此次演讲的背景、起因，以及演讲者的意图、愿望，使听众能够迅速地理解演讲者的目的，澄清疑惑等。

如邓小平在中国文艺工作者第四次代表大会上的祝辞的开头语：

“各位代表，各位同志：今天，我国各民族的文学家、戏剧家、美术家、音乐家、表演艺术家、电影工作者和其他文艺工作者的代表欢聚一堂，共同总结三十年来文艺工作的基本经验，发扬成绩，克服缺点，商讨在新的历史时期如何繁荣文艺事业，这是一件有重要历史意义的事情。我代表中共中央、国务院，向大会表示热烈的祝贺！参加这次大会的，有‘五四’时期就投人新文化运动的老一辈文艺家；有‘五四’以后，在我国革命的不同阶段，为人民解放事业做出贡献的文艺家；有建国以后成长起来的文艺家；也有在同林彪、‘四人帮’的斗争中涌现出来的文艺家。参加这次大会的，还有台湾同胞、港澳同胞中的文艺家。这次大会，标志着全国文艺工作者的空前团结。”

邓小平同志在这里将演讲的背景交待得非常清楚，解除了听众心中的疑惑。

六、展示实物，加深印象

俗话说得好：“百闻不如一见”，“耳听为虚，眼见为实”。所以，演讲时，如能一开始就展示实物并辅以开门见山的说明，渲染现场的气氛，则一下子就抓住听众的注意力，从而为演讲内容的逐层深化作出铺垫。

如少年王强被省厅级干部的儿子杨小民故意杀害，他的姐姐王欢茹在青海省西宁市的街头，用悬挂血衣、引起过路人注意的方式，声泪俱下地连续演讲了三天，震撼了上万名围观群众的心灵。她的开头语是这样的：

“亲爱的父老兄弟姐妹们：请您留步！请您看看这件血衣吧！它是我弟弟王强的遗物。我那可爱的弟弟，他仅仅在人世上活了十六年。十六年啊，像一朵花刚刚开放就枯萎了！他是被那惨无人道的凶手杨小民无故杀害的，他是怀着满腔的遗恨离去的！我那可怜的弟弟啊！”

这里，王欢茹用展示血衣的方式并辅之以声泪俱下的诉说开头，增强了演讲的直观性和实体感，激起了听众对被害人及其亲属的无限怜悯之情，以及对杀人凶手的异常愤恨之情。

七、多重问句，展开想像

此种形式的开头，是根据演讲的内容，以一连串的问句作开场白，呼唤听众注意，诱发听众思考，催迫听众尽快地进入“角色”，展开其思维的翅膀和丰富的想像。

如一篇题为《草——地质队员的象征》的开头是这样的：

“朋友，当你悠闲地漫步在宁静的湖畔或者林荫小道的时候，你可注意到那默默无闻的小草？当你欣赏和赞叹花开的娇艳，陶醉在蜂飞蝶舞的芳香中的时候，你是否留意过那渺小而平凡的小草？当你游览祖国山河，赞美她的壮丽的时候，你可曾看见那点缀祖国大地的一片片青翠欲滴的绿色呢？”

演讲者围绕着“小草”，从三个方面连续发问，其中巧借象征的手法，且紧扣听众的日常生活，让听众设身处地地思考品味想像，诚挚地赞美了具有小草般品质、平凡而又光荣的地质队员。若把三个问句换成陈述句的开头，语意固然明白，但说教气重，缺乏力度，还阻碍了演讲者与听众之间的感情交流。

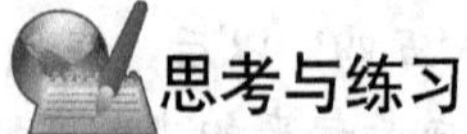

思考与练习

1．谈谈演讲开头的重要性。
2．除了文中列举的演讲开头形式之外，还有哪些开头形式，试举例说明。
3．观看一些名人的演讲视频，留意并学习他们的开头技巧。
4．以“人生理想”为题，以“讲述故事”或“幽默搭桥”的方式，写一个开场白。

第四章　演讲的结尾语言

一般说来，结尾是演讲内容的自然收束，是整篇演讲的有机组成部分。成功的结尾，或揭示主题，或启示未来，或鼓舞斗志，或抒发感情，或富有哲理……好的结束语总让人觉得言犹未尽，回味无穷，发人沉思，给人力量。

第一节　演讲结尾的技巧

演讲的结尾没有固定的格式，必须根据演讲的内容和情境来决定。一个好的结尾能给听众带来意犹未尽的兴奋感，能给听众留下深刻的印象。下面介绍几种常见的结尾技巧。

一、总结全文，完整闭环

运用总结全文的方法来结束演讲，有助于加深听众对演讲要点和中心思想的印象。总结要点，这是一种常用的方法，这种结尾方式简明扼要地对全篇进行了总结，即使听众没有听到演讲的其他部分，也能够了解演讲者通篇讲话的大致内容。总结式结尾通过言简意赅的几句话来结束全文，从而形成了一个完整的闭环，加深了听众的印象。如吴晗的演讲《谈骨气》的开头是这样的：

“我们中国人是有骨气的。战国时代的孟子，有几句很好的话：‘富贵不能淫，贫贱不能移，威武不能屈，此之谓大丈夫。’意思是说，高官厚禄收买不了，贫穷困苦折磨不了，强暴武力威胁不了，这就是所谓大丈夫。大丈夫的这种行为，表现出了英雄气概，我们今天就叫做骨气。”

其结尾是：“孟子的这些话，虽然是在两千多年前说的，但直到现在，还有它积极的意义。当然我们无产阶级有自己的英雄气概，有自己的骨气，这就是决不向任何困难低头，压不扁，折不弯，顶得住，吓不倒，为了社会主义、共产主义建设的胜利，我们一定能够克服任何困难，奋勇前进！”

这篇论述中国人有骨气的演讲，一开始就提出演讲中心，并引用战国时期孟子的三句话来作解释，然后列举不同时代背景下的生动事例，对中国人民的骨气作了有力的剖析论述。最后，结尾处又一次呼应开头提到的孟子的话，并联系实际，突出“无产阶级有自己的英雄气概，有自己的骨气”，深入一层指明“骨气”的阶级性和现实意义，既是对全篇演讲的总结，又是对演讲主旨的深化，同时形成一个完整的闭环。

二、号召行动，要求明晰

这种鼓动号召性结尾是用得最多的一种，它以号召收拢全篇，其优点是鼓动性强，能给听众以极大的鼓舞和深刻的印象。在演讲中说最后几句话时，要求行动的时机已经成熟。因此要演讲者一定要提出明晰的要求，遵从以下原则：

1）要求听众做的事要明确。不要说“请帮助红十字会”这样笼统模糊的语言，而应说：“今晚就献出入会费一元，给某某单位的红十字会，地点××××。”

2）要求听众做能力之内的反应。不要说“让我们投票反对酒鬼”，可以请求他们参加戒酒会，或捐助某一为禁酒奋斗的组织。

3）尽量使听众容易根据请求采取行动。要听众采取行动，就要使听众觉得做起来轻松愉快才行。怎么做？比如可以自己写封信给高层：“我们联名敦请您投票反对某某号法案。”把信和笔在听众之间传递，这样或许会获得更多人签名。

三、高潮结尾，令人回味

美国作家约翰·沃尔夫说：“演讲最好在听众兴趣达到高潮时果断收束，未尽时嘎然而止。”这是演讲结尾最为有效的方法。在演讲处于高潮的时候，听众大脑皮层高度兴奋，注意力和情绪由此达到最佳状态，在这种状态中突然收束演讲，保留在听众大脑中的最后印象就特别深刻，令人回味无穷。这种激发高潮的方法是很普遍的结束方法，但通常很难控制。不过如果处理得当，这种方法是相当好的。在结尾时达到高峰，句子的力量也更加强烈。

四、幽默结尾，启迪智慧

心理学家认为，幽默是人的个性、兴趣、能力、意志的综合体现。它与人的成熟性有着密切的关联，因为人成熟就意味着待人处事的灵活和全面。乔治·可汗说过：“当你说再见时，要使他们脸上带着笑容。”在多种多样的演讲结束语中，幽默式结尾可算其中极有情趣的一种。这种结尾诙谐含蓄、意味深长，既可给人以强烈的印象，又能给人以深刻的启示。一个演讲者能在结束时赢得笑声，不仅是自己演讲技巧十分成熟的表现，更能给本人和听众双方都留下愉快美好的回忆，使演讲圆满结束。

怎样才能达到这种效果呢？有以下途径：

（一）用幽默的语言来结束演讲

1. 造势

我国著名作家老舍先生是很幽默的。他在一次演讲中，开头即说“我今天给大家谈六个问题”，接着，他第一、第二、第三、第四、第五，井井有条地谈下去。谈完第五个问题，他发现离散会的时间不多了，于是他提高嗓门，一本正经地说：“第六，散会。”听众起初一愣，不久就欢快地鼓起掌来。

老舍在这里运用的就是一种“平地起波澜”的造势艺术，打破了正常的演讲内容，出乎听众的意料，收到了幽默的效果。

2. 省略

1985年底，全国写作协会在深圳罗湖区举行年会。开幕式上，省、市各级有关领导论资排辈，逐一发言祝贺。轮到罗湖区党委书记发言时，开幕式已进行了很长时间。于是他这样说：

“首先，我代表罗湖区委和区政府，对各位专家学者表示热烈的欢迎。”

掌声过后，稍事停顿，他又响亮地说：

“最后，我预祝大会圆满成功。我的话完了。”

他以迅雷不及掩耳之势结束了演讲。听众开始也是一愣，随后，即爆发出欢快的掌声。因为，从“首先”一下子跳到“最后”，中间省去了其次、第三、第四……这样的讲话，如天外来石，出人预料，达到了石破天惊的幽默效果，确实是风格独具，别出心裁。

（二）借助道具产生幽默效果结束演讲

演讲时适当借助实物道具等也能产生很好的幽默效果。

如鲁迅先生在结束《在上海中华艺术大学的演讲》时说：

“以上是我近年来对于美术界观察所得几点意见。今天我带来一幅中国五千年文化的结晶，请大家欣赏欣赏。”说着，他一手伸进长袍，把一卷纸慢慢从衣襟上方伸出，打开一看，原来是一幅病态丑陋的月份牌。顿时全场大笑。

鲁迅先生借助恰到好处的道具表演，与结束语形成鲜明对比，极具幽默。不仅使演讲在欢快的气氛中结束，而且使听众在笑声中进一步品味演讲的深意。

又如在延安的一次演讲会上，当演讲快结束时，毛泽东掏出一盒香烟，用手指在里面慢慢地摸，但掏了半天也掏不出一支烟来，显然是抽光了。有关人员十分着急，因为毛泽东烟瘾很大，于是有人立即动身去取烟。毛泽东一边讲，一边继续摸着烟盒，好一会，他笑嘻嘻地掏出仅有的一支烟，夹在手指上举起来，对着大家说：“最后一条！”这个“最后一条”，既是最后一个问题，又是最后一支烟。一语双关，妙趣横生，全场大笑，听众们的一点疲劳和倦意也在笑声中一扫而光了。

演讲的幽默式结尾方法不胜枚举，关键是演讲者要具有幽默感，并能在演讲中恰如其分地把握住演讲的气氛和听众的心态，才能使演讲结束语收到“余音绕梁，三日不绝”的轰动效应。莎士比亚说：“幽默和风趣是智慧的体现。”健全的、热情的、具有人情味的智慧就是最好的幽默。这种幽默的正确使用，会使演讲增添无穷的魅力。

第二节　常见的结尾形式

一、引用名言，表达精炼

有人说：“一滴墨水能引发千万人的思考，一句名言可改变人一生的命运。”的确，闪烁着人类智慧火花的名人名言，常常能一语中的，令人长智慧，予人以精神，给人以力量，催人以奋进。因此，引用名言式的结尾，不仅可以使演讲的语言显得十分精炼，富有节奏与韵律，还可以使演讲的内容显得充实丰富，具有极大的感染力和启发性。

如 1972 年 2 月 25 日，美国前总统尼克松在访问中国即将回国时，在答谢宴会上的祝酒辞的结尾说：

“总理先生，你已注意到送我们到这里来的飞机名为‘七六年精神号’。就在这个星期，我们美国庆祝了我们的国父乔治·华盛顿的生日，是他领导美国在我们的革命中取得了独立，并担任了我们的第一届总统。在他任期届满时，他用下面的话向他的同胞告别：‘对一切国家恪守信用和正义，同所有的人和平与和睦共处。’就是本着这种精神——七六年精神，我请大家站起来和我一起举杯，为毛主席，为周总理，为我们两国人民，为我们孩子们的希望，及我们这一代能给他们留下和平与和睦的遗产，干杯！”

故有人评论尼克松的这个祝酒辞道：结尾处引用华盛顿的名言，使得祝辞像一只雄鸡，除了有一个精神饱满的头、鲜艳的鸡冠、丰满匀称的身躯、健壮的双足外，还有一个漂亮的尾巴，使得这个祝酒辞更加完美。

二、祝愿希望，激励听众

世界上的书信，没有几封不是以祝愿或希望的语气作结束的。演说也是如此，采用此种方法作结束，被演说家们公认为是上乘的。这种结尾，或提出希望，或发出号召，或布置任务，或展示未来，以激起听众感情的波涛，使听众产生一种蓬勃向上的力量。

如邓小平《在全国科学大会开幕式上的讲活》的演讲结尾：

“祝愿科学兴旺发达，祝愿大会圆满成功。”

再如题为《老干部第一位的任务是选拔中青年干部》的演讲结尾：

“我希望在座的同志，凡是超过六十岁的，都把这个问题作为第一位的任务来解决，这个事情太大了。我就讲这些……”

人们为什么总要把祝愿和希望的话放在最后呢？那是因为此刻比任何时刻都更能表达演讲者的心意，能给听众留下最深刻印象，让美好的“祝愿”和“希望”之词“装进”听众的心里，并顺便带回去。

三、宣誓决心，坚定信心

有的演讲结尾以表决心、发誓言的方式来表明演讲者的坚决态度，从而增强演讲的感召力，坚定听众的信心。

如闻一多《最后一次的演讲》结尾：

“历史赋予昆明的任务是民主和平，我们昆明青年必须完成这任务。我们要准备像李先生一样，前脚跨出大门，后脚就不准备再跨进大门！”

再如委内瑞拉的玻利瓦尔在题为《罗马誓词》演讲的结尾：

“我在您的面前宣誓，以我双亲的上帝的名义宣誓，以我父母的名义宣誓，以我的名誉向祖国宣誓：不打碎根据西班牙政权的意志压迫我们的枷锁，我誓不罢休！”

四、提出问题，引人思考

在演讲中，采取提出问题式的结尾，既能引导听众对演讲者提出的问题作进一步地思考，也能体现出强烈的感情色彩。例如，1923年12月26日，鲁迅的《娜拉走后怎样》

是这样结尾的：

“可惜中国太难改变了，即使搬动一张桌子，改装一个火炉，几乎也要流血；而且即使流了血，也未必一定能搬动，能改装。不是很大的鞭子打在背上，中国自己是不肯动弹的。我想这鞭子总要来，好坏是另一问题，然而总是要来的。但是从哪里来，怎么来，我也是不能确切地知道。我这演讲也就此完结了。”

这种“急刹车”的办法，对所有在场者都会产生强烈的震动。演讲者的声音虽然停下来了，然而那留下来的回响，却在与会者的耳边反复回旋着。

五、正反比较，优劣自现

毛泽东同志在党的七大的闭幕词《愚公移山》中是这样结尾的：

“现在中国正在开着两个大会，一个是国民党的第六次代表大会，一个是共产党的第七次代表大会。两个大会有完全不同的目的：一个要消灭共产党和中国民主势力，把中国引向黑暗；一个要打倒日本帝国主义和它的走狗中国封建势力，建设一个新民主主义的中国，把中国引向光明。这两条路线在互相斗争着。我们坚决相信，中国人民将要在中国共产党的领导之下，在中国共产党第七次代表大会确定的路线指引下，能够取得完全的胜利，而国民党的反革命路线必然要失败。”

毛泽东同志用这种方式结尾，使听众看清两种不同的道路，两种不同的结果，从而唤起听众强烈的爱憎，坚定信心，为光明而战，为正义和胜利而战。

六、抒发豪情，鼓舞听众

演讲本身就是一种思想和激情的燃烧，因此，当演讲者被自己所宣扬的先进人物和典型事例所感动时，用抒发豪情的方式结尾，最易激起听众心中感情的浪花。某部解放军战士在题为《自豪吧，当代军人》演讲的结尾就是这样的：

“当社会上刮起一股‘当大兵吃亏’的劲风的时候，我们昂首挺胸地走进了‘大兵’的行列。纵然有人为此失去了恋人，有人放弃了升大学、考研究生的机会……我们不仅不后悔，甚至万分自豪。我们不为金钱的魅力所倾倒，也不因社会的偏见而怨天尤人；不因军旅生活的紧张和艰苦而消磨意志，也不因受到挫折而颓废伤心……因为我们是祖国的保卫者，我们最清楚自己肩上的责任。更何况，来自后方的锦旗、礼品、情真意切的慰问信，还有高歌军人心声的《咱当兵的人》，寄托着党和人民对军人怎样的深情？我为我在祖国需要的时候，摆脱一切羁绊，投身到大兵的行列而自豪，而骄傲……”

这个结尾，格调高昂，情理俱佳，相得益彰，流畅铿锵，给听众以极大的鼓舞和感染力量。

七、反问结尾，震撼听众

美国革命时期最杰出的演说家帕特瑞克·亨利在任弗吉尼亚军总司令时发表的演讲的结尾是这样的：

“回避现实是毫无用处的。先生们会高喊：‘和平！和平!!’但和平安在？实际上，战争已经开始，从北方刮来的大风都会将武器的铿锵回响传进我们的耳膜之中。我们的同胞已身在疆场了，我们为什么还要站在这里袖手旁观呢？先生们希望的是什么？想要达到什么目的？生命就那么可贵？和平就那么甜美？甚至不惜以戴锁链、受奴役的代价来换取吗？全能的上帝啊，阻止这一切吧！在这场斗争中，我不知别人会干什么，至于我，不自由，毋宁死!”

这篇演讲情绪激昂，义正辞严地批驳了主和派的谬论，全文一气贯通，气势逼人，如连珠炮接连轰鸣，激情飞扬，气势雄劲，激愤之情感染了每一个听众。尤其是结尾处的一连串反问句式，不容人有片刻的喘息，显示了演讲者高超的雄辩之才。“不自由，毋宁死”的名言更是掷地有声，振聋发聩。

思考与练习

1．谈谈演讲结尾的重要性。
2．除了文中列出的一些结尾方法外，还有哪些结尾形式，试举例。
3．幽默人人喜欢，请你尝试着在演讲中使用一些幽默手段。
4．观看名人演讲视频，留意并学习他们的结尾技巧。

第五章　演讲的修辞语言

第一节　修辞的概念与意义

语言是人们交流思想、表达情感、传递信息的工具。演讲中语言修辞运用的好与坏，将直接影响着演讲的表达效果。

一、修辞的概念

修辞，就是对语言表达方式进行推敲、锤炼、比较、选择，使之准确地表情达意并且显示出优美的形式；就是选择最恰当的语言形式来获取表达思想内容的最佳效果。从广义上讲，修辞包括精选词语、锤炼句子、修辞方式等内容。从狭义上讲，修辞指的就是修辞方式，亦称“修辞格”。

二、演讲修辞的意义

修辞与语言的关系密切。语音、词汇和语法是语言的三要素。修辞就是从表达方法、表达效果的角度研究语音、词汇、语法运用的，即是从表现感情色彩、音律优美的角度研究谐音、叠音、语调、拟声、押韵、儿化韵等语音的协调问题，从词语的同义手段选用的角度研究词汇的运用问题，在合乎语法的基础上从同义手段选择的角度进一步研究句子的表达效果问题。也就是说，修辞是对语言各个组成部分和各个方面综合运用的研究，是研究如何运用语言规律来增强语言对思想表达的效果。因此，它对于我们提高语言水平，提高语言对思想内容表达的准确程度，提高语言的艺术性程度，增强语言的表达效果，是不可或缺的重要手段。古人说：“言之无文，行而不远。”意思是说，用来表达思想的语言，包括表达良好思想的语言，如果没有文采，也就是没有语言的艺术性，是不容易广泛流传的。这就要强调语言艺术的重要性，强调修辞的重要性。

要使演讲生动精彩，就需要讲究语言修炼，注重运用修辞手段来推敲、锤炼、修饰语言，提高语言的美感。演讲者若能运用各种修辞手法，就可以使自己的语言表达得更加准确、鲜明和生动。

（一）使用修辞能使语言表达得准确

准确，是指通过正确用词造句使语言正确地表情达意，这是对语言最基本的要求。口语也好，书面语也好，首要的是用最恰当、最准确的词句表述概念和判断，使之准确地反映作者对客观事物的认识、理解、态度及情感。为此，就要运用修辞手法对选词造句进行推敲和提炼，看词义的范围大小、程度轻重、适用对象以及感情色彩是否贴切，还要看用词是否规范，这些都是语言准确性不可忽视的问题。只有用词、造句、标点符号及其相互配套正确无误，才能使语言表达准确。平时，我们也常见一些语言表述不准确的现象，诸如词不达义、用词不贴切、词义的范围大小不当、词义的轻重程度不当等，这就需要通过修辞来提高语言表述水平。

周总理在《在中国共产党第十次全国代表大会上的报告》中有一段话：

“中国是一块肥肉，谁都想吃。但是，这块肉很硬，多年来谁也咬不动。”

这句话，用形象的比喻，准确地概括了中国近百年遭受帝国主义列强侵略和不屈不挠地反抗侵略的历史。它准确地反映了这样一个历史事实：半封建半殖民地的旧中国，成了帝国主义列强掠夺的对象，在列强眼中，中国是一块肥肉，他们都想吃掉这块肥肉，但是，由于中国人民英勇顽强地反抗，列强们谁也没有能够把中国吞掉。我们看到，这段话之所以准确，是由于它的词、句、比喻、标点符号都用得十分贴切，尤其是比喻贴切，喻意准确，用平常的语言表达了深刻的含义。

（二）使用修辞能使语言表达得鲜明

鲜明，是指语言表达得清楚明白，所表述的观点分明，不含糊不清，不拖泥带水。鲜明，是对语言的又一要求。语言鲜明，才能使语言明确而有力。要做到语言鲜明，就要善于综合运用多种修辞手法，注意用词得当，对轻重程度形容恰当，对大小分寸描述适当，对量和质表述明确，利用句式变换增强语义的鲜明感。

周总理在 1962 年 11 月会见日本客人时，就中日友好问题坦率地说了这样一段话：

“自从甲午战争以来，日本侵略我国长达 50 年，使人员和财产遭到巨大损失，尤其是东北事变以来，我国蒙受了极大的损失。我们认为，这是深仇大恨。但是，这 50 年的怨恨同 2000 年的中日友好相比是短暂的时刻，让我们忘却怨恨，从此携手使亚洲强大起来吧！”

这段话，主题非常鲜明。本来，日本侵略中国长达一两代人之久，使中国人民蒙受了巨大的损失和痛苦，到 1962 年时，这段侵略史才过去十多年，许多中国人记忆犹新，谈到中日友好，许多人感情上接受不了，思想上不理解，这在当时是一个感情与理智交织在一起并不易说得明白的复杂问题。可是，周恩来同志用三句话就把这个复杂问题说得很清楚明白了。第一句话是，日本侵略我国长达 50 年，使我国蒙受了极大的损失，这是我们的深仇大恨；第二句话是“这 50 年的怨恨同 2000 年的中日友好相比是短暂的时刻”，这是说，从历史的长河中看，中日友好是历史发展的主流，它有着长久的历史基础，应当实现中日友好，也是可以实现的；第三句话是，“让我们忘却怨恨，从此携手使亚洲强大起来吧”，就是说，中日两国应当从社会历史发展的高度，从共同发展的需要出发，来看待中日友好的重大意义。

（三）使用修辞能使语言表达得生动

生动，是指语言的形象性、音乐性、幽默感、新鲜感。形象性就是通过恰当的用词造句给人一种形象的立体感；音乐性就是语言的抑扬顿挫，即句式上的节奏感以及句式搭配的多样化；幽默感就是恰如其分地给人一种幽默趣味；新鲜感就是语言上有所创新或用新鲜的词表述客观事物的微情妙旨。生动，是对语言的又一要求。语言生动而非平如镜淡如水，才能使人听起来声声入耳，读起来朗朗上口，才能产生感人的效果。要使语言生动，就要在选词用字、词句搭配、句子样式乃至音律节奏等方面，十分讲究，多加修辞。

毛主席的七律诗句：

“红军不怕远征难，万水千山只等闲；五岭逶迤腾细浪，乌蒙磅礴走泥丸。”

从词句的音律节奏上看，它对仗工整，音节起伏，节奏感强，读来顺口，字里行间洋溢着声韵美，使人爱读易记。当然，这是诗句，是严格按照七言律诗的格调写的。七言律诗是诗词的一种，每首一般为八句，每句七个字，要求前后句的字词相对应，还要求偶句末字押平声韵，一韵到底。说话、写文章不能像诗句这样要求。但是，我们可以从这样的诗句中得到启示，看出在语言中如何讲究音乐性，看出语言音乐性的效果，看出适当讲究语言音乐性的必要性。再从语言表述的生动性来看，前两句是直叙，后两句是用形象的夸张手法描述红军如何藐视远征的困难。诗句中的“五岭逶迤”，指的是1934年10月，中央红军从江西、福建出发，沿着大庾、骑田、萌渚、都庞、越城等五岭山道向西进军。“腾细浪”，是说险峻的五岭绵延起伏，在红军看来，只不过是水面吹起的细小波浪。“乌蒙磅礴走泥丸”，是说位于贵州、云南之间的乌蒙山气势雄伟，可在红军看来，它也不过是滚动着的小小泥球。这里用夸张的手法，把红军在长征中经历的常人难以承受的艰难困苦描述得非常渺小；用比喻的手法，把“万水千山只等闲”表述得非常形象，给人一种形象的立体感；用“五岭”与“细浪”、“乌蒙”与“泥丸”对比的手法，把红军如何藐视“万水千山”描述得十分生动而具体。这种极为生动、妙不可言的语言及其修辞技巧，值得我们认真学习。

第二节　演讲常用的修辞方式

一、比喻

比喻，也就是利用人们已知的一种事物、一个道理同人们未知的另一种事物、另一个道理的相似点打比方，来说明另一种事物、另一个道理。这是古人所谓“举他物而明之”的传统修辞方式。

形象生动的比喻，能把抽象的事物说得具体，把深奥的道理说得浅显，把呆板的事实说得栩栩如生，把难以想象的画面说得活龙活现，给人以鲜明深刻的印象。它有助于帮助听众认识新的事物，理解新的道理；它能够化未知为已知，化抽象为具体，化深奥为浅显，化平淡为生动。

比喻主要分为四类：明喻、暗喻、借喻和复喻四种。

（一）明喻

明喻，是本体、喻体都出现，两者之间用“像”、“如”、“似”、“若”、“仿佛”一类的喻词相连。所谓“本体”，就是需要说明的事物或者道理。所谓“喻体”，就是用来作比喻的事物或者道理。如“教师像辛勤的园丁”一语中，“教师”是本体，“园丁”是喻体，用“像”这个喻词相连。

英国物理学家罗滋说过：“我有 40 年的演讲经验了，请记住，用比喻来帮助是十分必要的。”他对普通听众讲述原子的体积时，说：“一滴水中的原子和地中海中的水滴一样多！”又说：“一滴水中的原子数和地球上的树叶一样多。”

这两个比喻，都是明喻。它形象地说明了原子的体积如何微小、数量如何之多，这比直通通地讲“原子的体积很小很小，数量很多很多”，语言效果要好得多。

（二）暗喻

暗喻，也是本体和喻体都出现，它与明喻不同的是，联系本体和喻体的，不是“像”、“如”一类的喻词，而是用“是”、“成”、“变成”、“成为”一类更加肯定的喻词。从字面上看，它直接而肯定地说喻体是本体，实际上仍然是比喻。从这个意义上说，它不是明喻，而是暗喻。

毛泽东同志在演讲中曾说：“这四种权力——政权、族权、神权、夫权，代表了全部封建宗法的思想和制度，是束缚中国人民特别是农民的四条极大的绳索。”这是一种典型的暗喻。

（三）借喻

借喻，是直接用喻体来代替本体，本体和比喻词都不出现。

毛主席在 1941 年 5 月 19 日作的《改造我们的学习》中说道：

“闭塞眼睛捉麻雀，瞎子摸鱼，粗枝大叶，夸夸其谈，满足于一知半解，这种极坏的作风，这种完全违反马克思列宁主义基本精神的作风，还在我党许多同志中继续存在着。”

这里用喻体“闭塞眼睛捉麻雀”、“瞎子摸鱼”，来比喻一些干部对国内国际现状不调查不了解，凭着感觉干工作，瞎摸乱碰。

（四）复喻

复喻，是用几个事物比喻说明一个事物。

1929 年，党内一些同志产生了一种悲观思想，甚至有人提出了“红旗到底要打多久？”的疑问，1930 年 1 月 5 日，毛主席专门为此写了一封信，信中批评了一些同志对时局估量的悲观思想：

“所谓革命高潮快要到来的‘快来’二字作何解释。这点是许多同志的共同的问题……但我们所说的中国革命高潮快要到来，决不是如有些人所谓‘有到来之可能’那样完全没有行动意义的，可望而不可即的一种空的东西。它是站在海岸遥望海中已经看得见桅杆尖头了的一只航船，它是立于高山之巅远看东方已见光芒四射喷薄欲出的一轮朝日，它是躁动于母腹中的快要成熟了的一个婴儿”。

后面一句话中的“一只航船”、“一轮朝日”、“一个婴儿”，就是复喻。

二、比拟

比拟，是把物拟作人来写或把人拟作物，使物的特征人格化，人的特征物化。它是比喻进一步发展的修辞方式。

（一）拟人

拟人，就是把物拟作人来写。

有位地理老师在教学过程中，借助拟人的修辞方式，根据想象把南极的企鹅当作人来讲述，他说："企鹅是冰雪大陆的忠实居民，它们排着长长的队伍，欢迎前来南极探险的勇士们。"讲述中流露出自己对探险队员的崇敬心情，表达得又形象又新鲜，使学生对地理课饶有兴趣。

（二）拟物

拟物，就是把人拟作物来写，或者把这一事物拟作另一事物来写。

有这样一句演讲辞："老一代牧民爱国爱民的好思想，在广阔草原上的新一代牧民心中播了种开了花。"把人的思想影响和传播拟作"播了种开了花"，这就是一种拟物的方式。

三、借代

借代，是不直说某人或某物的名称，而是借用其特有的某种标志的名称或者某种特征的名称来代称。

毛主席在《组织起来》这篇文章中写道："中国人民中间，实在有成千成万的'诸葛亮'，每个乡村，每个市镇，都有那里的'诸葛亮'。"这里的"诸葛亮"，就是有智慧的能人的代称。"成千成万的'诸葛亮'"，就是代指成千上万有智慧、有伟大创造力的人民群众。

四、夸张

夸张，是对人物、事物作扩大或缩小的描述。

夸张必须以人物、事物应有的本质特征为基础，在质的真实性基础上作量的夸张，而不能违背质的真实性作无根据的夸张。

鲁迅说："漫画虽然有夸张，却还是要诚实。'燕山雪花大如席'，是夸张，但燕山毕竟有雪花，就含有一点诚实在里面，使他们立刻知道燕山原来有这么冷。如果说'广州雪花大如席'，那就成笑话了。"这就是说，夸张如果没有人物、事物本质特征的真实性，就没有真实感。

（一）扩大夸张

扩大夸张，就是将人物、事物本质特征的量夸大，以作渲染。这里说的"量"，包含数量、范围、速度、长度、高度、强度等。

李白在《望庐山瀑布》中写道："日照香炉生紫烟，遥看瀑布挂前川，飞流直下三千尺，疑是银河落九天。"说瀑布"飞流直下三千尺"，像是天上的"银河"，这就是对庐山瀑布的长度、速度、景色等作扩大的夸张，以渲染瀑布的气势和壮观。

（二）缩小夸张

缩小夸张，就是将人物、事物的本质特征的量缩小，以衬托相比而言的人物、事物形象的高大。

毛泽东诗词："五岭逶迤腾细浪，乌蒙磅礴走泥丸。"把丛山峻岭的群山起伏之势看作水面上细微的波浪，把高大的乌蒙山视为小泥丸，这就是对阻碍红军长征的高山峻岭作缩小的夸张，以衬托红军藐视翻山越水的艰难困苦的英雄气概和高大形象。

运用夸张手法，要注意以客观实际为基础，否则很难给人以真实感。如"大跃进"时代一首民谣："一个棉花打个包，压得卡车头儿翘，头儿翘，三尺高，好像一门高射炮。"这就失去生活的真实，使人不可信。

五、对偶

对偶，是字数相等、内容相联、结构相同（或基本相同）的两个词句排成的对子。对偶有多种多样，如正对、反对、串对等。

（一）正对

正对是上联和下联分别从两个方面互相补充来共同说明一个事理的对偶。如邓小平1974年在联合国大会特别会议上发言中的"历史在斗争中发展，世界在动荡中前进"，就是正对。

（二）反对

反对是上下联从好与坏、美与丑、新与旧等对应的两个方面表述，形成相反相成内容的对偶。如"帝国主义必然灭亡，社会主义必然胜利"就是反对。

（三）串对

串对是上联和下联连接起来共同反映事物的发展过程或者因果关系的对偶。如王翼奇《敬挽伟大领袖和导师毛主席》中的诗句"江涛尽是工农泪，海水难量领袖情"，就是串对。

实践中，人们对对偶句运用得很广泛，如对联、对歌、对话等。

对联是常见的形式。它是写在纸上、布上，或刻在竹子上、木头上、柱子上等的对偶语句。如"许身儒子，奉献赤心，一生痴情不改；忠诚教育，甘洒热血，满腔壮志必酬"，横批："爱到永远"。

过去还有用来对歌、对话的。如乾隆皇帝在委任纪晓岚为《四库全书》主编之前，想考考纪晓岚，考试的方式就是对联句，乾隆先出："两碟豆"，纪晓岚答："一瓯油"，乾隆又说："林中两蝶斗"，纪晓岚接答："水上一鸥游"，乾隆见纪晓岚联得天衣无缝，无懈可击，便立即转移主题，出联道："人云'南方多山多水多才子'"，纪晓岚是南方人，乾隆出这一联，实际上是夸纪晓岚的学问，同时也暗含向纪晓岚求饶的意味，纪晓岚也体味到皇上的用意，于是，他便相机行事，迅速转舵，顺意接道："我说'北国一天一地一圣人'"，纪晓岚所联的这一句，既对仗又工整，又巧妙地拍了皇上的马屁，乾隆听后，哈哈大笑，立即授职于纪晓岚。

六、排比

排比，就是将三项以上结构基本相同、意思密切相联、语气完全一致的词句排列成串。运用排比可以使抒情如黄河泄水，淋漓尽致，一泻千里，从而增强感染力；运用排比可以使说理如细雨梳禾，透辟严密，少有疏漏，从而增强说服力；运用排比可以使叙事如百川归海，交汇流转，有条不紊从而增强表现力。

从内容上看，排比句可分为两种：

（一）并列性排比句

句中各项内容是并列的、平行的，叫做并列性排比句。

如：作家魏巍的《谁是最可爱的人》中有一组排比句：

"亲爱的朋友们，当你坐上早晨第一列电车走向工厂的时候，当你扛上犁耙走向田野的时候，当你喝完一杯豆浆，提着书包走向学校的时候，当你坐在办公桌前开始这一天工作的时候……朋友，你是否意识到你是在幸福之中呢？"

这个排比句中，是从不同的角度来说的，各项内容是并列的，属于并列性排比句。

（二）连贯性排比句

排比句中各项内容在意义上是连贯发展或者逐步深化的，叫做连贯性排比句。

如：《西沙之战》中有一组排比句：

"我们是无产阶级的军队，具备着特殊的有利条件：一不怕苦，二不怕死，与人民血肉紧相连。仗着它，推翻三座大山；仗着它，抗美援朝鲜；仗着它，威震珍宝岛；仗着它，保卫海防线。"

这个排比句中，用反复的方式组成一串排比，从解放战争、抗美援朝、保卫珍宝岛、保卫西沙群岛，意思逐层深入，思路呈现连贯发展之势。这就是连贯性排比句。

排比句的作用在于增强语势，使作者所要表述的意思得到充分强调，感情得到加深。古人所谓"文有数句用一类字。所以壮气势，广文义也"说的就是此意。

七、对比

对比，就是将两个不同事物或者同一事物不同的两个方面放在一起对照比较。有比较才有鉴别，有比较才见优劣，有比较才显胜负，所以，对比是演讲中不可或缺的语言技巧和修辞手段。

（一）两个不同事物的对比

毛主席在《论持久战》中，用日本“小国，地少，物少，人少，兵少”和中国“大国，地大，物博，人多，兵多”相映衬，作对比。

这种对比，澄清了是非，预示了中国必胜、日寇必败的战争结局，有力地驳斥了亡国论者的无耻谬论。这里将侵略者与被侵略者进行的对比，就是两个不同事物的对比。

（二）一个事物两个不同方面的对比

鲁迅的《华盖集·忽然想到（七)》中有段话：“他们是羊，同时也是凶兽；但遇见比他更凶的凶兽时便现羊样，遇见比他弱的羊时便现凶兽样。”

这里说的是反动统治者的走狗，他们面对主子时是奴才，是驯服的羊，而面对人民群众时则是残暴凶狠的凶兽。这就是一个事物的两个不同方面的对比。

对比的作用，在于它能把对立双方的本质特征揭示出来加以比较，在比较中得到鉴别，通过正反两个方面互相补充，增强语言的鲜明色彩和说理的效果。

八、双关

双关，就是利用语言的多义性，使讲话含义不是表现在某个词或一句话的字面意义上，而隐含在这个词或这句话的背后。利用双关对于提升语言艺术色彩力有着非常重要的作用。双关有两种形式：

（一）语音双关

语音双关，就是利用语音相同、相近的条件使词语、句子一语双关。实际上，它是利用谐音造成的双关语。

有一年，周总理视察西双版纳地区。当时的景洪城还没有铺上柏油马路，周总理在州委几个负责人陪同下，在路上边走边说：“你们这个路啊，下雨是‘水泥’路，天旱是‘扬灰’路。”

在这里，周总理说的就是谐音双关语，说得既形象又含蓄。“水泥”路，字面上是说用水泥修成的道路，实际意思是指既有水又有泥的土路；“扬灰”路，字面上是说用洋灰（也叫水泥)修成的道路，实际意思是指灰尘飞扬的土路。这就是利用谐音造成的双关语。

（二）语义双关

语义双关，是利用词语的多义性在特定的语境中形成一语双关。

鲁迅在《路》中写道：“我想：希望是本无所谓有，无所谓无的。这正如地上的路；其实地上本没有路，走的人多了，也便成了路。”

这里的“路”，字面上说的是地上的路，实际意思是指改造旧社会，创造新生活的道路。这就是语义双关。

双关语的作用在于含蓄深刻，幽默风趣，耐人寻味。运用双关语，要注意语言环境，使双关语中的实际含义含而不露，而又能够让人听出含义，寻出味来。

九、反复

反复，就是为了突出一个意思、增强一种感情，而特意连续或者间隔地重复运用一个字、一个词句。

（一）连续反复

连续反复，就是接连而不间断地重复运用一个字或者一个词句。

英子是妇女干部学校的一名教师，她在《我们的使命》中讲到妇女干部教育肩负着特殊的历史使命——培养大批德才兼备的女干部后，接着提出问题："这重任靠谁？靠别人？不！这要靠我们！这要靠我们！"以此强调使命神圣，流露出强烈的自豪感。后面接着又讲到，我们应如何承担起这光荣使命？"首要问题就在于解放思想，观念变革……只有勇于开拓，不断进取，才能承担起新时期赋予我们的光荣使命。"然后反复讲："我们的目的一定能达到！我们的目的一定能达到！"这就强调了光荣使命靠我们，我们的目的一定能达到，从而突出了整篇演讲的主题，我们的光荣使命以及如何完成光荣使命。

根据演讲所要表达的感情的需要，有时也连续重复一个字。孙中山先生在一次演讲中说："我们大家要醒！醒！醒！醒！"把"醒"字一连重复了四次，充满了热切的希望，给人留下极其深刻的印象。

上例中，重复出现的"这要靠我们！这要靠我们！""我们的目的一定能达到！我们的目的一定能达到！""醒！醒！醒！醒！"都是连续反复。

（二）间隔反复

间隔反复，就是重复运用的字或词句被其他词句隔开了，在语言的前前后后间隔出现。

鲁迅在《二心集·"友邦惊诧"论》中写道："可是'友邦人士'一惊诧，我们的国府就怕了，'长此以往，国将不国'了，好象失了东三省，党国倒愈象一个国；失了东三省谁也不响，党国倒愈象一个国；失了东三省只有几个学生上几篇'呈文'，党国倒愈象一个国，可以博得'友邦人士'的夸奖，永远'国'下去一样。"

上例中，在"失了东三省"之后，在三种情形之下间断地三次出现"党国倒愈象一个国"，以此充分揭露国民党"攘外必先安内"的反动本质，讽刺国民党政府充当帝国主义走狗的丑恶形象。这里用的就是间隔反复的修辞手法。

反复的作用，在于突出一种思想，增强语言的感情色彩和感染力，也有助于分清语言的层次、强化语言的节奏感。

思考与练习

1. 演讲中使用修辞手法有何意义？
2. 简要谈谈演讲中常用的修辞手法有哪些？
3. 演讲中使用排比的修辞手法一般会产生什么效果？
4. 观看优秀人物的演讲视频，留意并学习他们使用的修辞手法。

第六章　演讲的辩论语言

第一节　辩论的基本特点

辩论，也称论辩，是指参与谈话的双方就同一问题持不同的见解，用阐述作为基本方式，以彰扬真理、否定谬论作为基本目的，各抒己见，批驳对方，进行针锋相对的语言交锋。在辩论中通过质疑、诘难、驳斥和揭露对方的矛盾，从而确立自己的论断，以便最后取得正确的认识，肯定共同的见解。辩论的作用在于探求真理、明辨是非。辩论有以下四个基本特点，下面分别对其进行简单介绍。

一、反应迅速，疾如闪电

辩论和写文章大不一样，在实际辩论中，参辩者没有充分思考和准备的时间，而是临场发挥，唇枪舌剑，你来我往，"发语——反馈——再发语"这个过程进行得十分迅速。辩论，不管是实用辩论还是赛场辩论，辩论各方都处于同一个辩论现场，彼此面对面相处，双方发语的间隔时间极其短暂。这就要求参辩者思维敏捷，对双方提出的观点或问题迅速做出反应，针锋相对地予以反驳。如果反应迟钝，发语迟缓，就会使自己处于劣势。如果长时间不发语，对方和旁观者就认为你已经被对方驳倒，无话可说，或者你已被迫同意了对方的观点，用沉默来表态。

辩论是一种面对面的交锋，言来语去，没有充分的时间斟酌词句，所以就要求辩论者平时要作有心人，注意积累，这样才能反应敏捷，思维如流，急智如电，一触即发。例如：

一人素有辩才，众友不服，一日同时造访，主人问 A 是怎么来的，A 答："坐飞机。"主人评价说："敏捷之至。"接着众友人依次发言，想难倒他，于是：

B 说：我是自己开小车来的。

主人说：方便之至。

C 说：我乘船。

主人说：顺当之至。

D 说：我坐轿。

主人说：高贵之至。

E 说：我骑马。

主人说：威武之至。

F 说：我步行。

主人说：潇洒之至。

G 越发刁难说：我四脚爬来的。

主人不假思索地回答：稳妥之至。

H 更奇险：我是躺在地上滚来的。

主人毫不犹豫说：周到之至。

试想，如果平时没有积累，这个时候一定会反应缓慢，很难游刃有余地应答。

二、针锋相对，旗帜鲜明

在辩论中，各方的观点是有明确分歧的，甚至是截然对立的。没有观点的分歧和对立就没有辩论。参辩者为了维护自己的利益，或为了昭彰真理，就要坚持基本立场不动摇，据实、据理、据情地表明自己的态度，阐明自己的观点，千方百计证明并迫使对方承认自己的态度，阐明自己观点的正确性。同时还要针锋相对地批驳对方的立场、态度和观点，指出其内容的偏颇、无理、错误、荒谬，诘难对方，迫使对方不得不转变立场和态度，放弃原有的观点。特别是在原则问题上，尤应立场坚定，旗帜鲜明，措辞斩钉截铁，用语明确，切不可含混不清，转弯抹角，以致造成歧义，达不到预期的目的。针锋相对，这是辩论与其他言语表达形式最本质的区别所在。

三、逻辑严谨，体系严密

一位哲人说过："雄辩是熊熊烈火燃烧的逻辑。"在辩论中，辩论各方要经过几个、十几个乃至几十个回合的言辞交锋，才能分出胜负。这就要求参辩者事先要对辩题作全面、深入的考虑，把握问题的核心和关键处，遵循形式逻辑和辨证逻辑思维的规律去分析研究、认识和论证问题，对"讲什么"、"怎样讲"、"如何安排材料"、"如何突出主题"、"达到什么目的"等问题精心地构思，建构起严密的逻辑框架，即完整的理论体系。

如果缺乏严密的逻辑性，顾此失彼，前后矛盾，说理不周，漏洞百出，就会被对方牵着鼻子走，使己方陷入窘境，不仅无还手之力，甚至无招架之功，终遭溃败。

四、有辩有论，辩论结合

辩论所运用的主要表达方式是议论。所谓议论，就是摆事实、讲道理、辩是非、定违从，即辩论主体通过事实材料或逻辑推理来阐明自己的观点，批驳与之对立的观点，表明自己赞成什么或反对什么，肯定什么或否定什么的一种表达方式。议论有两种形式：一种以"立"为主，正面阐明和论证自己的主张和观点的正确性，是为立论；一种以"破"为主，揭露、批判对方主张和观点的荒谬性，是为驳论。辩论将这两种形式融为一体，有"立"有"破"，即有"论"有"辩"。辩论辩论，有辩有论，或先辩后论，或先论后辩，或辩中有论，或论中有辩，总之，"辩"和"论"（即"破"和"立"）是紧密联系在一起的。本来，"辩"和"论"是对立的统一，是一个问题的两个方面。要充分阐明和论证自己的主张和观点的正确性，就有必要揭露和批驳对方的错误见解或主张，指出其观点的荒谬；反之，要彻底批倒对方，也有必要鲜明地提出和论证自己的主张和观点。也就是说，要有辩有论，辩论结合，只有辩或只有论都是难以达到目的。在实际辩论中，辩或论往往各有侧重。

第二节 辩论与语义

语义是语言表达所代表的意义。对语义的研究能够提高我们辩论中语言表达能力。

一、要正确理解词语的意义

在辩论过程中，人们总是使用词语或短语组合成语句，由不同的语句组合成辩词。我们要恰当地表达自己的观点，准确地把握对方辩词的含义，就必须确切地理解其中各个语句的含义。要了解语句的含义，就必须把握其中有关词语的含义。

词语形式所能表达的含义是多方面的。英国语义学家利奇（G.Leech）在他的著作《语义学》中，认为意义可以分为概念意义、内涵意义、风格意义、感情意义、反射意义、搭配意义、主题意义等七类，我们不妨从这七个方面来把握词语的意义。

（一）概念意义

概念意义是对客观对象本质特征的反映，一般在词典中固定下来。这种意义是辩论交际过程中首先必须把握的基本涵义。比如，在第三届亚洲大专辩论会决赛时关于“人类和平共处是一种可能实现的理想”的辩论中，正反双方一开场首先便是抓住“和平共处”这一词语的概念意义，力图根据这一概念在不同的词典或文件中的解释作出对己方有利的解释。

正方：人类的和平共处是与战争相对立的。根据联合国文件，人类的和平共处是指国家、民族、集团之间不使用武力地平安相处。

反方：好的，让我们来谈谈我方对于和平共处的定义。我方定义乃是参考美国社会科学大辞典的解释，从积极方面来说，人类应该放弃一切暴力的手段来解决彼此的冲突；而从消极面来说，人类应该免除暴力的威胁。

正反双方关于“和平共处”的解释有共同的一面，也有不一致的地方。正方所指的范围较窄，是战争的对立面，爆发战争的数量毕竟有限，因而人类之间和平共处的实现是可能的。反方所指的范围则较广，包括暴力的对立面，人与人之间的暴力行为是层出不穷的，因而人类之间的和平共处永远不可能实现。

（二）附加意义

附加意义是社会、阶级、集团甚至个人附加在事物对象概念意义上的意义。例如，“妇女”一词的概念意义是“成年女性”，但社会上往往附加上“易动感情”、“胆怯”、“温柔”、“有母性”等附加意义。在辩论中也不能不注意把握词语形式的附加意义。比如，在 1995 年国际大专辩论会关于“女性比男性更需要关怀”的辩论中，反方辅仁大学队为了论证自己“男性比女性更需要关怀”的立场，便着力揭示“男性”这一词语形式所显示出来的附加意义：

好的，现在让我们来看看，男人心理到底产生了什么样的问题。首先，就传统观念来讲，传统要男人坚强、刚毅、不能流泪、不怯懦，所以“男儿有泪不轻弹”，已经变成亘古不变的守则。男人纵使是失败，纵使是受挫，也不能将胸中的感情抒发一点，因为他们没有办法，他们也没有地方能够抒发。所以男人就借着酒精来麻痹自己，借着厌世来作为逃避，所以李白的诗句讲了“借酒浇愁愁更愁”，这更深刻地描写了这样的情景。再就社会观念来讲，社会观念告诉我们，男人能够顶天立地，男人能够创造丰功伟业，男人是打不垮的英雄，历史这样地歌颂男人，社会这样地要求男人，女人以此标准来选择男人，男人为了满足各个阶层的需要，男人为了满足众人的需要，男人为了不使众人失望，所以男人必须戴上男子气概的假面具，男人一辈子都遭受这么痛苦的压力。在这里，我要告诉大家的是，男人所遭受的压力远远大于女人。

这里所揭示的便是“男人”这一语言形式所代表的“刚强”、“坚毅”、“顶天立地”等附加意义，并以此为立论基础与对方展开唇枪舌剑的交锋。

（三）风格意义

风格意义是指关于语言形式使用的社会环境的意义。科学用语与日常语言、书面语言与口头语言，分别有不同的使用场合环境，显示出不同的风格意义。比如“爸爸”与“父亲”的概念意义一样，但语体风格色彩却不同，前者显得通俗亲切，后者显得庄重严肃。语言的风格意义在辩论中同样不容忽视。如在法庭辩论中，就应特别注意语言风格意义的庄重性，不能使用方言、俚语，以免破坏法庭庄严肃穆的气氛。

（四）感情意义

感情意义是用来表达说话者感情和态度的意义，即褒贬意义，比如“顽强”、“顽固”，两者都有“坚定，不易变化、动摇”的含义，但两者分别显示了说话人不同的感情态度，前者表示欣赏、赞美，后者表示不屑、贬斥。在辩论中，我们要取得好的表达效果，就不能不注意词语的感情意义。请看辩论一方为“人性本善”这一辩题准备的辩词：

我们谴责侵华日军的暴行用的是“兽性大发”，揭露性情残暴的犯罪分子是“人面兽心”，而谴责为人唾弃的战争贩子希特勒是“衣冠禽兽”，恰恰表明某些人把自己的作为置于兽性的引导下。

这节辩词中的“兽性大发”、“人面兽心”、“衣冠禽兽”等词语都带有强烈的情感色彩，表达了人们的深恶痛绝之情。

（五）联想意义

联想意义是由语言符号引起的某种心理联想而体现出来的意义。一个辩论者要想取得最佳的辩论效果，对于语言的联想意义同样也应有足够的认识。据说，过去北京有一家新开张的理发店，门口贴着一幅对联：“磨刀以待，问天下头颅几许；及锋而试，看老夫手段如何？”这副对联磨刀霍霍、杀气腾腾，使人联想到杀头死亡，结果吓跑了不少顾客，自然是门可罗雀。而另一家理发店的对联则是：“相逢尽是弹冠客，此去应无搔首人。”上联正合理发人进门脱帽弹冠之情形，又使人联想到“弹冠相庆”这一典故，有准备做官之意，下联意即人人中意，心情舒畅。由于对联的联想意义丰富，顾客们纷纷临门。

（六）搭配意义

搭配意义是指语言符号由于彼此搭配上的不同而体现出来的意义。例如，“交换”和“交流”都指双方把自己的东西给对方，但它们的搭配对象却不同，“交换”的搭配对象大都是意义较具体的或所指范围较小的词语，如“礼物”、“意见”、“资料”、“产品”等；“交流”的搭配对象大都是意义较抽象或所指范围较大的词，如“思想”、“经验”、“文化”、“物资”等。一个辩论者要使自己的辩词准确生动流利，就不能不注意词语的搭配意义。

（七）主题意义

主题意义是指表达者借助组织信息方式的不同而体现出来的意义，如对语序的调整，对重音、语调的不同安排等。比如，有这样一个案例：古时候，一名歹徒夜晚潜入邻居家中，将邻居家的姑娘强奸，临走时，还抢走了姑娘的镯子。姑娘家的人想告发那个歹徒，但是又恐有损姑娘的名誉，于是便在状纸上写了“揭被勒镯”四个字。但这样的状子不能使歹徒受到应有的惩罚。有个讼师便将它改为“勒镯揭被”。虽然同是“揭被”和“勒镯”两个词，但颠倒语序后所表达出来的含义却有区别。前者只能说明歹徒行窃，而后者不但包含有前者的意思，又委婉地控诉了歹徒的罪行。

在辩论中，我们要准确地表达自己的思想，就要准确无误地了解对方辩词的含义，更要注意把握有关词语的含义。

二、揭示词语意义的方法

在辩论中，我们必须明确有关词语的含义。其中包括明确这个词语所指称的对象有哪些，即要明确它的外延；也包括明确这个词语反映的是事物对象什么样的特有属性，即明确它的内涵。定义正是揭示词语意义的有效方法。由于这里的定义包含了揭示词语的内涵和外延两个方面，因此它比传统逻辑中的定义要宽泛得多。它主要有以下七种。

（一）真实定义

真实定义就是揭示词语所反映对象的本质属性，即传统逻辑中所谓的“属加种差”定义法。比如，在长虹杯全国电视辩论赛关于“法治能消除腐败”的辩论中，正方北京大学队要展开辩论，首先就必须确定“腐败”这一词语的含义，他们是这样说的：

我方认为法治能够消除腐败。所谓腐败，就是指公职人员滥用公共权力，谋取个人或小集团的私利，损害公共利益这一社会性的问题。

这里揭示的“一种社会问题”就是“腐败”临近的属，它和其他社会问题的不同点是“公职人员滥用公共权力、谋取个人或小集团的私利、损害公共利益”，这就是所谓“种差”，它们加合起来便构成了关于腐败的真实定义。

（二）划分定义

划分定义是将词语所反映的对象分成若干小类从而揭示出词语意义的方法。在首届中国名校大学生辩论邀请赛关于“医学的发展应有伦理界限”的辩论中，正方中国科技大学队对“医学发展”这一词语意义的揭示如下：

什么叫医学发展？我方认为，这主要包括四个方面的含义，就是指医学科研水平的提高、医疗设备的更新、医学规模的扩大和个人医疗水平的提高。这四个方面的发展构成了医学发展的主体内容。

中国科技大学对将“医学发展”分成了四个方面，这就使人们准确清楚地了解了医学发展的含义，这里使用的便是划分定义的方法。

（三）列举定义

列举定义是通过列举出某个词语所指称的对象来揭示词语意义的方法。比如，1986亚洲大专辩论会决赛关于“发展旅游业利大于弊”的辩论中，正方香港中文大学队有这么一节辩词：

我们看看，有多少国家正在发展旅游业。我们从中国开始数吧：中国、新加坡、马来西亚、泰国、印度、埃及、希腊、南斯拉夫、意大利、蒙地卡罗、瑞士、爱尔兰、冰岛、美国、加拿大、墨西哥、日本，都不是在发展旅游业吗？

正方队论证“发展旅游业利大于弊”的论据之一是有许许多多国家正在发展旅游业，然后一口气列举了众多发展旅游业的国家，使人们更深刻地认识到了这一论据的含义，这里使用的就是列举定义的方法。

（四）实指定义

实指定义是通过指出某个词语所指称的某一具体对象来揭示词语意义的方法。比如，有人不知道什么是“骆驼”，可以将他带到公园，指给他看：“这就是骆驼”。在词典中，有时感到难以将某个词条叙述清楚，干脆就将这个词所指称的对象用图案画出来。在辩论中，为了使人们了解某一语言形式的含义，也不妨用实物、图片、录像、电影等方式来达到目的。

（五）约定定义

约定定义是对某个未经定义的词语赋予某种特定涵义的定义方法。比如，数学中规定大于零的数为正数，小于零的数为负数，这就是约定定义。又如，在首届国际大专辩论会关于“艾滋病是医学问题，不是社会问题”的辩论中，反方复旦队的立场是艾滋病是社会问题而不是医学问题，解决艾滋病的问题只有依靠社会系统工程，而什么是“社会系统工程”，复旦队的定义是：

通过完善社会道德观念，推动全社会的预防；筹集充足的经费；强调跨学科的研究；发展社会教育；弘扬美的生活方式；统筹规划，齐抓共管。

这里对于"社会系统工程"的语义揭示使用的是约定定义，并且又接着论述了只有运用社会系统工程，才能使健康者不感染、感染者少患病、患病者晚死亡、死亡者家属有保障。这样就使观众对复旦队提出的"社会系统工程"有了深刻认识。

（六）同义语定义

同义语定义是运用意义较明确、浅显的词语来解释涵义上与之相同的词语。也就是说，当我们碰到一个比较生僻的词语，便运用一个和它意义相同的大家较熟悉的词语去加以说明。比如："辍学"就是"中途停止学习"；"宿疾"就是"老毛病"；"薄幸"是指"薄情"等。

在辩论中，对于一些较生僻的词语，人们一时难以理解，我们可以运用同义语定义的方法来达到使人们准确把握这一词语涵义的目的。

（七）比喻定义

比喻定义是以暗喻的形式将某一词语所指称的对象与其他事物的某种属性进行比较而作出的定义。比如，在首届国际大专辩论会关于"温饱是谈道德的必要条件"的辩论中，反方复旦队关于"道德"的一节辩词：

雨果说过："善良的道德是社会的基础。"道德是石，敲出希望之火；道德是火，点燃生命之灯，照亮人类之路；道德是路，引我们走向灿烂的明天。

这里使用了一系列的暗喻，将道德比作石，比作火，比作灯，比作路，形象生动地揭示出道德在人类的生存与发展中所能产生的巨大作用，使人们认识到道德在人们生活中须臾不可缺少的道理。

第三节　辩论的常用手段

根据辩论的经验，一般来说，辩论的常用手段主要有如下十二个方面。

一、语音规范

语音是语言的物质外壳。在口头辩论中，辩论双方是靠语音来传递信息的，为了能准确无误地表达自己的思想观点，首先就必须保证语音规范、正确，要使用普通话语音，不要使用方言，以避免出现语音错误。

在辩论中，如果语音不准确，往往会影响人们对辩词的理解，甚至还可能被对方就地取证，用作进攻的武器，以此来歪曲、篡改自己的观点，使己方处于极为不利的境地。

除了要保证语音规范、正确以外，还必须注意发音清晰、圆润、优美、洪亮，语速适中，这样才能取得最佳的辩论效果。

二、声调变化

汉语是有声调的语言。同样一个音节，通过声音高低升降的不同变化，便可形成不同特色的声调，从而表达出不同的语义。有这样一则故事：

从前，有一座剧场落成时，请地方官来看戏。地方官是一个胖胖的家伙，他临门抬头一看，横匾上写了四个大字——更俗剧场。他不禁皱起眉头，摇头晃脑，不满地说：

“更俗更俗，俗上加俗，俗不可耐，这个名字不好，更改！”

剧场主人正要分辨，他已扬长而去。过了几天，胖官又来看戏，看见还是那块横匾，立即责备起来：“叫你们改名，为什么不改？”

主人急忙上前说道：“报告县官，名称已遵令改了，上次你看到的是更（四声）俗剧场，今天看到的是更（一声）俗剧场，更俗者，易俗从新也！”

胖官听了，无话可说。

汉字“更”是一个多音多义字，当它的声调不同时，表达的含义也就不一样。读四声时，是副词，表示程度高、进一步的意思；读一声时，是动词，表示改变、改换的意思。汉语声调的不同变化为语言的表达增添了无穷变幻的色彩，也为我们出奇制胜制服论敌提供了有力武器。

三、句调升降

句调是指一个语句语音高低升降的变化。一个语句高低变化的形式不同，表达出来的语义就往往大不一样，比如以下语句：

“没有你，我去不了上海。”

“没有你，我去不了上海？”

前一语句尾音稍降，用的是降调，说起来语气诚恳，表达出对方在这件事情中不可或缺的作用；后一句尾音上扬，用的是升调，表达出明显的嘲讽意味。这两句的词语成分相同，但是语句升降变化不一样，表达的意思就大不相同，对方听了产生的感受也就大不一样。

同样，在辩论过程中必须注意选用不同的句调恰当地表达我们的思想。比如，升句调可以表达疑问、反问、号召、鼓动等语义，下降句调可以表达祈使、坚定、赞扬等语义，平直句调可以表达庄重、悲伤、冷漠等语义，曲折句调则可以表达惊讶、怀疑、讽刺等语义。句调的形式是多种多样的，它所能表现出来的含义也就显得多姿多彩。一个辩论者要想取得最佳的辩论效果，就不能不注意语调升降的表达作用。

四、语句重音

重音是在语句中读得比较重，听起来特别清晰、响亮的语音成分。一个语句中哪些成分应该读重音，位置一般较固定，这种重音是语法重音。但是，在辩论过程中，有时为了突出某种特殊的思想感情，会突破语法重音的限制，把语句中的某些词语读得较重，从声音上来加以突出，这就是强调重音。语句的强调重音是随说话人的内心意愿而定的，并没有固定位置。强调重音的位置不同，表达的语义就有所区别，给人的感受也就会很不一样。请看这么一则对话：

男：我纯洁的爱情只献给你一个人。

女：那么，你不纯洁的爱情给了谁呢？

本来，男青年的语句重音是在“你”字上，语句表达的是对对方的一片爱慕之情；女青年却巧妙地将语句重音改换在“纯洁”一词上来理解，由此得出对方的爱情有一些是不纯洁的结论，并转而责问对方将不纯洁的爱情给了谁，这样便足以将对方难倒，令对方有口难辩。

一个辩论者必须注意把握强调重音这一语言现象，自觉地运用强调重音的规律来为自己辩论的目的服务。

五、语序变换

语序是汉语的重要组合手段，汉语非常重语序。语序不同，语句的意义就不尽相同，表达的效果也会大不一样。比如“不”、“怕”、“辣”几个语素颠倒，形成“不怕辣、怕不辣、辣不怕”其意义就有差别。辩论者要学会善于通过语序的不同变换来达到辩论取胜的目的。请看这样一则例子：

1949 年 9 月，云南解放前夕，蒋介石命令沈醉带了大批军统特务窜入昆明，枪杀进步学生，并逮捕了 90 余名爱国民主人士。正准备起义的国民党云南省主席卢汉将军急忙打电话给蒋介石，陈述利害，为这批民主人士说情。蒋介石的回电是：“情有可原，罪无可逭（huàn）。”“逭”是动词，意思是逃避。卢汉看毕电文，知道蒋介石决心要杀这 90 余名爱国民主人士，心里十分着急。他把此电文拿给协助他筹划起义的李根源先生看。李先生看后，提笔将电文语序一改，便成了“罪无可逭，情有可原”。在昆明的军统头目阅读电文后，以为蒋介石“恩威并举”，镇唬一下争取民主的“出头鸟”，达到争取民众的目的就行了。于是 90 余名爱国民主人士得救了。后来蒋介石得知此事，气得火冒三丈，他怀疑机要秘书记错了自己口授的电文，又不能排除是自己颠倒了词序，只得骂几声“娘希匹”了事。

李根源先生妙改语序，结果救了 90 多名爱国民主人士的性命，可见语序在辩论中的作用之大。

六、语句停顿

停顿就是指词语或语句之间声音上的间歇。停顿是生理的需要，我们不可能一口气把一大段话说完，这之间必须有停顿；停顿更是思想表达的需要，一句话在不同的地方使用停顿，表达的意义就很不一样。

恰当地运用停顿技巧有时还可以取得反败为胜的效果。比如有一案例：

从前有一富翁，人称张老。张老的妻子仅生一女，于是招进一个女婿。多年以后，张老的小老婆生了儿子，取名一飞。一飞刚满 4 岁，张老就病逝了。留有一遗嘱：“张一非吾子也家产尽与女婿外人不得争夺”

古书由于没有标点，因而连着写。女婿接过一看，读成：

“张一，非吾子也，家产尽与女婿，外人不得争夺。”

女婿满心欢喜，毫无顾忌地占有了张老的家业。后来妾生的儿子张一飞长大成人，向官府起诉要求同姐夫分得家产，女婿把遗嘱交给官府，官府对一飞的诉状置之不理。一天，来了一位奉上级差遣到地方办案的官员，一飞重新起诉，张老的女婿又把遗嘱呈上，这位官员读道：

“张一非，吾子也，家产尽与，女婿外人，不得争夺。”

然后对张老的女婿说：“你岳父明明说女婿是外人，你怎么还敢占有他的家产呢？他之所以故意把‘飞’字写成‘非’字，是因为儿子年幼，怕你加害于他。”

于是遗产全判给了张一飞，对此人人称快。

七、词语拆合

词是有特定意义和固定结构的语言单位，在辩论交际中，是作为最基本的单位来运用的，不能随便加以拆合，这是一方面；但是另一方面，词又是由语素组成的，当我们对合成词进行分析时，又可以得到各具意义的语素，在某些特殊的辩论场合，我们可以通过对词语进行分析、拆合来满足我们辩论的需要。下面是长虹杯全国电视辩论赛关于“人类社会应重义轻利”的辩论中的一段辩词：

正方：对方三辩说，私利不是利，对方一辩说，私利也是利，请问我听哪一个的？（掌声）

反方：你听我的好啦！难道有一个利字就一定是利吗？那么我说对方辩友言辞犀利，那是什么利呀？

正方：对方辩友不要望文生义。照这样说的话，“義大利”（‘意大利’的旧译），“義大利”，那也要望文生义的，可最后还是義大于利呀！（长时间热烈掌声）

反方使用词语拆合的方法，通过对“言辞犀利”的拆合来为自己辩论中出现的矛盾辩护，同样，正方也使用词语拆合的方法，通过对“義大利”的拆合，既反驳了对方望文生义的谬误，又进一步论证了己方的人类社会应重义轻利、义大于利的观点，妙语天成，一箭双雕。

使用词语拆合术必须注意，对词语拆合的解说必须机智巧妙、天衣无缝，这样才能取得预期的辩论效果。

八、学会仿拟

仿拟是根据现有的语言形式，临时创造出新的语言形式的方法。

仿拟是辩论中常用的一种语言技巧，借助于仿拟的形式，可以取得幽默讽刺的辩论效果，增强辩论语言的攻击力量。

具体来说，仿拟的方法又有以下四种类型。

（一）仿拟词语

仿拟词语就是仿照现有的词语临时创造出新的词语的方法。下面是首届国际大专辩论会关于“温饱是谈道德的必要条件”的辩论中，反方复旦队的几节辩词。

姜丰：荀子早就说过：“争则乱，乱则穷。”所以我们走向温饱的过程当中，更要谈道德，否则不就是越走越穷，什么时候才能达到温饱呢？

蒋昌建：对方认为贫困向温饱的追求过程当中，可以不谈道德，这就告诉我们一个所谓基本的理论，就是：天下大乱，才能达到天下大饱。（笑声）

严嘉：如果这样的话，恐怕不是“争则乱，乱则穷”，而是“争则乱，乱则饱”了。（笑声）

复旦队这里使用的就是仿拟词语的方法，根据现有的词语形式“天下大乱，达到天下大治”、“争则乱，乱则穷”等，临时创造出“天下大乱，达到天下大饱”，“争则乱，乱则饱”等新的词语形式，对论敌温饱是谈道德的必要条件这一观点揭露深刻、嘲讽有力。

（二）仿拟句式

仿拟句式是根据现有的语句形式，构造出一个新的语句来回击论敌的方法。下面是1995年国际大专辩论会关于“金钱追求与道德追求能够统一”的辩论中的一节辩词：

正方：我再问你，如果一个人拼了命去奉公守法追求金钱，这个时候，两个目的是等重的啊！为什么那不叫统一？如果那不叫统一，那叫什么？请你告诉大家。

反方：追求金钱就是不择手段去获取金钱。我要对方辩友看这两句话是不是能够统一：“我要把有限的生命投入到无限的为人民服务当中去”，和另外一句话，“我要把有限的生命投入到无限的追求金钱当中”，是不是能够统一呢？

在这里，正方的辩论咄咄逼人，反方则运用仿似句式的方法，根据雷锋的一句话临时构造出一句新的话，通过这两者之间的尖锐对立还击了正方认为金钱追求与道德追求能够统一的观点，气势锐不可挡。

仿拟句式有时也可以根据对方的语句临时构造新的语句来进行反击。

（三）仿拟调式

仿拟调式就是模仿既成的篇章或语句腔调创造出新的篇章或新的语句的辩论方法。比如，在长虹杯全国电视辩论赛关于“大学毕业择业的首要标准在于发挥个人专长”的辩论中，反方队认为大学毕业生没有统一的择业标准，他们的择业标准是祖国需要、个人的兴趣爱好等。对此，正方队反驳道：

我想请问对方辩友，你们到了一些择业中心，你们对他们说，我想干什么就干什么，我既要收入高又要反映我的个人兴趣爱好，我又要满足社会需要。那么这时，我想徐志摩那首《再别康桥》恐怕就要改成《再别工作》了：轻轻地我走了，正如我轻轻地来，我挥一挥衣袖，什么都没有带走。（长时间热烈掌声）

《再别康桥》是现代诗人徐志摩的名篇，其结尾更是余味无穷。正方队模仿这一诗歌的结尾创造出《再别工作》这一即兴之作，这对反方择业标准多元论的打击力度是一般的议论所难以达到的。

仿拟是辩论者常用的一种语言形式方面的技巧，可以取得幽默讽刺的表达效果。一个辩论者要使自己的辩论谈笑风生、理趣浑然，就不得不注意掌握和运用仿拟的方法。

（四）仿拟推论

在辩论过程中，当对方的推论形式存在着明显错误时，如果双方都有较高的逻辑修养，可以通过指出对方推论形式的错误来反驳；但是如果有一方并没有掌握有关的逻辑知识，这时最好的反驳方法就是模仿对方错误的推论形式，推出令对方难以接受的荒谬结论，这样便可达到驳倒对方的目的。比如：

有位美国参议员对美国逻辑学家贝尔克里说："所有共产党人都攻击我，你攻击我，所以，你是共产党人。"

贝尔克里立即回答说："你这个推论实在妙极了！从逻辑上看来，它同下面的推论是一回事：所有的鹅都吃白菜，参议员先生也吃白菜，所以参议员先生是鹅。"

参议员先生利用中项不周延的错误三段论形式，由真实的前提推出荒谬的结论来非难贝尔克里先生，贝尔克里如果与之争论其推论形式是否错误，显然是对牛弹琴，毫无必要。他利用仿拟推论的方法，用众所周知的真实前提推出对方难以接受的结论，反驳的效果自然要好得多。

使用仿拟推论法的关键在于，必须由真实的前提推出荒谬的结论，这样才能达到充分显示论敌推论的错误性的目的。

九、同义结构

几个不同的语言表达形式却能表达一个相同的语言意义，这些语言表达形式就是同义结构。当代美国著名语言学家、转换生成语言学派的创始人乔姆斯基（Noman Chomsky）提出了"深层结构"和"表层结构"的概念。深层结构是抽象的结构，它确定句子的语义解释，代表句子的语义；表层结构是实际说出来的现实的句子结构，它确定句子的语音。语言的同义结构就是一个深层结构经过转换规则形成的几个不同的表层结构。它们的表层结构不同但语义却基本一致。比如：

贝贝打破了玻璃杯。

玻璃杯被贝贝打破了。

当然，尽管它们具有相同的深层结构，但意义并不绝对相等，其主题意义还是有所区别的，因此可以达到不同的表达效果。利用语言的同义结构现象，可以满足我们不同场合的辩论需要。

语言的同义结构有助于我们在辩论中委婉曲折地表达我们的思想。请看下面一例：

1796年，拿破仑被任命为意大利方面军的总司令，在整顿这支从装备到纪律都一塌糊涂的部队时，身材矮小的拿破仑仰头看着个子很高的奥热罗说：

"将军，你的个子正高出我一头，但假如你不听指挥的话，我就会马上消除这个差别。"

这句话居然使得部队中激烈的争吵顿时平息下来。

拿破仑这句话的意思很清楚，就是"假如你不听指挥的话，我就砍掉你的头"。但如果采用这种形式表达，也许只能加剧上下级之间的对抗情绪，效果并不一定好。于是他换了一种形式来表达，这样便使自己的语义表达得委婉曲折，同时委婉曲折之中又体现出一种不可抗拒的意味，达到了一种尽善尽美的境界。在辩论中我们想要取得这种表达效果时，不妨借助于语言的同义结构来达到目的。

此外，语言的同义结构还可以增添我们辩论语言的幽默和讽刺色彩。

十、歧义结构

歧义结构是相同的语言表达式但可以表达出不同的语义这一语言现象。按乔姆斯基的说法，就是几个不同的深层结构经过转换，形成相同的表层结构。在表层结构中，词语和语序相同，但语义却不相同。比如：

咬死猎人的狗。

这一语言表达式可以分别表达以下语义：

狗咬死了猎人。

某物咬死了狗，那狗是猎人的。

一方面，语言的这种歧义结构容易给人们的交际带来混乱，我们必须注意避免。如：

有两个姑娘在肉店买肉。其中一个指着挂在铁钩上的肉叫道："卖肉的，把你的肉割两斤给我!"

她喊了两遍，那个卖肉的伙计都没有反应，姑娘急了："喂，你听见了没有，把你的肉割两斤给我!"

这时，只见卖肉的伙计双目一瞪，举起刀拍拍铁钩上的肉吼道："这是你的肉，不是我的肉，把你的肉割两斤给我行吗?"

这个姑娘的语句中"你的肉"便是有歧义的，它既可以指挂在铁钩上的猪肉，又可以指卖肉伙计自己身上的肉，因而引起一场不必要的争吵。如果姑娘说成"买两斤猪肉"，这种歧义便可以避免。

另一方面，语言的歧义结构又可以为我们在辩论中根据不同的场合、不同的对象选择所需要的语义解释提供足够的回旋余地。比如：

有一次，林肯和斯蒂芬·道格拉斯辩论时，道格拉斯愤怒地指责他是两面派。对此，林肯从容不迫地回答说：

"现在，让听众来评价看，要是我有另一副面孔的话，您认为我会戴这副面孔吗?"(林肯的容貌不怎么样，人们都知道，他自己也知道。)

本来，两面派是指要两面手法的人，对对立的两个方面都敷衍应付。可是林肯选择的却是另一种语义解释，即指有两张面孔的人。这样不仅显示了自己的幽默、忍耐与涵养，同时又暗示了自己绝不是两面派，给予对方有力的反击。

辩论者要善于借助语言表达式的歧义性来为自己的辩论服务，就必须具有丰富的想象力和发散性思维能力，能迅速地洞悉某一语言表层结构中可能隐含的各种深层结构，然后选择符合需要的某种语义解释，进而达到论证我方观点或反击论敌的目的。

十一、句式长短

语句的形式结构有的长，有的短，我们称之为长句和短句。长句是指形体长、词数多、结构比较复杂的句子；短句是指形体短、词数少、结构比较简单的句子。当然这是相对而言的，二者之间并没有绝对的界限。

长句和短句各有各的优点、特色和表达效果。有时同样一个意思既可组织成长句，也可以组织成短句，但其表达效果却并不完全一样，因而我们有必要研究辩论中句式长短的选择问题。

长句由于形体长、结构复杂，因而它的信息容量大，能表达丰富的内容，可以产生叙事具体、说理严密、气势畅达的表达效果。请看首届国际大专辩论会关于“人性本善”的辩论中，反方复旦队四辩的一段总结陈辞：

光阴荏苒，逝者如斯，在物质和科学技术突飞猛进的同时，而人类的精神家园可谓是花果飘零。在这个时候，我们要警惕“人性本恶”这个基本的命题。可喜的是，在东方的大地上，我们说传统文化的发扬光大，已经开始走向了新的春天。我们也相信，通过传统文化的精华，必将使人类从无节制的欲望中合理地扼制并加以引导，从他律走向自律，从执法走向立法。人类可能挽狂澜于既倒，扶大厦之将倾。“黑夜给了我黑色的眼睛，而我注定要用它来寻找光明！”

这节辩词中使用的是多组长句。在这些长句严谨周密的阐述中，显示出辩手深沉的、朦胧的、崇高的、形而上的热情，使听众和评委在精神上受到深深的震撼，展示了长句所特有的风采与魅力。

短句由于形体较短，包含的成分和意思较简单，因而可以取到简洁明快、干净有力的表达效果。请看 1995 年国际大专辩论会关于“金钱追求与道德追求能统一”的辩论中，反方新南威尔士大学队三辩的一节辩词：

再回到红尘滚滚、物欲横流的现实中来吧！请问对方辩友，这又是一副怎样的景象呢？行贿受贿，逃税骗税，层出不穷；抢劫盗窃，车匪路霸，愈见猖獗；卖淫嫖娼，走私贩毒，陈渣泛起；拜金主义，享乐主义，无所不在；见义不为，见难不助，见死不救，见暴不除，时有发生。面对如此一副画面，请问对方辩友，你真的还要告诉我们说，金钱追求和道德追求是可以统一的吗？

这节辩词使用了一组短句，每句四字，简洁明快，干净有力，历数了社会中存在的一系列丑恶现象，表达了辩手对这类丑恶现象深恶痛绝的感情。这里只有使用短句，才能将那种慷慨激昂、愤怒痛斥的情绪表现得如此充分。

总之，长句和短句各具特色，各有各的表达效果，我们不能孤立地说哪种句式好，哪种句式不好，而应根据辩论中思想内容表达的需要来恰当选择。一场辩论中全都用长句或全都用短句的情况是不多的，常见的是长句和短句并用。一般来说，预定陈述的发言可以利用赛前的准备时间，恰当地组织长句来进行严密的论证，而在自由辩论阶段则宜用短句，因为长句形体长、成分复杂，在自由辩论的激烈对抗中，形体长了，语序就容易乱，前后也难以照应周全。

十二、语句整散

单独的一个句子无所谓整散，许多句子组合在一起，有的结构整齐匀称，有的形式参差错落，就有所谓整散的问题。如果一组句子，它们的结构相似，整齐地排列在一起，这就是整句，比如排比、对偶等；如果结构不一致，各式各样的句子交错使用，这就是散句。

整句由于形式整齐、声音和谐、气势贯通，因而有助于表达丰富的感情和深刻的感受，能给人以深刻的印象，请看 1995 年国际大专辩论会关于“知难行易”的辩论中，正方南京大学的一节辩词：

翻开历史史册，人类求知探索的伟业，可谓惊天地泣鬼神。生命诚可贵，可是李林塔尔为了科学却献出了生命；爱情价更高，可是诺贝尔为了事业却终身孤独。对方辩友一定也知道，李时珍遍尝百草，才获回春之术；司马迁励精图治，终成一家之言。对方辩友一定还知道，达尔文呕心沥血几十年，才孕育了进化论；布鲁诺用生命铸成真理，魂归去来兮……

正方辩友在这里使用由李林塔尔、诺贝尔、李时珍、司马迁、达尔文、布鲁诺等科学家用热血和生命叩开知识大门的壮举组成的排比句，说明了求知过程的艰苦卓绝，论证了自己知难行易的主题，呈现出一种整齐、和谐、典雅的美。

当然整句也有它的不足，如果用得太多，势必会单调呆板，甚至显得做作。因而人们一方面追求整句，另一方面又把本来可以用整句的地方有意地安排一些散句，整句与散句交错使用，使语言既整齐和谐又富于变化。

散句的结构灵活多样，但又不是杂乱无章；它所表达的内容没有整句那样集中，但同样丰富多彩，故能避免单调、呆板，取得自然生动的辩论效果。请看首届国际大专辩论会关于“艾滋病是医学问题，不是社会问题”的辩论中，反方复旦大学队的一节辩词：

当艾滋病给人类造成巨大威胁的时候，向人类社会的发展提出了一个严肃的问题：20世纪80年代，我们在物质昌荣的时候，人类的精神家园究竟如何呢？我们说，我们对这个要有一个价值判断。我们说，应该以人的全面发展为依归，来修复已经饱经沧桑的精神家园，使我们的生命搏击出生活的健康、理性和美丽，这才能安慰成千上万长眠于地下艾滋病患者屈死的灵魂，才能启示将衍继人类文明火种的子孙后代！对方辩友：魔高一尺，道高一丈，只要我们相信艾滋病是社会问题，不是医学问题的话，艾滋病这个世纪恶魔终究是能够被降服的！

有道是：沉舟侧畔千帆过，病树前头万木春。谢谢各位！

这节辩词使用的就是散句的形式，慷慨激昂，气势非凡，展示出一种雄浑、崇高、壮丽的美。可以设想，如果将这种思想用整句形式来表达，这种雄奇、阔大的意境便会顿时消失。

第四节　辩论与语境

语境也即语言环境。语境有广义和狭义之分。狭义的语境仅指某语句的上下文，广义的语境除了上下文外，还包括说话时的自然环境、社会环境，以及说话双方的有关因素，如身份、职业、经历、思想、性格、处境、心情等。

辩论总是离不开一定的语境，辩论的语境因素不仅影响人们对语言意义的理解与把握，同时也制约着辩论者对辩论方法的选择、语言形式的运用，以及辩论能力的有效发挥。因而一个人要提高辩论能力，就不得不研究和把握语境因素。

一、语境制约着语言形式的选择

辩论的语言表达总是离不开一定的语境，一个辩论者要想取得良好的辩论效果，就必须注意自己语言形式的选择与特定的辩论语境因素，包括辩论的自然环境、社会环境以及辩论对象的思想水平、认识水平等，否则就会无的放矢，事与愿违。

首先，辩论的对象因素制约着语言形式的选择。

在辩论过程中，双方总是处在一种特定的关系中，这种关系（包括辩论双方在客观上存在的辈分、亲友、同志乃至敌对关系）加上辩论时的种种情况而形成的某种临时关系，直接影响着辩论者对语言形式的选择。我们必须注意把握这种特定的关系，采取恰当的语言形式来表达自己的思想观点，以达到预期的辩论效果。比如：

晋文公有一次吃烤肉，发现肉的外边缠绕着头发，于是大怒，唤来烤肉的厨子。厨子知道，烤肉上边有头发是对文公的大不敬，如果是厨子的失职，就可能被处死。于是厨子到文公面前，连忙认罪。他说道：

“臣该死，臣的罪有三条：其一，我切肉的刀锋利得如宝剑干将一样，肉被切断，可是没有切断肉外边的头发：其二，我用铁锥串起来烤，反复翻动，却没有发现有头发；其三，肉被火烤得赤红，最后被烤熟，可是缠在肉外边的头发却不焦。我想，所以如此，是不是有人嫉妒我呢？”

文公听了这番话，猛然醒悟，派人调查，果然有人陷害厨子，于是文公杀了那个人。

在当时，厨子面临的辩论对象是一个拥有生杀大权的专制君王，而自己仅仅是一个任人宰割的奴隶，厨子如果理直气壮地与国君进行辩驳，则只能招致杀身之祸。在这种严峻的形势下，他巧妙地采用驯服认罪的表达形式，宣布自己的三条罪状，但是这三条罪状却又正好可以证明自己的清白。由于厨子能正确认清辩论的对象因素并选择恰当的表达形式，终于还自己以清白，取得了预期的辩论效果。

在辩论中，对于不同的辩论对象，我们所采用的语言表达方式也应作相应的调整。如果对方是自己的长辈、老师、父母，则应尊重他们，辩论时语气要婉转，用语要得体，不能使用训斥与嘲弄的口气；如果对方是自己的朋友、同事、同学、亲属等，那么语气要平和，用语要注意分寸，应尽量避免伤了双方的感情；如果对方是一些居心叵测之徒，那么就应该立场坚定、旗帜鲜明、针锋相对地进行驳斥。总之，在辩论中应因人而异，针对不同的人，机动灵活地选择恰当的语言形式才能取得最佳的辩论效果。

其次，辩论语境的场合因素也制约着语言形式的选择。

一个辩论者要想取得好的辩论效果，就必须注意与特定场合因素相适应的语言形式。如美国影片《维多利亚女王列史》有这样一则故事：

维多利亚女王办完公事，深夜回到卧房，但房门紧锁，她就敲起门来。

房内，她的丈夫阿尔伯特公爵问：“谁？”

她习惯地回答：“我是女王。”

没有开门，她接着又敲，房内又问：“谁？”

她威严地回答：“维多利亚。”

还是没有开门，她徘徊半晌，再敲，房内又问："谁？"

这次她温柔地答道："你的妻子。"

维多利亚在宫廷百官面前，她是女王；在家中丈夫面前，她则是妻子。开始她没有注意到这种不同的场合因素，结果叫不开门；后来她根据特定的场合因素调整了自己的语言表达形式，结果顺利地达到了目的。这个例子虽不是辩论，但是也可以给辩论的语言形式的选择一些启示。

二、语境制约着语言意义的选择

自然语言中往往存在着歧义结构，即同一个语言表达式可以表示这种意义，也可以表示那种意义，具有不确定性。在特定的辩论过程中要确定它表达的是哪种含义，就必须借助语境因素来加以判断。请看生活中的一则小辩论：

儿子："爸爸，'干净'一词怎么讲？"

爸爸："是指很整洁、很卫生的意思。你看，咱们屋子里打扫得干净吗？"

儿子："不对，书上说，'解放军叔叔把敌人彻底干净地消灭掉'，难道这是说把敌人很整洁很卫生地消灭掉吗？"

爸爸："你说怎么讲？"

儿子："就是一个不剩！"

爸爸："胡说，难道叫我把屋里的东西打扫得一点不剩才叫干净吗？"

"干净"一词具有多种意义，但是在具体的语言环境中，它们的意义又是确定的。在"房间打扫得很干净"这样的语境中，"干净"是整洁卫生的意思；而在"把敌人彻底干净地消灭掉"的语境中，"干净"则是"一个不剩"的意思。他们父子俩由于不顾语境对语义乱加选择，结果发生了一场无谓的争论。

另外，特定的辩论环境会临时赋予辩论语言一种外部意义，这种外部意义不是语言本身固有的，也不是语言表达的一般字面意义，而是所谓的"言外之意"。这种言外之意只能根据特定的语境去领略，不必照辞直解。比如：

汉武帝的乳母曾经在宫外犯了罪，武帝想依法处置她。乳母就向东方朔求助。东方朔说："你如果想获得解救，就在将被抓走的时候，不断地回头注视武帝，千万不可说什么，这样或许还有一线希望。"后来，乳母在被抓经过武帝面前时，果然一步三回头。东方朔在武帝旁边侍坐，对乳母说：

"你也太痴傻了，现在皇帝已经长大，哪里还会要你的乳汁养活呢？"

武帝听了，面露凄然之色，便赦免了乳母的罪过。

东方朔的话表面意义是指责乳母太痴傻，以为武帝还要她的乳汁来养活，但当东方朔的话跟武帝与乳母双方的特定关系，乳母即将被抓去治罪的处境，以及乳母当时一步三回头的举止等诸多语境因素结合在一起时，便获得了一种临时希望汉武帝不要忘记乳母养育之恩的外部意义，汉武帝也自然领悟到了这层意义，这样东方朔便顺利地达到了预期目的。显然，一个辩论者必须积极利用这种依附于特定语境的意义来增强辩论效果。

三、积极利用语境因素，提高辩论效果

一个高明的辩论者，不仅要求自己的语言表达式主动地与语境因素相适应，更重要的是要善于充分利用语境因素来为当前的辩论服务。

辩论总是在一定的时空中进行，这些时空因素（比如时令、地理环境、自然景物等）常常给人以一定的影响，恰当地加以运用往往可以增强辩论效果。

在谈判的辩论中，环境的选择对谈判更有着重要的影响。人们都有这样的体会，在别人家里说话，总有一种客人心态，说话显得拘谨一些。可是在自己家里接待朋友，就无拘无束了，这种主人心态自然形成了一种优势，我们把它叫做“居家优势”。为了充分利用居家优势，可以将谈判场合选在自己所在的地点，以能增强己方的谈判效果。比如：

日本渴望买到澳大利亚的煤和铁，而澳大利亚不愁找不到买主，按理说日本的谈判地位低于澳大利亚，但日本人将他们的谈判对手请到了日本。一旦到了日本，双方的谈判地位便发生了变化，澳大利亚人过惯了富裕的生活，他们到了日本不久，就急于回到游泳池、海滨和妻子儿女身边，这使得他们在谈判中急躁冒进，而日本人却不慌不忙地讨价还价。结果日本人只花费了少量的款待费，却得到了谈判桌上的大便宜。

当然，如果谈判不能选择自己所在的地点，也必须选择中立的位置，以减少地点环境对谈判的不良影响。

在辩论中，我们还可以将特定的语境因素作为论据组织到我们的辩词中，以增强辩论的效果。请看长虹杯全国电视辩论赛关于“应对女性就业实行保护”辩论中的一次交锋：

反方：刚才，对方辩友一边讲男女要平等，女性不是弱者，一边又把女性放在了方方面面都要受保护的弱者地位，是不是对女性自身的发展缺少信心才自相矛盾了呢？出于善良的愿望，对方辩友为女性就业营造了森严堡垒，然而在市场竞争、竞争择业的情况下，它非但不能成为女性就业的保护城，而且只会成为阻碍女性走向社会的围城。

正方：首先，我想请问对方辩友，难道保护的对象一定是弱者吗？你今天坐在这里辩论，受到国家法律的保护，受到人民军队的保护，难道你就是弱者了吗？

在这场辩论中，正方认为对女性就业应实行保护；反方则认为，对女性实行就业保护就是把女性放在了弱者的地位。这时，正方巧妙地利用当时特定的情境因素：对方辩友受国家法律和人民军队的保护，但不是弱者，对对方予以反驳，这里的反驳看似信手拈来，却又恰好能击中要害，浑然天成。

思考与练习

1．请思考在辩论中如何立论？
2．谈谈辩论中的攻守策略。
3．如何看待辩论中的输赢？

4．观看一场辩论比赛的实况录像或视频，留意双方都用了哪些辩论手段。

5．辩论中如何做到引经据典？

6．有人认为，辩论就是高喉咙、大嗓门，甚至是挥手舞臂，表情激动，这样才有交锋的气势，才有火药味。也有人认为，辩论更重要的是思想的交锋，思想交锋是否激烈，主要看论点、论据与论证的力度。谈谈你的看法。

7．开展一场小辩论活动。任意一个同学提出一个辩题并作为正方发言，另一位同学作为反方当即予以反驳。下面这些题目可以参考：

逆境出人才、失败是好事、有钱就有幸福、广告不可信、只有“埋头”才能“出头”

第七章　演讲的体态语言

第一节　体态语言概述

体态语言是通过人体器官的动作或某一部分身体形态的变化来进行情感和思想交流的一种语言表现形式。通俗地说，体态语言是利用身体动作来传递信息的交际手段。由于体态语言主要由身体形态的变化所构成，故也有人将其称为人体语言或态势语言。体态语言是一种无声的语言，是通过体态、表情、手势、眼神等来传递信息，表达思想感情的一种辅助形式。

在演讲中，有声语言非常重要，辩论双方必须通过有声语言来驳倒对方，论证自己；同样，无声的体态语言也有着重要的意义。

首先，体态语言能补充、强化有声语言的信息。

体态语言能通过有形可视的、具有丰富表现力的各种动作表情，协助有声语言将内容准确无误地表达出来，视、听作用双管齐下，能给人更深刻的印象。

其次，体态语言能加强语气，显示出演讲或辩手的情感和态度。

人们说，“言为心声”，有声语言是人的内心情感流露，同样无声的体态语言也可以将人的情感表达出来。在长虹全国电视辩论赛关于“烟草业对社会利大于弊”的辩论中，反方中山大学队在自由辩论中有一节辩词：

对方辩友总在谈经济发展、经济发展，可是几百亿元的投资、几百亿的资金占用、几十万人的辛勤劳动就只为了生产一种燃烧自己、害了别人、这么长的东西，这叫什么经济发展？

这位辩手不直接说出香烟，而是用“这么长的东西”结合一个手势来代替，这就使他们对香烟的贬斥之情表达得更为强烈。

最后，体态语言能体现辩论者的气质风度，塑造美的形象。

辩论者的体态语言直接构成自己动态的、直观的体态形象，这种形象不仅是外观造型意义上的，它还鲜明地体现着辩论者内在的气质、风度和人格。辩论者的举手投足、一颦一笑，无不显露着辩论者的思想感情、爱憎好恶和文化修养。

总之，体态语言对有声语言有很好的辅助作用。有效地利用体态语言，有利于更形象地传递信息，表达思想；有利于更直接地传达情感，反应情绪；有利于更有效地昭示心灵，加深理解。

第二节　体态语言的分类

按照身体的位置和身体各部位的变化，体态语言可以分为以下五类。

一、空间语言

空间语言是人们利用空间来表达某种思想的一种社交语言。人们在交际中，往往保持着个人与周围环境的距离。人们像保卫私有财产一样保卫着自己的空间势力圈。

例如，在集体宿舍中，个别人会把自己的床位或桌椅与其他人隔离开来。这种喜欢封闭式的个人生活空间的人，其个性往往表现为孤僻、独立和占有欲较强。

在一个大礼堂听报告，如果不需要对号入座的话，就会发现：第一个进入会场的某甲随意选择一个座位坐下；随之进来的某乙如果不认识甲，就会选择距离甲较远的地方坐下；某丙又会在另一个既不靠近甲、也不靠近乙的地方坐下……后到的人逐渐填补先进入会场的人之间的空档。这种有趣的现象表明了陌生人之间总是试图保持一种较远空间的势力圈。

在文明社会中，人类的空间语言关系有以下四种：

（一）亲密距离

这是做出爱抚、安慰、保护等动作所必须的距离，交往双方一般是亲友关系。亲密距离一般是 45 厘米之内。不是亲密关系的人如果用不自然的方式强行进入他人的亲密距离，则会引起被侵犯者的不悦甚至反抗。

在亲密距离中，人们对前方势力圈的关注意识最强。因此，拥挤的公共场所，如飞机、汽车上，一般不采用面对面的座位，而是采用向前的座位，以保证每个人都有一个平均的势力圈。

（二）个人距离

个人距离一般发生在人际交往中，双方保持着手能互相接触的距离，以完成握手、传递物品或挑衅等动作。个人距离的接近状态一般是 45～120 厘米。在个人距离关系中，人们为了扩大自己的空间势力圈，可采用肢体接触物体或手拿物品等方式。

（三）社交距离

在文明社会中，几乎一切复杂事务交往都是在社交距离中完成的，如上、下级工作交谈，来访接待、贸易洽谈，咨询等。社交距离一般为 120～360 厘米。社交活动中双方身份、地位相差悬殊时，如国家元首接见平民，上级领导访问基层，公安人员审讯罪犯等，地位较高的一方为了维持身份的威严，会有意扩大社交距离。

（四）公众距离

这是产生空间势力圈意识的最大距离。作报告、讲课、表演等都属于此范围。公众距离一般为 360～750 厘米。在课堂教学中，教师往往通过交换位置、使用教鞭、加大态势动作等方法，与学生“拉近距离”以加强授课效果。

二、头部语言

头部语言包括颈部的运动、面部的表情、上肢与头部的接触三大类。头部语言所表达的信息极其丰富。

（一）颈部的运动

颈部的功能是决定表情的正与负。

头部上昂，表示兴奋和自信；头部下垂，表示苦恼、忧郁、消极或精力不支。一般情况下，点头表示赞同、欣喜或有兴趣；摇头表示否定、不可理解等。但是，不同的文化也会产生恰恰相反的意义，如保加利亚、印度等国家就有“点头不算摇头算”的习俗；而叙利亚人表示“肯定”、“否定”都是点头，二者意义的区别则取决于头先向前还是先向后。侧头一般表示疑问或倾听，女性歪着头反映了其性格上的不成熟。

（二）面部的表情

人的表情可以有非常丰富的表现形式，根据不同的标准可以有多种分类方法。按照表情的完整性和与其他表情的关系，人的表情可以分为局部表情、混合表情、瞬间表情。局部表情指的是表情没有调动脸上所有的器官，只是局部器官有行为反应。例如，男人往往压抑情绪，控制表情的变化，但在个别器官上不能奏效，依然流露出内心世界。混合表情是表情出现更多的情况。现实生活中，人们往往同时在脸上显露出惊异和喜悦等不止一种的表情。瞬间表情是那些在脸上稍纵即逝的表情，有时候一个人在短时间的瞬间表情往往揭示其内心实际状态。

面部表情是依靠五官的动作来表达的。五官中起主导作用的是眼睛，其次是嘴。五官中某一个器官的单独运动几乎是不可能的。因此，面部表情依靠的是眼、眉、口、鼻的组合运动。

其中眼睛的运用又是最有学问的，它包括视线和眼神。对于初学演讲的人而言，则应懂得几种视线的固定意义：

视线向上，表示思索或傲慢；视线向下，表示忧伤、愧悔或羞怯；

环顾左右，表示神情慌张或心绪不宁；短暂闭目，表示极度悲愤或沉痛哀悼；

……

一般说来，不同的眼神表现不同的思想感情：

眼神坚毅，表现着自强自信；眼神执着，表现着志怀高远；

眼神明澈坦荡，表现着正直、心怀博大；眼神如匣剑出鞘，表现着正气凛然；

眼神晦暗，表现着自毁自堕；眼神浮动，表现着轻薄浅陋；

眼神狡黠阴诈，表现着虚伪、心胸狭窄；眼神如蛇蝎蛰伏，表现着邪恶刁钻；

大量的中国成语表现了面部表情的丰富性，如：慈眉善目、横眉怒目、含情脉脉、目瞪口呆、挤眉弄眼、眉开眼笑、东张西望、左顾右盼、眉飞色舞、瞠目结舌、一笑置之、喜形于色、不苟言笑、不露声色、凶相毕露、正颜厉色、交头接耳、舌敝唇焦、无精打采、洗耳恭听、咬牙切齿……

（三）上肢与头部的接触

手与头部接触的各种态势大多数表示内心的不安或暴露出内心的紧张。如：

用手抓自己的头发，表现了不满、害羞、悔恨等情绪；

用手轻轻抚摸对方的头，表示双方关系密切；

用手接触额头，或表示思考，或表示庆幸；

以手揉眼或擦眼，往往是为了掩饰自己的思考过程；

以手遮眼，则往往是调整自己的情绪或思路；

用手接触鼻子，一般是感到犹豫或表示怀疑；

用手掩嘴，或表示怀疑，或表示掩饰自己的本意；成年人撒谎时，往往会不自觉地用手摸一下鼻尖或嘴唇；

手摸下巴，表示在某事物做出评价，或为了掩饰内心的不安与尴尬；

手摸脸颊或后脑勺，往往是在困惑和为难之时。

三、身躯语言

身躯语言包括了胸、腹、腰、背、肩的动作。相对来说，身躯各部位的动作受到了生理方面的限制，但身躯部位一旦与手的动作相配合，其表达的信息就丰富多彩了。

（一）胸部动作

胸部是心脏所在部位，动物把胸部保护在四肢之中，而文明与劳动使得人的胸部防卫意识大大淡化。

当一个人挺起胸脯时，表现了他的自信和得意，显示出一种精神优势；某些民族用右手按在心脏部位的动作，来表示自己的忠诚、诚实和可靠；很多人特别是女性在受到突然惊吓时，会本能地用双手保护胸部，这是人类自我防卫动作的一种遗传。

（二）腹部动作

腹部动作既可以表示自信、满足与胆量，也可以表示扩大自己的势力圈，威慑对方的意图；轻轻拍打自己的腹部，表示自己的风度和得意；抱腹蜷缩的动作则表现了不安和沮丧。

中国人十分重视腹部的精神含义。如满腹经纶、搜索枯肠、肝胆相照、肝肠寸断等成语几乎把腹部视为精神和文化的中枢。

（三）腰部动作

腰部在身体上起着“承上启下”的作用。腰部位置的“高”、“低”反映了人的心理状态和精神风貌。

弯腰表示了谦逊和服从。许多礼貌语言，如鞠躬、跪拜、作揖、叩头等，都离不开弯腰；挺直腰板反映情绪高昂，充满自信，不惧威吓；用手插腰，则表示胸有成竹。

坐姿和蹲姿也与腰部位置高低的意义有关。深坐者腰部位置特别低，表现了心理上的放松；浅坐的人流露出缺乏精神上的安定感；坐也不是，站也不是的动作，往往是小人物在大人物面前畏畏缩缩、提心吊胆的表现；蹲的姿势在文化水平较高的人中不大使用。一般来说，蹲姿表现了一种防卫、服从和休息的含义。

（四）背部动作

背部的动作与胸腹的动作密切相关，因为两个部位是相连的。胸、腹动作所表达的意义，往往与背脊动作联系在一起，如挺起胸脯也必然挺直了背脊。

背向对方或转过身去，一般可理解为回避拒绝或不理睬；背向他人打电话，是借此阻挡他人的介入，以保守自己的秘密；抚摸或拍对方的背，依交际对象的不同，可以表达亲近、关心、鼓励、催促等含义。

（五）肩部动作

肩部是责任与尊严的象征。因此，盔甲、军服、西装等服饰，都特意垫高肩部以体现一种权力和威严。某些男性将上衣搭在肩上走路，其实是下意识扩大肩的势力圈的表现。

肩部又体现着一种责任感和安全感。于是，把手置于对方肩上，暗示着友好和信任；男性搂住女性的肩膀，那一定是极为亲密的关系；吵架的人推推搡搡之时，往往是推开对方的肩膀，这正是对对方最小势力范围的直接侵犯。

西方人好用耸肩动作配合摇头，以表示不知道、不理解、无可奈何的含义。

四、手势语言

（一）手势活动区

不少演讲者都认为，手势的活动区有三处，一是胸腹之间，称为“中部区”；二是腹部以下，称为“下部区”；三是肩部以上，称为“上部区”。但在实际演讲过程中，演讲者们根本没有如此循规蹈矩。事实上，手势活动区域是“全方位”、“立体化”的，是在三维空间中展开的。

（二）手势的意义

演讲名家李燕杰曾说过：“在演讲中，自然而安详的手势，可以帮助你平静地陈述与说明；急剧而有力的手势，可以帮助你升华情绪；柔缓而舒展的手势，可以帮助你抒发美好的感情。”不同的手势本身带有象征意义和感情色彩，它们似乎各有自己的“领地”，分别适用于不同的语境。比如采用食指独伸式手形构成的手势，既可以用来指明事物，也可以用来表示斥责、强调。而决定其象征意义和感情色彩的关键就在与食指指尖的指向不同：表示强调，则食指指尖向上；表示指明事物、指斥，则指尖直指对象。又如采用直角平面式或“上”字式手形构成的手势，掌心向上所表达的是欢欣和请求，手心向下则可以表达安抚、摸索等情感和意义。

综上所述，我们可以感到，手势本身的确具有朦胧的意义和一定的感情色彩。

（三）运用手势的原则

1. 表意准确

手势是辅助有声语言的，它和有声语言的关系就应是臣下与君主的关系。它的发出必须与有声语言表达的意义相吻合。其次，因为不同的手势有不同的感情色彩，所以手势的发出还必须顾及该有声语言的感情色彩。

2. 发出自然

演讲者一般要预先设计手势。每有重大演说，都要事先演练。手势的设计，以达意为第一主旨，此外还要考虑是否自然。

3. 大方美观

大方美观的手势，不仅能有效地帮助语意的表达，更能给人以美的享受，并成为名副其实的审美对象。

五、腿脚语言

腿和脚虽属身体的下端，但它们往往是最先表露潜意识情感的部位。例如：

人们在焦急不安或长时间等待中，往往会来回踱步；紧张或恐惧时，小腿部会不由自主地颤抖；不安、焦躁与不耐烦时，常有人以脚尖踮地，小幅度地抖动腿部。

一只脚尖轻轻点地，显露了站立者紧张、缺乏自信的情绪；脚踝交叠站立，表明该人在忍耐和克制自己；两腿分开、脚尖朝向对方，表现了对对方的开放和欢迎；而女孩子把脚别起来站立，则往往反映了她的害羞和胆怯。

架腿即“跷二郎腿”是常见的一种腿部语言。架腿的基本含义是防卫性的。如果某人跷起了二郎腿，还将两臂交叉起来，那他多半是对正在进行的谈话产生了质疑或消极情绪。

张开腿而坐是一种开放的姿势，它表明自信和乐于接受他人的倾向；但一条腿跨在椅子上，双腿分开跨坐在椅子上，跷起腿后双手搂头后仰，将椅背朝向对方等姿态，都是漠视对方存在、对话题感到厌烦的表现。这几种坐姿在社交场合中是极不礼貌的。

思考与练习

1．你重视体态语言在演讲中的作用吗？

2．当众表达和私下表达你的体态语言有何不同？为什么？

3．尝试着使用表情练习媒介物——镜子，纠正令人不快的表情。

4．注意观察名人演讲时的体态语言与口头语言是怎样协调配合的。

5．组织一场 3 分钟的演讲训练。要求演讲前设计好体态语言，演讲后组织同学互评。

第八章　演讲的服饰语言

第一节　服饰语言概述

一、服饰语言的定义

服饰指人的穿着打扮。服饰包括服装、鞋帽、发型、化妆、饰物、随身携带的物品甚至个人交通工具等。因为服饰是附着于人体而显示其意义的，所以服饰也是一种人体语言。

二、服饰语言的重要性

衣着时时刻刻都在传递着信息，泄漏着人们内心的秘密。一般来说，不同的穿着打扮体现着人们对自己的社会角色和周围世界的不同态度。服饰语言具有重要意义：

（一）修饰人体特征，给人美感

在人际交往的过程中，外貌具有十分重要的作用。外貌美，容易给人留下良好的印象。外貌是人的思想、感情、性格的外在表现，因此人们往往通过外貌去推测一个人的内心世界。

一个人的外貌是一个整体。它是由人体特征、情绪状态和服饰共同构成的。但是当人们观察一个人的时候，大部分注意力都会集中于他的服饰，因此，服饰对人的外貌具有十分重要的意义。

有人认为，一个人的外貌是天生的，无法改变，外貌不会受到服饰的影响。其实不然，人的外貌固然有其先天的因素，但更主要的是后天涵养，特别是服饰，对改变人的外貌具有神奇的功能。例如：

托娅·维尔柯克是一位女演员，又是摇滚乐明星，观众都觉得她很美，实际上她的先天条件并不好，只是她善于用服饰来弥补不足。她说："我身高还不足1.5米，但我并不感到自己太矮小。我喜欢用黑色和鲜红色来强调自己的存在和高度。我不喜欢露出腿部，因为这是我身体中最短的部分，我也喜欢垫肩，这样不但能使臂部显得结实，也使你整个人坚强而精神，从而也就显得高大。"

由此可见，合理地调整穿着可以美化甚至改变一个人的形象。我们说一个人有魅力，能吸引人，并不是因为他长得如何美，而是因为他举止高雅，穿着得体，风度不凡。举止和穿着都是可以改变的，是社会化的结果。因此，我们可以通过自己的努力，不断加强自身的修养，不断改善自我的形象，来体现自己的外貌美。

（二）提升情绪状态，产生好感

英国的演说家谢伊·麦康农在《演讲的艺术》（新华出版社 2004 年版）一书中说："衣着不仅仅是身体的遮掩物，它们还传达了你的风度，刻画了你的形象。你穿什么衣服，向听众表明了你对自己的看法和对听众的看法。衬衫和罩衣可以说明很多问题，衣服的颜色和什么样的鞋都是会'说话'的。衣着打扮表明一个人的信心和威信。你可能希望你穿的衣服使自己感到舒服吧。"

演讲者的外表直接影响听众的视觉，优雅的外表能给听众以美感，留下精神焕发的美好印象。法国前总统夏尔·戴高乐一走进房间，屋里的气氛会为之一振；一个好的演员走上舞台，即使还没有张嘴说话，就能抓住台下观众的注意力。这是因为他们都具有魅力。所以，现代交际学认为，一个人的仪表和装束是这个人的包装，它几乎同这个人的工作实绩一样重要。

第二节　演讲者的服饰选择

演讲者的外表中，服装是关系到主体形象的重要方面，是演讲者气质、修养的外在表现。服装的选择甚至关系到演讲的成败，决不可等闲视之。

一、演讲服饰的构成要素

颜色和式样是服饰的两个因素，只有两方面协调得体才是成功的服饰语言。

（一）服装的颜色

一般地说，服装的颜色要与演讲者的思想感情和演讲的内容协调一致。颜色给人的感觉是很敏感的：深色给人深沉、庄重之感；浅色让人觉得清爽舒展；白色使人感到纯洁；蓝色使人感到恬静；红色、黄色则使人感到喜悦、愉快。

如果演讲的内容是严肃、郑重的，或者愤怒、哀痛的，穿深色或黑色衣服就比较合适；如果演讲的内容是欢快喜悦的，穿浅色的衣服会更好些。同时，服装要和体型、肤色相适应。比如体型肥胖的人，适合穿深色衣服，这样看上去会显得匀称些；体型瘦削的，适合穿浅色，这样看上去会显得丰满些；皮肤白皙的人，穿深色、浅色的衣服都可以；皮肤较黑的人，最好穿稍浅色的衣服；矮胖的人，穿竖条的衣服可显得苗条些；而瘦长的人，穿横条的衣服就可以显得丰满些。

需要指出的是，当演讲内容所需要的色彩与体型所需要的色彩发生矛盾时，那就要服从于演讲内容的需要，而不能迁就体型的需要了。

（二）服装的式样

莎士比亚有一句关于服饰语言的名言："既不要做时装的尾巴，也不要做先锋。"就服装的式样而言，既不要太时髦、太奇特、太花俏，也不要过时、保守。因为对于演讲来说，这两种极端会起反作用，都会遭到听众的议论，分散听众的注意力。服装最好与听众的穿着大体相当，穿着显得整洁、合身、朴素、大方就行了。

二、演讲服饰的基本要求

朴实大方是公众对演讲者服饰的基本要求，因为庄重、朴实、整洁的服饰能衬出演讲者的人格尊严，产生吸引人的力量。特别是在辩论赛中，穿着朴实大方的辩手往往最能获得观众、评委的好评，而且还可以激发辩论者蓬勃向上的精神而产生自信力。演讲者的服饰应合体，颜色应协调。目前以辩论赛为主要代表的各类演讲中，演讲者大都身着西服，应注意领带和衬衫西装的颜色搭配，衬衫的领子应挺括干净。男的要注意头发和胡须，头发长短适中，经过梳理，发型不怪，胡须应刮干净或适当修整。女的可稍作打扮，适当佩戴装饰品，如领结、小花，以衬托女性的青春美与干练，但切忌浓妆，否则会使人反感甚至厌恶。

总之，演讲者的服装要符合年龄和身份，要符合体型和肤色，要符合内容和环境。不同的服装颜色，反应着不同的意义。因此，学习演讲的同学不能不引起重视。

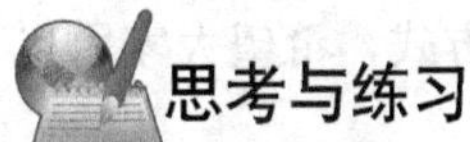

思考与练习

1．你有过使用服饰语言来表达自己的经历吗？谈谈这方面的经验。

2．参加婚丧嫁娶活动时，请仔细观察一下主持人服饰是否合乎要求。

3．出席演讲活动时，请仔细观察演讲人的高矮胖瘦与其所穿着的服饰搭配是否协调，为什么？

第九章　演讲的禁忌语言

演讲是语言的艺术，是演讲者利用语言创造的艺术。在语言材料的取舍上，演讲有它的具体原则。如果把语言材料比作砖头，那么前面几章是在告诉我们什么样的砖头结实美观，适合用来建造语言大厦，这一章则是要告诉我们什么样的砖头是“豆腐渣”，应该舍弃。本章内容我们就来谈谈演讲的禁忌语言。

第一节　忌讳的赞美方式

演讲是言语交际的一种，言语交际中有一个重要原则——礼貌原则，适时使用赞美是礼貌原则的基本要求。恰到好处的赞美能让人如沐春风，而虚伪逢迎的话却令人生厌。为了让演讲者的赞美起到最佳效果，我们列出了几类不合适的赞美方式，希望大家引以为戒。

一、忌不明对象乱赞扬

篮球是一项与身高有很大关系的运动，专业篮球运动员的个子一般都是两米左右。某日，一支武警球队飞抵北京参加友谊赛，最高的队员有两米零三，在欢迎球队的茶话会上，一位诗人激动不已，即兴赋诗一首，朗诵道：“山泉歌唱，林带招手，欢迎一米九九……”情也真，意也切，韵味更足，然而，就是这个不符合实情的“一米九九”逼得教练员很不客气地替诗人纠正一番，把这位诗人弄得很尴尬。

还有一例：

有一年长沙举行“东方杯龙的传人”全国演讲大赛，有位姓傅的教授到湖南师范大学连谊，对辩手夸奖备至，妙语连珠，风趣横生，一位甘肃演讲员致谢道：“教授知识如此渊博，压在头上那个不受欢迎的副字，不日就会飞走！”教授回答：“永远不会。”原本热闹喜庆的气氛顿时凉了下来。

以上两例，均是因为赞美者对赞美对象不了解，没有经过调查研究就想当然地随口乱夸，结果适得其反。所以我们在称赞别人时，一定要先摸清对象，如果一时难以了解清楚，不妨用一点模糊语言，落个皆大欢喜。

二、忌信口开河乱鼓励

根据歌手不同的音区，歌手被分为并不表示优劣的高音、中音和低音三类，凤鸣为高音，马嘶为中音，虎啸为低音，都是优美动听的乐音，彼此谁也无法取代谁。这样的常识个别官员竟不知，认为中音便是中等、二流、不好不坏的中间音乐档次。我国曾发生过这样一件事情：

在某省的一大型歌赛当中，颁奖时，一位宣传部长表彰一位女中音歌手道：“水平已经很高了，还要加强修养，争取在下次比赛中跨入高音歌手的行列！”三十余名参赛者中唯一的男低音，询问部长：“我也能同时跨入高音行列吗？”部长竟然回答：“不能急！这也如评职称，你争取由初级晋升中级，先别考虑高级！”

官员好心鼓励，却遭耻笑，实在是自作自受。原因十分简单，就是该官员文化素质太低，不懂装懂，大言不惭，结果贻笑大方。所以，我们要不断提高修养，掌握基本常识，只有这样，才不致闹笑话。

三、忌自以为是出洋相

某君调入报社，拿上了新闻出版局下发的正式记者证。他带上自己最为得意的作品，兴致冲冲地跑到母校。老师边看他的作品边点头，最后说：“不错，不错，不愧是业余通讯员啊！”某君呆然，因为凡通讯员无一不是业余的，“业余通讯员”就如同称呼别人为“女姑娘”或“男先生”一样不合情理。他于是对老师诚恳地说：“我进报社了！”不料，老师又说：“好好，到底成了专业通讯员了！”令学生哭笑不得。

在生活中有许多东西我们都不懂，比如上例中提到的“通讯员”到底与记者有何区别，我们不知道也是正常的。但是在这种情况下，最合适的就是在赞美之前先问清楚，问明白了再夸也不迟，还省了那些似是而非，南辕北辙的不快与尴尬。可见，赞美也需要一点“不耻下问”的精神。

以上各点都是谈话中的赞美需要尽力避免的。只有内心真诚、对象恰切、语言得体的赞美，才能让人听来甘之如饴，如沐春风。

第二节 忌讳的幽默方式

幽默要做到没有伤害，就要多熟悉情况，说者要把握独特的情境和听众，去除可能伤害听众的东西，释放没有伤害的成分，这样才能让听众品位幽默。伤害听众是幽默的雷区，懂幽默的人一般是不会碰它的。我们能够欣赏表演的幽默感，因为舞台是一道屏幕，是一个虚构的情景，它能帮助我们过滤伤害性的东西和因素。但是在生活幽默之中，人都是一个个具体的人，又怎样来把握生活当中幽默的无伤害性呢？

一、忌把听众作为调侃的对象

演讲者应该让听众作为旁观者，而不能把听众作为调侃的对象。听众只有在欣赏幽默节目又与幽默情景不产生严重的利益冲突时，两者才具有很好的绝缘性。只有当演讲者和听众的立场一致时，对“公共敌人”的嘲弄才能激发心底的优越感。例如：

1928年5月，蒋介石要出兵进攻井冈山，毛泽东听到了这个消息，说：“他来得正好，我们正需要一批枪呢。蒋介石倒还真不错，又给我们送武器来了，将来革命成功了，一定要留个肥缺给他……让他当运输大队长。”

毛泽东是非常幽默的，幽默表达着无比的自信和乐观精神，“不管风吹浪打，胜似闲庭信步”，毛泽东的幽默给听众以信心和勇气。但若听者是蒋介石，他会愉快地笑吗？当然不可能。

如果不把他为幽默对象，直接把自己作为幽默的对象，用幽默来批判自己的弱点，能把听众完全置于旁观者的地位，这是形成幽默而无伤害性的最简捷的途径。例如：

某君到广场推销旅游鞋，整个下午才推销出去两双，回到家里，妻子问他：“问的人还多吗？”

“问的人很多，”某君说，“看的人更多。”

能自嘲的人是豁达的，幽默需要这种豁达，不让生活的痛苦伤害自己，不让生活的不快感染别人，某君幽默的背后隐含着“买的人不多。”他借用幽默来自我嘲讽，于妻子无伤，妻子能体味幽默，自然不会多责怪他。

二、忌对听众造成精神伤害

如果幽默直接针对听众，就要对语言进行加工处理，软化语言的进攻性，避免对听众造成精神伤害。如果是近距离地展示幽默，要保持幽默的原来味道，说者必须对语言进行包装改造，消除所有能对听者产生伤害的语言因素。针对听众弱点的幽默，应像蜻蜓点水一样，不给予实质定性，而是通过适当的潜台词，让对方意会过错。幽默能给对方台阶，让他能体面地下台。另外，听众的生理缺陷、精神缺陷、经济困难、亲人离去、夫妻分手等，在演讲时都是应该尽量避免的话题。否则容易造成听众的精神伤害，从而达不到表达效果，甚至适得其反。

如对相貌长得丑陋的朋友，不同的人就有不同的评价：

“直率”的人评论说：“你长得太难看了。”这种话非常伤害人。

“推脱”的人评论说：“这不能怪你，全是我们现在的生活环境被破坏得太厉害的缘故。”这种话有点耍滑头。

“刻薄”的人评论说：“长得丑不是你的错，出来吓人就是你的不对了。”这种话让人记恨一辈子。

“虚伪”的人评论说：“话不能这么讲，我看你是属于水萝卜的，外表虽然土，可心里美呀。”这种话算不上真话。

“委婉”的人评论说：“就是，该怎么说呢，可能是有点那个。不过，我同意这样的说法，看人不要光看外表，还要看内心。”这种话虽然没有伤害人，但不一定落好。

“幽默”的人却这样评价：“老兄，你长得很有创意。”于是，大家都笑了。

幽默是演讲者睿智的表现，是调节人际关系的润滑剂，它能化解人际冲突或尴尬的语境，在调节气氛的同时，化干戈为玉帛，能增强凝聚力，让人自信乐观。

第三节　忌讳的举例方式

要使演讲具有说服力和吸引力，少不了要列举一些典型的、能折服人的事例。但从演讲实践看，举例也并非无所顾忌。

一、忌先定调子

举例是为观点服务的。有的演讲者在举例之前先加褒贬，这是没有必要的。有人说："这个事例太感人！"或"这件事说出来，保管你吓一跳"……像这种在讲述事例之前，先罩上某种光环的做法是不明智的，因为听众是要当场考验你所说的话的真实性的。另外，事例本身不理想，或者演讲者表述不清，都会使听众感到失望或产生逆反心理。正确的办法是，在亮出观点之后，直接讲述事例，让事实去说话，去感人。先定调子，先下结论的办法，听众往往是不买账的。

二、忌随意扭曲

有的人演讲时，为了打动听众，就人为地加工。有的把不够完整的事例完整化了；有的把不是一个人做的事或说的话加工到一个人身上了；有的把彼时彼地发生的事加工到此时此地了；还有些演讲者把两个以上的例子，通过接头续尾，揉成一个来讲……这些演讲人总认为，事例发生在"天南"，我们讲它在"海北"，一不要证据，二不留存根，讲完就完了，谁也不去调查证实，只要能打动听众，把内容讲得生动就行，掺点假也没多大关系。其实，这种做法的危害是很大的。

演讲时决不能以"可能"为根据，而必须以客观事实为根据。起码要做到：时间不能更改，地点不能变动，情节不能想象，人物不能混淆，事情经过不能颠倒，程度不能偏轻或偏重。

三、忌前后矛盾

事例既然是客观事实，那它的内容就应该具有准确性和稳定性。不论是直接事例，还是间接事例，都应该具备这个特点。引用事例时准确性是十分重要的。它的基本要求是：确凿无误，可靠无疑。讲人，姓氏籍贯、面貌特征、脾气秉性，要叙述准确；叙事，时间地点、人物情节、原因结果，要交待清楚；引文、作者、篇名、内容、出处，要引得无误。即使列举一些科学预测、民间传说，每次演讲也应该保持一致。当然，演讲不同于读文章，每次演讲每句话每个字都要求一模一样也未免太苛刻，但重要内容、情节、数据上，应该求得一致。

四、忌老生常谈

有些演讲者觉得某个事例很生动，不论讲什么内容，都想把这个例子往上端。前年讲如何当好政工干部用的是这个例子；去年讲如何开创新局面用的也是这个例子；今年讲领导机关改变作风，还是用这个例子。一用就是好几年。应该说，"一例多用"是允许的，运用得好，效果也是很明显的。但是，时代在发展，社会在进步，新鲜事物层出不穷。我们每一个从事演讲活动的人，只有多深入实际，多掌握一些与时俱进的例子，才能使你的演讲生动活泼，永远具有新鲜感。如果我们的演讲光是吃炒冷饭，就令人乏味了。

第四节　忌讳的表达方式

一、忌内容过多，耗时过长

闻名于世的美国讽刺小说家马克·吐温，曾讲过这样一件事：

有一回，他进教堂听一个牧师说教。最初，他觉得牧师讲得很有力量，打算在捐款的时候，“尽我口袋里的钱都掏出来。”可是，十分钟过去了，牧师还在没完没了地讲。马克·吐温于是改变了主意，决定留下整元的钞票，只把零钱捐出。又过了十分钟，牧师还在罗嗦，马克·吐温决定“一毛不拔”了。可是，牧师的讲话还未结束。等到牧师终于讲完，收款的盘子递到马克·吐温面前的时候，马克·吐温气得不但没有捐款，由于对牧师的厌恶，还从捐款盘里拿走了两块钱。

跟马克·吐温一样，我们都厌恶又长又臭的说教，渴求简短精炼的演讲，这当然也是广大听众合情合理的要求。大家放下工作，放弃娱乐和休息，甚至放下十分重要的事情，挤出时间来听报告、听演讲，是希望在有限的时间里受到启迪，获得知识的。如果他们的愿望得不到很好的实现，他们怎么能不对又长又空的演讲反感乃至憎恶呢？

二、忌哗众取宠，故弄玄虚

渴求获得听众的好感，信赖和尊敬，这是演讲者的共同心理，但这要靠演讲者的真知灼见和恰当的表达方式去实现。哗众取宠，故弄玄虚，不过是“旁门左道”。有的演讲者不在基本原理、基本论点、论据、逻辑结构和语言的规范、准确、鲜明和生动上下工夫，却热衷于概念游戏，醉心于搬弄一些时髦的名词术语，以装潢自己的演讲；有的专门搜集一些荒诞的小道消息、马路新闻、野史秘闻，单纯猎奇，追求刺激，甚至迎合一部分听众的低级趣味，耸人听闻，博取廉价的掌声和笑声；有的还喜欢滥用一些不符合语法规范的欧化句式、文言词汇，在听众面前炫耀自己博学多才；还有的在演讲中堆砌了大量的警句格言、名人逸闻轶事、漂亮辞藻、“闪光语言”，把演讲变成了五光十色的“大拼盘”。诸如此类的不良习惯，都是演讲者学风、文风不正的表现。这些习惯如不及时纠正，只能弄巧成拙，丧失听众。

三、忌夹带衬字，常用习语

这种毛病在一些脱稿演讲中最为普遍，它是学校教育中口语训练基础薄弱的一种反映。有些人在演讲中常常带有多余的“嗯、哎、啊、吧”、“这个这个”、“那个那个”、“就是”之类的口头语，这种情况往往与人们的年龄、阅历、职务、身份等有关。一般来说，有些高龄和有身份的领导干部作报告时喜欢“嗯”字，或是“嗯”、“哎”、“啊”兼有。有些女性和青少年在脱稿发言或演讲中喜欢带“反正”、“吧”这类衬字。有些文化教养较低的演讲者喜欢夹带“是吧”、“对吧”、“是不是”、“对不对”、“我对你说”这样一些口头语。有的演讲者甚至在演讲中带进了口语中的糟粕。

演讲中的口语和衬字，对演讲的危害很大。轻则破坏语言结构，造成语言断续、停顿，影响听众情绪，削弱宣传效果；重则在社交活动中碰钉子、招烦恼，严重损害演讲者在听众中的形象和威信，甚至可能引发听众起哄、喧闹，导致演讲的失败。

四、忌结结巴巴，颠三倒四

结巴，又称口吃，这种习惯除了先天因素以外，绝大多数是后天模仿形成的。考察其原因，不外生理性和心理性两种，或两者兼而有之。演讲中的口吃现象，多发生在心情紧张、激动的时候。这种紧张和激动使得演讲者的思维和语言出现了不和谐的情形，思维找不到适当的语言符号，语言不能准确地体现思维，于是，就出现了一些重复拖沓、断断续续的结巴型演讲。

要克服这种毛病，必须保持冷静清醒的头脑，抑制不适当的激情，理清头绪，适当放慢表述速度，调节表述节奏，做到从容不迫，有条不紊，娓娓道来。

五、忌情绪激动，加大音量

我们在辩论中经常看到这样的现象：双方由于情绪激动，不自觉地提高自己的声调和重音，不但想在道理上压倒对方，在声音上也要战胜对方，以此来获取胜利。俗语说“有理不在声高”，它告诉我们讲道理才是赢得辩论的唯一途径，而不是大声喊叫。

客观地分析，在辩论中加大音量是没有必要的。说话的力量在于真理，在于发言者语言的内涵，而不在于其音量等形式（虽然各种形式能在一定程度上起辅助作用）。当然，提高音量可能有助于表达，但必须有所节制。在演讲中，加大音量为的是更好表达说话的内容，而不是“压”倒对方。当头脑发热时，高音量会把不冷静的情绪发泄出来，引起副作用。而且，从对方和听众来讲，一味地“高腔”，反而会成为噪声。

六、忌特立独行，抢占风头

这种情形多发生在辩论中，比赛进行到自由辩论阶段，战争的硝烟一触即发。由于激动，两名或多名队友可能会同时起身准备发言，这是最能考验一位辩手素质的时候。

《论语》中说：“文质彬彬，然后君子。”优秀的辩手应当是文与质的结合。

辩论中有些辩手为了树立起自己的形象，不仅动作幅度大、语言也被运用得有“特色”，有时甚至情愿打破已经设定好的格局，自视为主力，把队友也当作对手，不给队友以表现机会，这种做法害队又害己。从整体上来说，他破坏了全队的配合；从局部来说，其做法事与愿违，反而损害了自己的风度。

正确的做法是适当表现自己，言行流于自然，与队友密切配合，形成统一的团队风格。有了默契的配合，就算最后没有在论题上说服对手，也同样能得到观众的赞赏，赢得属于团队的掌声。

七、忌转移话题，攻击人身

人身攻击，是指在辩论中，抨击辩论对方本身与论题无关的问题，以攻击个人问题本身来代替辩论问题的讨论。

在一场辩论中，一个辩手说："对方是学理科的，怎么对此问题这样无知？"

在另一场辩论上，一个辩手说："对方辩友那么乐观，难怪长得那么胖！"

此话一出口，辩论者的风度立刻降低。

辩论是对一个话题进行理性的讨论，双方都应将自己的观点当作真理，坚持为真理而战，而不是为了打击对方而战。

日常生活中，常常可以看到一些诡辩者在无理可讲的时候，便转而求助于人身攻击，如指责对方口音不准、姿势难看、某句话语气太硬或挑剔地说某词不合语法等。总之，只要离开讨论的问题本身，议论与辩论无关的问题，从逻辑来看，都是属于人身攻击，都是不合辩论和人们的语言习惯的，也是不符合演讲规则的。

八、忌方言俚语，不知所云

不可否认，方言在表达感情方面的效果有时要比普通话强烈些。因为我们每个人一出生就陷入到方言的海洋里，说着方言长大，方言与我们感情很深。正因为如此，人们往往对自己的方言情有独钟，特别是在外地，猛然听到家乡方言，亲切感油然而生。但是，由于我国幅员辽阔，方言众多，欲使演讲通俗易懂，明白晓畅，交流顺当，我们就得改变一下自己的乡音，努力说普通话。现在国家对新闻媒体、学校、公务员、服务行业的人员都提出了普通话达标的要求，如果在公众场合仍讲方言或者带有浓厚的乡音，不仅会影响传播效果，还会让人不知所云，觉得演讲者水平不高，有时甚至还会引起误会。所以，面对广大群众的演讲，我们一定要说普通话，否则就会闹笑话，出洋相。

第五节　忌讳的演讲姿势

一、忌生硬模仿

一般来说，似乎姿势不该有"专利"，但由于有些动作和姿势已经明显地打上了个性标记，曾经配合着彼人彼时演说，成了有生命的东西，甚至成了演讲者的形体特征。如果我们硬把它从别人身上抽出来，固定在自己身上，就会显得滑稽。如果模仿的又是著名人物的动作，那么一定会引来哄笑。因为这些动作已是他们的"专利"，你一做出就会引起别人的联想，对你产生"自不量力"的评价。要克服这种毛病，只要记住一句话：演讲者的姿势正像一个人的眼镜，只该属于他本人。

二、忌周期动作

很多人都有这样的疑惑：演讲时的动作是多一些好还是少一些好？答案是：自然、和谐为好。如果有人认为这个答案模棱两可，非要二者选其一，就应选“少一些动作”。因为演讲不是演戏，不是表演，而是言语交际方式。动作只应是言语的附庸和仆从，决不应该是言语的主人。

三、忌程式动作

程式，是定型化的戏剧表演手法，它详细列举了各种情感心境、性格的外部表现特征，向演员提供了一条表现愉快、痛苦、蔑视、卑怯等心情的技术手段。程式既是戏剧表演的经验总结，也是戏剧表演艺术发展的障碍；它既有利于观众了解剧情，但又限制了演员的创作才能和观众的审美想象；它既有艺术性的审美价值，却又违背了生活化的原则。

一位优秀的演讲者，正如一位优秀的电影艺术家，把表演的成分减弱到最低限度，直至听众感到：这就是演讲者本来应有的姿势！

四、忌粗暴动作

至于粗暴动作，大家可以想象，前苏联领导人赫鲁晓夫在联合国的一次会议上脱下皮鞋敲打桌子，就属此类。当然，在我们能接触到的演讲中很少会发现这种情况。尽管如此，我们还是要注意控制自己的情绪，坚决避免粗暴动作。因为粗暴动作一出，演讲者本人所作的一切努力都是前功尽弃，他在观众心中费心树立的形象便化为乌有。

莎士比亚曾经说过，动作也是一种雄辩力。也许，我们还该加上一点限定：优美得体的姿势才是一种雄辩力。

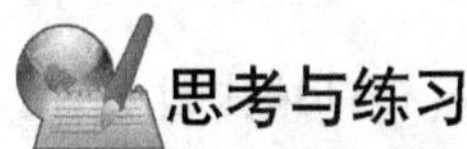
思考与练习

1. 演讲中有哪些忌讳的演讲方式？
2. 你在与人交往过程中有没有因赞美别人却适得其反的情况？为什么？
3. 在演讲中有哪些忌讳的表达方式？
4. 在演讲中有哪些忌讳的演讲姿势？

第十章　名人演讲的语言艺术

第一节　幽默讲历史，妙趣说人性

——易中天演讲的语言艺术

厦门大学易中天教授，一夜成名，这得益于他 2005 年 4 月在“百家讲坛”开讲的“汉代风云人物”以及后来的“品三国”。他妙语连珠地说人性讲历史的风格，让他拥有一批忠实的粉丝。那么，易中天教授成功的演讲艺术有哪些方面可资借鉴呢？

一、情景表现，加深观众印象

易中天教授在《汉代风云人物》中讲到窦婴的时候，给大家做了一个避席的幽默示范动作：

他离开讲坛，煞有介事地脱掉鞋子，跪在事先准备好的席子上，双臂下垂，双手放在双膝上，边讲解边做动作，然后又挪动位置，一只膝盖跪在地上一只膝盖仍在席子上，做“半避席”状。

这个系列动作，时间持续达数秒之久，看似有失教授的身份，实际上他是将观众置于特定情景中，给观众留下永久的记忆。相信凡是看过这个节目的人都不会忘记这个镜头，也就永远记住了“避席”的涵义。

在讲到曹操请老婆丁夫人回家而丁夫人又不理睬他时，易中天教授同样又将观众带领到特定的情景中，他讲到：

曹操来了以后她也不站起来迎接，也不搭理，曹操觉得很没意思，讪讪地走过去说：织布呢？……别织了，跟我回家吧……曹操就走过去，用手摸着丁夫人的背：唉，别使小性子了，宝贝，跟我回家好不好？我们坐车子回家好不好？要知道这个动作是很重要的，这个“抚其背”是男人对女性的一种爱的动作。丁夫人继续“咔嚓”“咔嚓”。曹操就很没意思啦：你不回啊？不回那我可是走了啊。“咔嚓”“咔嚓”。曹操就走走走，往外走，走到门口的时候又回了一次头：别闹了，跟我回家，好不好？“咔嚓”“咔嚓”。唉，看来我们夫妻缘分已尽，算了。

易中天教授完全沉浸在表演中，他的语言动作语气神态等，令人难忘，凡是观看过这个演讲的观众，一定牢牢地记住了这个情节。

易中天教授采用情景表现的表述方式，配以生动活泼的讲解，使历史知识深入观众的大脑，使历史人物走近观众眼前，使观众对既定的历史人物比如曹操等都有了重新的认识。易中天教授的演讲除了这些幅度较大的动作外，还常常随不同历史人物的性格特点伴有不同程度的表情、声音、神态、姿态、手势等，都给人以直观的印象，产生较强的艺术感染力。这些体态语言与有声语言和谐巧妙的配合，往往能取得极强的演讲效果，也让观众觉得易中天教授就像是一个朋友、一个熟人、一个邻居，可亲可近可爱，体现了一个大教授大学者的风采、风范和虚怀若谷。

二、幽默表述，语言生动活泼

易中天教授在讲解古代人物时，特别喜欢用现代语言表述古人轶事，诙谐幽默。这种语言使用方法使其演讲一下子拉近了自己和听众的距离，缩短了古人和今人的距离，使观众仿佛看到了一个鲜活的古人，显得活泼有趣。这里摘录几句经典妙语，由此易中天教授的语言风格也可见一斑。

刘邦呢，这时候正由两个女孩子一左一右侍候着洗脚。可能和我们现代人一样，还搞点足底按摩什么的。

晁错这个时候应该怎么样呢，应该夹起尾巴做人，他不！今天改革，明天变法，像根搅屎棍子，搅得朝廷上下是不得安宁。削藩是要削的，但是不是像你晁错这样急吼吼的。

空城计不符合逻辑啊，司马懿十万大军开过来了，他诸葛亮叫几个老兵去扫地，大开城门，再叫两个小孩在他身边，他自己呢，拿着一张琴唱卡拉OK……

孙策就是孙帅哥，周瑜就是周帅哥。帅哥总是招美女爱的，而帅哥也是喜欢美女的。他们两个果然娶到了两个最漂亮的女孩子大乔、小乔。那时的周瑜可谓官场、战场、情场，场场得意，这样一个人怎么会去忌妒别人？怎么会被别人气到吐血。我们妒忌他还差不多，反正我是挺羡慕他的。

易中天教授的演讲有大量的现代语言，如上例中的“足底按摩”、“卡拉OK”；有方言词“急吼吼的”、“搅屎棍子”；有常用俗语“夹起尾巴做人”、“官场、战场、情场，场场得意”；有现代流行语：“帅哥”、“美女”。在讲述时还常常发表自己的看法，如对孙策、周瑜两个帅哥迎娶了两个美女的评论，往往容易引起听众共鸣。

另外，易中天教授善于借用评述、相声等大众艺术“口语化”的表现形式来达到演讲的目的。这里我们可以摘录曹操“奸雄之谜”中的一段来窥一斑而知全貌：

不是我曹操在这个地方镇住，什么孙权，什么刘备，七七八八的那些人不早就称帝了，就是因为我曹某人在这儿镇住嘛！我这些话不光是跟诸位（指大臣）说说，我经常跟我的老婆孩子说，甚至我对我的老婆、我的那些妾们说，我死了以后你们一定要改嫁，为什么呢？以便把我的这个志向传播出去啊。但是现在总有人说我曹操应该功成身退了，我应该到我封的那些诸侯国去安度晚年啊，我应该把我的职务和权力交出来了，对不起，不行，职务我是不辞的，权力我是不交的……

这些十分口语化平民化的语言，随处可见，听众根本就没有不理解的地方。

易中天教授用现代语言阐述古人轶事，用平民视角观察轰轰烈烈的古人古事，用雅俗共赏的方式在轻松愉快的氛围中传播历史知识，让故事变得活色生香，让刘邦、项羽、曹操、刘备、孙权等一个个英雄形象有血有肉丰满起来，这不正是我们平民百姓所需要的吗？

三、悟透人性，长于分析人性

易中天教授对人性有深刻的领悟，因此他讲述几千年前的刘邦、项羽、韩信、晁错、曹操等一个个历史风云人物时，就像讲述你我他身边的人或事，就象发生在昨天今天明天的人或事，那么新鲜、活泼、生动、有趣。他说：

不管历史怎样发展，有一条是永恒的，那就是人性。所以我有个说法：秦时明月汉时关，不管是秦时的关、汉时的关、唐时的关、宋时的关，这些关都会变，但明月不变。明月就是永恒的人性。

所以他说他讲历史的方式可以概括为：以故事说人物，以人物说历史，以历史说文化，以文化说人性。最后落脚到人性上。

易中天教授使用比喻的方法，将“明月”比作人性，使读者明白什么是我们常常挂在嘴边的真正的人性。他用这样简单的方法趣说人性，来源于他对人性的大彻大悟。所以易中天教授说人物也好、说历史也好、说文化也好，最终落脚到人性上。他常常将人性用简洁的语言进行分析总结，如他将曹操人性概括为：

他这个人聪明透顶，又愚不可及；狡猾奸诈，又坦率真诚；豁达大度，又疑神疑鬼；宽宏大量，又心胸狭窄。可以说是大家风范，小人嘴脸；英雄气概，儿女情怀；阎王脾气，菩萨心肠。他是这样的一个人，他身上好像长了很多的脸，一会儿出现的是这张脸，一会儿展示给我们的是另一张脸。但是大家注意一条，不管哪张脸，都是曹操的，不会认作是别人的。能够把这样一个复杂的性格统一于一个人，这本身就是了不起的事情。

在他的演讲中有着大量的类似这样的概括性句子，这也是吸引听众注意、加深听众记忆的一种方法，这也是我们学习演讲要掌握的一种方法。

关于人性，易中天教授说：

我在新疆的时候，很多领导干部跟我们一起劳动。我发现，原来高高在上、一本正经的人，到基层之后，和我们没有两样。所以，不管是什么人，都是一样的，人性是不会变的，人性是永恒的。永恒的人性也是我说汉代风云人物、说三国的角度。以故事说人物，以人物说历史，以历史说文化，以文化说人性，不管什么东西，最后一定落实到人性上来。曹操是被人妖魔化的，我要把他还原成正常的人，诸葛亮是被神圣化的，我也要把他还原成正常的人。

正是因为善于分析人性，所以面对固定化程式化“大一统”的历史人物时，易中天始终抱有怀疑心理：“一个人越是大家都说他坏，我越是想在他身上找到闪光点；反之，一个人完美无缺，我倒觉得靠不住，金无足赤，人无完人，任何事情太绝对化了都不好。”

四、态度诚恳，坦然面对质疑

易中天教授成名之后，便有了一些不同的声音，有的甚至提出质疑，认为易中天教授这样讲历史的方式是“戏说”历史，不太严肃甚至很不严肃。对此，易中天教授在CCTV10“拷问易中天”节目中，态度诚恳，坦然对之。

易中天教授说：

我哪里“戏说”了，“戏说”是一种游戏，讲的故事都是莫须有的，都是编出来的。而我所讲的全部都有历史根据，都是真实发生的事情。我是在“正说”和“趣说”的基础上进行的“妙说”，也就是在前两说的基础上对历史进行分析，给观众以启迪，这是最高的境界。

我用的可能不是古代人的语言，但那情形在古代还是有的。我说武器但没有说机关枪，是箭啊，我用了侦察兵，那时候可能还没有这个词，但是探子是有的。

曾有人对易中天示范汉朝“避席”礼仪动作加以抨击，说他是斯文扫地，有失学者风度，对他的说史风格也大加挞伐，讽刺他“信口开河”、“恣意妄言”、“满嘴跑火车”。易中天说：“作为学者，把人文研究成果传播给大众，何错之有？只要有意义的事情，我就会义无反顾坚持下去！”

作为观众或者听众，我们关心的不是学者们究竟取得多大的成就，在学术界有多大的贡献、多大的影响，而是我们花了金钱花了时间聆听了讲座之后能从学者那里学到多少知识。目前电视观众里各种层次的人都有，因此要求演讲者要使用老少咸宜的方法进行演讲。于是，易中天教授采用妙说的方法，在学者和大众之间架起了一座心灵之桥。

在常人的眼里，人们往往认为学者们应该是终日坐在象牙塔的书斋里，焚膏继晷，恒兀穷年，从事着看上去似乎与社会关系不大的学问。而易中天教授不这么认为，他说：“人文学科的目的就是为了人类的幸福，人类的幸福就包括当下生活着人们的幸福，那么我们就应该把自己的学术成果交出来，交给大众，交给社会，让大家都享受这种成果。”易中天教授正是因为有着这样的境界，所以他乐意采用通俗易懂的方法让电视机前各种层次的观众都能够享受一个学者的研究成果。

易中天教授讲红了《百家讲坛》，《百家讲坛》成就了易中天，二者实现了真正意义上双赢。易中天教授为什么能够成功呢？我们认为首先他有一种使命感，那就是做学术研究，一定要有结果，要么对现实有用，要么对将来有用。人文学科的终极目标就是人的幸福，其中就包括当下正生活着的人的幸福，人文学科中应当有一部分学者面对现实，为实现人的幸福服务。他就把自己定位在这个地方。同时，易中天还努力实现“三个对接”，即：传统与现代对接、学者与大众对接、学术与传媒对接。

听易中天教授的讲座，读易中天教授的大作，是一种享受。我们认为：易中天教授具有开阔的胸怀，开朗的性格，不凡的口才，丰富的知识；他年届六十，但精神矍铄，声音洪亮，身材板实；他温文尔雅，思维缜密，底蕴深厚，博闻强记；他语言风趣幽默，语气抑扬顿挫，感情饱满明朗，胸怀百姓福祉。他信奉“读书明理做人不做秀，登科治国做事不做官”。正是如此，才有易中天教授今天的辉煌：电视上有形，报纸上有名，电台里有声，网络上有影。易中天教授的作学问作演讲的方法都给了我们诸多启示。

（原载《阅读与写作》2007年第4期，作者：赵贤德）

延伸阅读材料：

易中天的趣味语言

1．诺，相当于现在的OK。

2．如果别人惹你一下，你马上扑上去，一口咬住，死死不放，这是什么，螃蟹！韩信肯定不是螃蟹。

3．我被你雇用了，我是忠心耿耿给你谋划，如果我的主意你不听，bye-bye，我换一个老板。

4．桓帝和灵帝都是不适合当皇帝的……灵帝的爱好是文学艺术和建筑艺术。他对于建筑还是颇有研究的。他成天搞研究，结果在皇宫里搞成了一个自来水系统！而且他还要在全城推广自己的科研成果，宣布：要让全城的老百姓都喝上自来水——你是当皇帝的，不是搞上下水的嘛！

5．朝廷派人去查吴王，也没有发现什么大规模杀伤性武器嘛。

6．曹操第一个官职是洛阳县北部尉，相当于副县级公安局局长。

7．曹操身材短小，估计也就和我差不多吧。跟1米84的诸葛亮比起来，只能算是不合格的残次品。

8．曹操是喜欢美女的，他不管走到哪里都喜欢“搂草打兔子”，收编一些美女什么的！

9．宝贝，你回来吧，好不好？别闹了，跟我回去吧……（曹操劝老婆回家）

10．曹操对各路诸侯说：“现在是灭董卓的最好时机——董卓已经把洛阳烧掉了，还劫持了皇帝，基本可以把他定位为恐怖组织了。”

11．吕布想：曹操这个贼，狡猾狡猾地！

12．袁绍整天在家里面大会宾客，用现在的话说就是办沙龙，开Party，车水马龙，门庭若市。这个事情当时就引起了当局的注意。

13．袁术以为皇帝的称号就像现在我们市场经济条件下的商标一样，要抢先注册，他以为他抢先注册了皇帝的商标别人就不能把他怎么的了，没想到他反而成了“众矢之的”。

14．袁尚、袁熙哥俩一合计：“咱们请公孙康那小子喝酒，在酒席上就把他给做了！”这边公孙康也合计：“不如我请他们哥俩来喝酒，在酒席上就把他俩给做了……”结果是公孙康把那俩给做了！

15．这就使我们觉得袁绍这个人好像有一种天才，凡是对他有利的正确的意见他一定是不听的，凡是对他不利的错误的意见他一定是要听的，那才是怪了。

16．刘备干逃跑这事还是很在行的。他就像海轮上的老鼠，好像总是能第一个察觉到哪一艘船会翻掉……先是跟着公孙瓒打袁绍，然后又跟着曹操打吕布，又跟着袁绍打曹操……

17．诸葛亮怎么可能不出山呢？一辈子呆在南阳山里干什么？建设社会主义新农村？

18．刘备第一眼看见诸葛亮就惊了，那种感觉跟贾宝玉第一眼看见林黛玉一样。那个是“天上掉下一个神仙般的林妹妹”，这个是“对面走过来一个神仙般的帅哥哥”。

19．在多年征战中风餐露宿得个什么风湿关节炎啦，那倒也是可能的。

第二节 表达，帮助于丹教授走向辉煌

于丹，本是北京师范大学一个普通的教授，虽然成名之前已经拥有一些头衔，但真正让她成名的无疑是2006年国庆期间《百家讲坛》播放的《于丹〈论语〉心得》。于丹的成功，我们可以说在于她抓住了机遇，在于她有一个时刻准备着的头脑（父亲是研究国学的，自己很小就受到熏陶）。但除此之外，我们认为其精彩的表达艺术也是其走向辉煌的重要因素。

一、语言精练，表述平实

笔者聆听了于丹教授七天的讲座，印象最深的是其语言极其精练、通俗，出口成章，整个讲座没有一句废话，更没有诸如“嗯”、“啊”、“这个、这个”之类的令人无法容忍的口头禅。讲座开始，于丹教授就以绝对的高度，一锤击碎了几千年来人们对经典顶礼膜拜的梦想，她是这样开头的：

“大家别以为，孔夫子的《论语》高不可及，我们必须得仰望它。其实在这个世界上，真理永远都是朴素的，就好像太阳每天从东边升起一样；就好像春天要播种，秋天要收获一样。《论语》告诉我们的东西永远是最简单的。《论语》的真谛，就是告诉大家，怎么样才能过上我们心灵所需要的那种快乐的生活。”

简单而又精练的话语一下子将我们的注意力吸引过去：原来经典著作可以这么容易理解！于丹教授对演讲语言的特点把握何其巧妙！

真理是朴素的，于丹教授的语言同样是朴素的。她没有啰嗦的开场白，没有礼节性的致谢语言，而是直奔主题。一个活生生而又实在的于丹出现在广大观众面前。聆听她的讲座，品读她的作品，我们发现于丹教授语言表述也很平实，但平实的语言熔铸着思想的精髓，闪烁着智慧的光芒。她的语速犹如高天上流云，舒缓有致；犹如小河涧流水，平静有序。不疾不徐之间，展现的是智者的敏锐。她的感情没有大起大落，没有大喜大悲；她的声音洪亮清脆而又抑扬顿挫；她的表情平静、安详温暖而又淡定；她没有夸张的手势，没有非常的动作。透过于丹的讲座，我们仿佛看到了《论语》对其思想行为潜移默化的影响，也仿佛看到了一个鹤发童颜精神矍铄的智者用平实而又温暖的语言对芸芸众生进行心灵告白，又仿佛看到了一个和颜悦色和蔼可亲的牧师对世间凡人进行循循善诱地布道。于丹对圣贤的意义总结说：

“实际上，孔子也罢，庄子也罢，陶渊明、苏东坡，直至泰戈尔，古今中外圣贤的意义是什么呢，就是用他们生活的历练，总结出来一些对我们有意义的道理，圣贤永远都不是那个砖头一样的典籍。”

二、哲理故事，启迪心灵

于丹讲座中，经常插入一些短小精悍的哲理故事，这些小故事常说明一些深刻道理，启迪我们尘封已久的心灵，给我们疲惫的心灵以轻微的抚慰，真可谓“言有尽而意无穷”，又可谓“微言大义”。比如她说；

苏东坡和佛印交往的故事，讲的是苏轼是个大才子，佛印是个高僧，两人经常在一起参禅打坐。佛印老实，老被苏轼欺负。有一次，佛印对苏轼说：我看你像尊佛；苏轼大笑后说：我看你像一摊牛粪。苏轼自以为占了便宜，回家后在苏小妹面前炫耀。苏小妹批评他哥哥说：佛印心中有佛，所以看到的你像尊佛，而你心中有粪土，所以看到的佛印就像一堆粪土。

这个故事是适用于我们每一个人，它告诉我们为什么同样生活在这个世界上，有的人活得欢欣、温暖、快乐、幸福，有的人却整天指责、抱怨、悲观、消极？难道他们的生活真的相差那么远吗？这就是像我们面前有半瓶子酒，悲观主义者说，这么好的酒怎么就剩下半瓶了！乐观主义者说，这么好的酒还有半瓶呢！表述不同缘于心态不同。生活中的不如意、不公平，也许我们个人的力量无法改变，但是我们可以改变自己的心情和心态。不是有“心态决定一切”经典名句吗？因此，我们心中有什么，我们往往看到就是什么。

在讲到现代社会，人与人之间应该保持什么样的距离才算恰当时，于丹为我们讲述了《豪猪的哲学》的寓言故事：

一群豪猪挤在一起过冬取暖，距离太近彼此容易扎着身体，距离太远，彼此觉得寒冷。经过多次磨合以后才找到一个最恰如其分的距离，那就是在彼此不伤害的前提下，保持着群体的温暖。

这则寓言故事告诉了我们：即使是与好朋友相处，也要保持一个度，距离和独立是对人格的尊重，这种尊重即使是在最亲近的人之间，也应该保持。而实际上，在我们生活中，父子、母女、夫妻、朋友、亲人之间距离太近，以致彼此毫无隐私和神秘，像玻璃一样透明，一旦关系破灭，受伤最深的往往是我们最熟悉的人。

于丹的讲座中，有很多这样充满智慧、启迪心灵的小故事。正是这些小故事将电视机前的观众不分男女老幼地吸引过来了。正是这些小故事，走进受众的心灵，为受众开启了一扇扇通往幸福美满生活的大门。正如她自己所说：

我的传播技巧就是把《论语》的“道不远人”魅力与今天的生活联系到一起，也就是我的目的就是直指人心。就是说，我不是把她作为一个学理性的系统在推介，而是把一些经典理论化成生活小故事，让大家能够自己去感知。

三、视角独特，解疑释惑

于丹教授不愧是研究传播学的博士，她知道怎样选择最佳视角来达到最佳的传播效果。她抛开宏大的叙述，以觉醒了的个体人心去求得人生的真实感悟，在简略而明晰的讲析中让大众领会生命的真谛。

人类进入 21 世纪以来，我们物质上的确富裕多了，但是我们心灵遭遇到的困惑越来越多，以致幸福感越来越低。于丹从我们心灵的困惑出发，运用女性特有的细腻感情，从中国人的天地人之道、心灵之道、处世之道、君子之道、交友之道、理想之道、人生之道等七个方面对《论语》进行解读。这些方面恰好是当今中国人最需要解开的心灵疙瘩。于丹选择从受众的心灵角度出发，采用白话诠释经典，以经典诠释智慧，以智慧诠释人生，以人生诠释人性，以人性安顿人心。本来巨大遥远的、甚至虚无飘渺的人生命题，在于丹的讲解下变得通俗易懂、具体可感、意蕴悠长，让受众穿越两千多年的时间隧道，体悟经典的平凡智慧。

面对我们的不快乐，于丹说：

"我们的物质越来越多了，但是人却越来越不满了，因为总会有乍富在你眼前出现，我们的眼睛总是看外界太多，看心灵太少。孔夫子能够交给我们快乐的秘诀，就是如何去找到你内心的安宁。人人都希望过上快乐幸福的生活，而幸福快乐只是一种感觉，与贫富无关，同内心相连。"

面对我们的不宽容，于丹说：

"宽容有时候并不容易，我们这个社会有多少事情，事情过去了，但在心头却过不去，我们的心灵困顿，有多少是自我的折磨。有多少时候，是一个事情过去了，我们老在那想，觉得这个事情深深地伤害了我，然后不断在自我咀嚼中一次次再受伤害，其实在一次次玩味这个痛苦时，我们的伤痛被琢磨得太深了。"

于丹通过独特的视角，安顿当今人们的困顿、疲惫甚至受伤的心灵，这是一个何等高明的选择。她是这样想的，是这样说的，也是这样做的。她带领她的学生春游、踏青甚至爬树，她为她的学生解开情感疙瘩的种种爱心行为，仿佛是她常常给予心灵受伤的学生一碗碗热腾腾且极富营养的"心灵鸡汤"。

四、人文关怀，惠及听众

当今社会，物欲横流，人们在拼命地追求一切看得见的物质享受。于是，"五子登科"（车子、房子、票子、位子、妻子）成了多少人努力的方向，成了多少人的人生理想。这些理想强有力地占据着我们的心灵，没日没夜地剥蚀着我们灵魂，吞噬着我们的精神，煎熬着我们的心智，损害着我们的肌体，使我们心灵荒芜，灵魂飘荡，精神家园失守，心智生锈。于是社会上就出现各种稀奇古怪的事情：因为长期极度贫困，类似马加爵这样的青年学子，产生心理变态，行为失控，导致凶杀暴力等刑事案件的发生；物质条件优越但心灵脆弱的天之骄子们因为某一次考试不理想而选择跳楼自杀的事情时有耳闻；因为缺少磨炼、缺少积极上进的精神面貌，大学生甚至研究生毕业之后一时找不到工作而自暴自弃的人也是大有人在；因为亲人的离去、家庭的变故，有多少人心头阴霾笼罩而不能自拔，在痛苦的深渊中苦苦煎熬支撑而走不出阴影；因为下岗失业、就业压力大、孩子不争气、经济困顿、健康受损、疾病缠身、恋爱受挫……一系列问题造成很多人心理疾患日趋严重。人们内心多么需要一个呵护、一个抚慰，多么需要一个强有力的心灵支撑，多么需要对社会、对他人、对自己正确的认识和判断的标准，希望有人在关键时刻给予自己超越物质的精神力量，希望有人给予自己受伤的心灵轻柔的抚摸，希望有人给予自己人生坦途的指南指点……《于丹〈论语〉心得》犹如一缕阳光照耀着我们一颗颗受伤的心灵，正是于丹借助《百家讲坛》这个平台将古圣先贤的人文关怀传递到我们每一个人的心田，告诉我们要学会享受生活，享受人生：

孔子的“智者乐水，仁者乐山”告诉我们天地人的和谐统一是快乐的源泉；他劝导我们要宽恕别人，宽恕别人实际上就是对自己心灵的放松；他劝诫我们要“三戒”，即少年戒色，中年戒争，老年戒得；他告诉我们怎样交到君子，怎样远离小人；怎样“以德报德，以直报怨”；他提醒我们怎样做到提得起，怎样放得下；告诉我们不要无故放大自己生活中的缺憾……

于丹将孔子的这些人生经验、对社会的深刻认识、对人生的感悟等等，用寥寥数语和蔼地、善意地、平实地、不温不火地传递给我们，使我们内心由浮躁变得宁静，由紧张变得轻松，由压抑变得舒缓，由矛盾变得和谐。这种人文关怀传递到全体受众，使全体受众的心灵得到了一次洗礼，使全体受众的灵魂得到了一次净化升华。正因为这种人文关怀惠及全民，惠及每一个个体，所以于丹才能走进大众心里，从而才能产生轰动效应。

五、于丹心语，开发智慧

于丹在讲述《论语》时，常有自己的心得，时不时迸发出一些精彩的句子：

一个人的自信心来自哪里？它来自内心的淡定与坦然。孔子说：“仁者不忧，智者不惑，勇者不惧”。内心的强大可以化解生命中很多很多的遗憾；

做一个内心完善的善良的人，是成为君子的前提。但仅有这个是不够的，孔夫子心目中的君子，不仅是一个好人，还要是伟大和高尚的人，他要胸怀天下，奋发有为；

“不在其位，不谋其政。”也就是说，你在什么位置上，要做好本分，不要越俎代庖，跳过你的职位去做你不该做的事。这是当代社会特别应该提倡的一种职业化的工作态度；

“君子泰而不骄，小人骄而不泰。”君子因为有心态的平和、安定和勇敢，他的安详舒泰是由内而外的自然流露；小人表现出来的则是故做姿态，骄矜傲人，因为他内心多的是一股躁气，气度上便少了一份安闲。

只有理想而没有土地的人，是梦想主义者不是理想主义者；只有土地而没有天空的人，是务实主义者而不是现实主义者。理想主义和现实主义就是我们的天和地……

这些语言有的平实，有的绚丽；有的婉约，有的豪放；有的隐晦，有的直白。不管是以什么方式表达出来的，都是于丹教授真切的感受、人生的体验、研究的心得。

其实，于丹演讲更深层次的东西在于通过这些独特的视角传播一种和谐的理念。作为社会关系总和的人，应该树立与天和、与地和、与人和、与己和的和谐理念，正确处理好各种社会关系，以提高生命质量、构建和谐社会。于丹总在传达这种和谐理念，她告诫我们：把天之大、地之厚的精华融入人的内心，使天、地、人成为一个完美的整体；人类作为大自然的一分子，我们必须对大自然敬畏、顺应、默契，和大地上的万物同生共长，和谐相处；告诫我们：一旦面对心灵的困顿、内心的焦虑、自我的折磨时，孤独抑郁、痛苦悲伤、患得患失等就在无形中浪费我们宝贵的生命能量，空耗着我们的精神，我们要用内心的仁爱生发出对待事物的淡定、大度和大气，用聪敏智慧拨开云雾见太阳，化解迷惑，用勇敢坦然面对。于丹用《论语》传达出和谐理念和和谐之道，启迪并帮助我们建立一个从内到外、从小到大、从当下到长远的和谐世界。

于丹成功之道，在于她用通俗化的语言简明扼要地解读《论语》、诠释《论语》、挖掘《论语》，在于她始终站在平民立场，坚持平民意识和平民风格，把那些诘屈聱牙、晦涩难懂的圣人语言以及高深莫测、扑朔迷离的圣人思想掰碎了、揉烂了捧给读者和听众，便于受众的理解与接受，从而大大缩短了《论语》与读者的距离。她富有魅力的演讲也让我们看到了孔子不是高高在上的不食人间烟火的冷冰冰的圣贤，而更像一位面目和善喜欢与人拉家常的邻家老头。于丹以一个女性特有的细腻情感，准确把握古代圣贤的思想智慧与现代人生活的契合点，让寻常百姓感受圣贤，让圣贤的思想智慧点亮了我们的人生，让圣贤亲切的话语作为我们行动的指南。俗话说，一滴水只有放进大海才能永远不干。同样，一部经典著作的魅力只有扎根于民间才能永放异彩！

（原载《阅读与写作》2007年第5期，作者：赵贤德）

延伸阅读材料：

《于丹〈论语〉心得》名言集锦

1．神圣神圣，神基本上是接近天空的，是像李白那样的人；而圣是接近土地的，是像杜甫那样的人。

2．我们见到一些老师声色俱厉，经常指责他的学生不该如何如何。那是这个老师没有到境界，真正好的老师会像孔夫子这样，平和地跟学生商量着把这种天地人三才共荣共生的关系讲透。

3．我们努力创建和谐社会，而真正的和谐是什么？它决不仅仅是一个小区邻里间的和谐，也不仅仅是人与人之间的和谐，还一定包括大地上万物和谐而快乐地共同成长；人对自然万物，有一种敬畏，有一种顺应，有一种默契。

4．其实，一个人的视力本有两种功能：一个是向外去，无限宽广地拓展世界；另一个是向内来，无限深刻地去发现内心。我们的眼睛，总是看外界太多，看心灵太少。

5．读《论语》我们会发现，孔夫子教育学生时很少疾言厉色，他通常是用和缓的，因循诱导的，跟人商榷的口气。这是孔夫子教学的态度，也是儒家的一种态度。

6．在这个世界上，最重要的人就是眼下需要你帮助的人，最重要的事就是马上去做，最重要的时间就是当下，一点不能拖延。

7．孔夫子能够教给我们的快乐秘诀，就是如何去找到你内心的安宁。

8．要做到内心强大，一个前提是要看轻身外之物的得与失。患得患失的人，不会有开阔的心胸，不会有坦然的心境，也不会有真正的勇敢。

9．人人都希望过上幸福快乐的生活，而幸福快乐只是一种感觉，与贫富无关，同内心相连。

10．越是竞争激烈，越是需要调整心态，并且调整与他人的关系；简单的说，就是要做好自己，同时要想到别人；该放下时且放下，宽容别人，其实是给自己留下一片海阔天空。

11．生活中会有许多不如意甚至不合理，也许凭我们个人的力量无法改变，但我们却可以改变自己的心情和态度。从某种意义上说，一个人心中有什么，他看到的就是什么。

12．以直报怨，以德报德——要把有限的情感，有限的才华，留在最应该使用的地方。

13．心理学上有种界定，说现代人的交往中，有一种行为叫做“非爱行为”，就是以爱的名义对最亲近的人进行的非爱性掠夺。夫妻和恋人之间经常会出现这样的场面：一个对另一个说，你看看，我就是为了爱你，放弃了什么什么；我就是为了这个家，才怎么样怎么样，所以你必须要对我如何如何。这种所谓的非爱行为是以一种爱的名义进行一种强制性的控制，让他人按照自己的意愿去做。

14．这个世界上所有的爱都是以聚合为最终目的。只有一种爱以分离为目的，那就是父母对孩子的爱。父母真正成功的爱，就是让孩子尽早作为一个独立的个体从你的生命中分离出去，这种分离越早，你就越成功。

15．距离和独立是一种对人格的尊重，这种尊重即使在最亲近的人中间，也应该保有。最恰当的距离是在彼此不伤害的情况下，保持彼此的温暖。

16．要本着平等和理性的态度去尊重每一个人，彼此之间留一点分寸，有一点余地。这种非常像禅宗所推崇的一个境界，叫做“花未全开月未圆”。花一旦全开，马上就要凋谢了；月一旦全圆，马上就要缺损了。而未全开，未全圆，仍使你的内心有所期待，有所憧憬。朋友之道，亲人之道，皆是如此。稍微留一点分寸，得到的往往是海阔天空。无论对朋友还是对亲人，都应该把握一个分寸，适度为最好。

17．这个世界上做一个有信念而不太聪明的人，也许是一种选择。

18．信仰的力量，足以把一个国家凝聚起来。

19．过分的苛责，不如宽容的力量更恒久。

第三节 “留学教父”俞敏洪励志演讲的语言艺术

他是一个草根英雄和创业偶像。他从提着糨糊瓶满世界贴招生广告的穷民办教师，到美国纽约证交所上市的亿万富翁，他的转变只用了十三年；他是中国的留学教父，他走在哈佛、耶鲁等大学校园时，每三个中国留学生中至少有两个对他说“老师好”；十年风雨，他将数百万学子留学的梦想变成现实；2006年纽约证券交易所见证了来自东方的新传奇；他是“赢在中国”第三季的评委，他在节目现场的每一次点评，都会引爆雷鸣般的掌声，征服了无数听众的心。

他，就是俞敏洪，北京新东方学校创始人，新东方科技集团董事长。北京大学前校长陈文生说：“过去你以北大为荣，现在北大以你为荣”。美国《时代》周刊对他的描述是：这个一手打造了新东方品牌的中国人是“偶像级的，像米奇或者小熊维尼之于迪士尼”。俞敏洪成功后，全国很多大学邀请他去演讲，其与众不同的演讲风格和演讲艺术常常引发会场满堂喝彩。本文拟就俞敏洪的演讲风格作个探讨。

一、善拿自己开涮，制造幽默效应

幽默是一种超群的魅力，是一种讨人喜欢的性格。人们用幽默来使自己开心，使自己的精神超脱尘世的烦恼；用幽默来增加活力，使生活多一些情趣；用幽默来散播快乐，给人以欢笑、友爱与宽容。听俞洪敏演讲，就可以从中感受到他无穷的幽默。而他的幽默往往是拿自己开涮。拿自己开涮是一种自嘲，自嘲式的幽默是幽默的最高境界，是一种人人皆可以接受的幽默形态。他在北京大学演讲时说到：

我还记得我自己为了吸引女生的注意，每到寒假和暑假都帮着女生扛包。（笑声、掌声）后来我发现那个女生有男朋友，（笑声）我就问她为什么还要让我扛包，她说为了让男朋友休息一下（笑声、掌声）。

吸引异性的注意是这个年龄阶段青年的一种普遍心态，只是俞敏洪以这种方式吸引女生注意力并遭到女生的戏弄让人难以接受。不过这也没关系，这种情形逐渐增强了俞敏洪的心理承受能力和抗挫折能力，为以后创业打下了一定的基础。

我也记得刚进北大的时候我不会讲普通话，全班同学第一次开班会的时候互相介绍，我站起来自我介绍了一番，结果我们的班长站起来跟我说："俞敏洪，你能不能不讲日语？"（笑声）

20 世纪 80 年代，普通话推广的力度没有现在这么大，一般从农村考出去的孩子很少能够说好普通话的，所以俞敏洪不会说普通话，被别人嘲笑也就很正常了。他讲到他读的第一本书时说：

我刚进北大以后走进宿舍，我有个同学已经在宿舍。那个同学躺在床上看一本书，叫做《第三帝国的兴亡》。所以我就问了他一句话，我说："在大学还要读这种书吗？"他把书从眼睛上拿开，看了我一眼，没理我，继续读他的书。这一眼一直留在我心中。我知道进了北大不仅仅是来学专业的，要读大量的书。你才能够有资格把自己叫做北大的学生。（掌声）所以我在北大读的第一本书就是《第三帝国的兴亡》，而且读了三遍。后来我就去找这个同学，我说："咱们聊聊《第三帝国的兴亡》"，他说："我已经忘了。"（笑声）

同样，刚开始恢复高考那个时代哪有什么课外书可读，更不用说《第三帝国兴亡》这样的书籍了。所以俞敏洪遭受白眼在那个时代也很正常了。

实际上我的英语水平很差，在农村既不会听也不会说，只会背语法和单词。我们班分班的时候，五十个同学分成三个班，因为我的英语考试分数不错，就被分到了 A 班，但是一个月以后，我就被调到了 C 班。C 班叫做"语音语调及听力障碍班"。（ 笑声）

这些都是大实话，没有一点水分。事实上确实如此，那个时代的大学生学的都是哑巴英语，而俞敏洪只是实事求是地讲出来而已。

俞敏洪在复旦大学演讲时，也故意痛诉革命家史，引得听众一阵阵爆笑。他说：

在北大的时候由于我的成绩不好，自己本身就很郁闷，结果就导致我们班的女生没有一个看上我。大学的女生一般目光都比较短浅，看中的都是成绩优秀长得英俊潇洒风流倜傥的男生，像我这样长得不怎么样但内涵非常丰富的（爆笑），女生就不理，这是女生眼光的问题。我们班 20 周年聚会的时候，我们班的女生全部走上来热情地握着我的手，后悔当初没下手！（爆笑）……所以，我常说长得跟我差不多的就是标准，长得比我难看的就是最高标准，我看复旦男生不少都符合这个标准。（在场女生皆热烈鼓掌）

俞敏洪的演讲中，有大量的这样拿自己开涮的故事，这些故事都是俞敏洪大学时期的辛酸史。正是这些辛酸史充实了俞敏洪的大学生活，磨砺了他的意志，砥砺了他的顽强不屈的性格，练就了他永不言败的个性。如果没有这些辛酸历史，也许就没有今天的新东方了。

二、宣扬“痞子精神”，激励青年图强

所谓“痞子精神”，可以用疯狂的野草来形容，就是这样一种状态：如野草般强韧，疯狂地成长，恣意地蔓延，霸气地扩张。这种疯狂成长的背后，是被压抑的激情和喷涌的生命力，完全表现出一种无知无畏的痞子精神。不过俞敏洪的“痞”是一种被逼无奈的狠劲。

俞敏洪演讲，很大一部分内容在诉说自己苦难的人生，然而正是这些苦难的人生才能够进一步激励大学生发愤图强。他说：

在北大六年没有谈过恋爱，还得了肺结核，在北大教书，什么成就也没有，接着联系美国留学，三年半没有一个美国大学给我奖学金。最后还被北大加了个一级行政处分。

尽管留学失败，我却对出国考试和出国流程了如指掌；尽管没有面子在北大待下去，我反而因此对培训行业越来越熟悉。正是这些，帮助我抓住了个人生命中最大的一次机会：创办新东方学校。

我刚出来做生意的时候，也是不愿意跟政府打交道。但我不得不到公安局门口一蹲三天，好不容易才来了一个面向和善的警察。然后逐渐和他们交往并请他们吃饭。最后我把自己喝酒喝到医院抢救 6 个小时。活过来的时候公安系统一个领导说了一句话让我特别感动，他说俞老师冲你喝酒的精神，以后新东方有任何事情我们都要帮助。

为了生计，为了成功，俞敏洪简直是豁出去了。其实，在追求事业过程中就是应该有这样一种精神，一种不达目的誓不罢休的精神。正是因为有这样一种精神，所以，他又有了下面这样的语言，他说：

我很佩服史玉柱，他的珠海集团曾经败得一败涂地，现在他又爬起来，变成中国最有钱的人之一，他摔倒再爬起来的例子作为活生生的榜样激励一代代的年轻人：其实失败真不算一回事，你摔倒一万次，只要你一万零一次敢于站起来，就不是失败；你摔倒十次，你第十一次趴在地上起不来，你就是一个失败者。

俞敏洪以史玉柱为榜样，跌倒了再爬起来。这是因为，俞敏洪早在读大学时就通过同宿舍的同学互相打击挖苦讽刺，开阔了自己的胸怀。他在演讲中说：

我们寝室很快形成了一种风气，就是互相打击、互相讽刺、互相侮辱。就形成了个习惯：晚上不侮辱一个人绝不睡觉。到后来觉得没劲了，就自我打击自我讽刺自我侮辱。为什么？你来侮辱我，不如自己先侮辱自己。你说我是猪对不对？我说我连猪都不如怎么样？但是带来一个非常优秀的后果：不管什么事情，我们都能非常坦然地处之。这种感觉非常好。

为了办学，为了与社会上方方面面人士打交道，俞敏洪在大学里培养训练出来的这种胸怀便派上了用场。他说：

改变原有的价值观，摆脱文人处事酸溜溜的作风，不要对别人对自己的评价太敏感。如果一个人特别在乎别人对自己的评价，做生意就做不成。在某种意义上说，商人脸皮要厚，因为他要遭受挫折、失败，要被人看不起。

正是因为有了这样的认识，所以才有后来的他不顾一切地学会与各种职能部门官员打交道，不顾一切地拿着糨糊宣传单到处张贴，不顾一切地“违心”地在托福、GRE报名单上填充假名单引诱其他学生报名，不顾一切地与警察喝酒喝到医院，不顾一切地站在大冬天的垃圾桶上慷慨激昂地演讲一个半小时……

经过多年的摸爬滚打，不屈不饶地发扬“痞子精神”，俞敏洪终于从一介书生成长为能打理方方面面的合格“校长”，继而成为一名为创业者指点迷津的企业家。

三、坚持“永不言败”，成功“无穷无尽”

失败，是任何人都厌恶的字眼，然而，它又是人生中任何人都逃脱不了的一个字眼。该怎样对待失败呢？有的人失败后一蹶不振，听天由命，犹如项羽当年自刎乌江前大声疾呼：“此天亡我也，非战之罪。”而有的人分析原因寻找差距，积极面对现实，化悲痛为力量。越是伟大人物，越是有成就的人物，越不怕失败。俞敏洪 2002 年 1 月在多伦多大学演讲时说：

过去，我一直认为自己是个 loser：高考考了三年才考上，我是一个 loser；进了大学没有一个女孩爱上过我，我是个 loser；大学三年级得了肺结核，我是个 loser；在北大教了 7 年书没有什么成就，我是个 loser；在北大十年没有参加过任何活动、任何团队，我是个 loser；被北大开除出来无处安身，我更是个 loser。

在三十岁以前，我几乎没有尝到过成功的喜悦，我的自信心被现实不断地摧毁。在做学校的过程中，在和别人打交道的过程中，不断地失败，不断地成功，又不断地失败，再不断地成功。在这个过程中造就了我坚忍不拔的意志。

所以，我的朋友王强对我的评价是：俞敏洪像芦苇一样刚强！意思是说我的性格尽管柔韧，但却不容易屈服。后来我发现，我周围许多成功人士的个性里都有着非常柔和、非常刚强的两面性。

看到俞敏洪这样的演讲辞，笔者突然想到了美国总统林肯的失败经历。林肯经历了无数次的失败，但是他最终登上了总统的宝座，并成为美国历史上最受人民爱戴的总统之一。林肯的一生，给了世人无穷的力量。与林肯的失败相比，我们遭遇到的困难算什么？俞敏洪也经历了无数次的失败，但最终成为了中国最富有的老师，成为在哈佛和耶鲁的号召力超过中国任何一所大学校长的老师。

俞敏洪从“失败者”到“成功者”的人生转型，经历了“忍受孤独”、“忍受失败”与“忍受屈辱”的历练。他说：

忍受孤独是成功者的必经之路；忍受失败是重新振作的力量源泉；忍受屈辱是成就大业的必然前提。

人永远是孤独地在奋斗；你要能够经得住失败，并且能够从失败中奋进；你心中有着远大的目标，忍受着暂时的苦难和屈辱是无关紧要的；勇敢地面对任何困境，保持乐观的心态，并且坚持到底。态度决定一切，也决定了最终的结局。

新东方的精神对我而言是在痛苦之后绝不回头的努力，是在绝望之后的坚忍不拔的追求，是在颤抖之后不屈不饶的勇气，是在哭喊之后重新积聚的力量。

的确，世界上没有随随便便的成功。俞敏洪的成功就是对永不言败精神的最好注释。俞敏洪说：

在我做事的时候，我一般都会问自己两个问题：一是做这件事情的目标是什么，因为盲目做事情就像捡了一堆砖头而不知道干什么一样，会浪费自己的生命。第二个问题是需要多少努力才能够把这件事情做成，也就是需要捡多少砖头才能把房子造好。之后就要有足够的耐心，因为砖头不是一天就能捡够的。我生命中的三件事证明了这一思路的好处。第一件是我的高考，目标明确：要上大学，第一年第二年我都没考上，我的砖头没有捡够，第三年我继续拼命捡砖头，终于进了北大；第二件是我背单词，目标明确：成为中国最好的英语词汇老师之一，于是我开始一个一个单词背，在背过的单词不断遗忘的痛苦中，我父亲捡砖头的形象总能浮现在我眼前，最后我终于背下了两三万个单词，成了一名不错的词汇老师；　第三件事是我做新东方，目标明确：要做成中国最好的英语培训机构之一，然后我就开始给学生上课，平均每天给学生上六到十个小时的课，很多老师倒下了或放弃了，我没有放弃，十几年如一日。每上一次课我就感觉多捡了一块砖头，梦想着把新东方这栋房子建起来。到今天为止我还在努力着，并已经看到了新东方这座房子能够建好的希望。

正是这种永不言败、目标明确、成功无穷、刻苦追求的精神，才有了今天的俞敏洪，才有了今天的新东方。

四、奉献哲理语言，引人思考未来

“语言是思想的外衣”。透过俞敏洪的语言，我们可以看出一个草根英雄的奋斗历程，也看到了他的思想的变化。他说：

“新东方的整个创办过程就是从一点点的希望做起，最后不断扩大希望的过程。请记住：绝望是大山，希望是石头。但是你只要砍出一块希望的石头，你就有了希望。”

俞敏洪就是这样从只有十几个的学生开始发展到如今有几十万学生，他甚至想象着将新东方发展成中国的哈佛。他就是这样一步步地看到希望，真正做到星火燎原。

会做事的人，必须具备以下三个做事特点：一是愿意从小事做起，知道做小事是成大事的必经之路；二是胸中要有目标，知道把所有的小事积累起来的最终结果是什么；三是要有一种精神，能够为了将来的目标自始至终把小事做好。

这几句话是俞敏洪从他父亲的实践中得出的结论。他父亲给别人做房子，然后把别人不用的边角料顺便带回家，时间长了，自家院子里堆满了砖瓦材料，于是他父亲就利用这些边边角料做了一个小猪舍。邻居人羡慕得不得了。他于是从中得出结论：心中要有目标并为之不停地添砖加瓦。

“做人像水”，你就能容纳百川，你的心胸就能变成大海，广阔无边；否则你永远站在山顶上，你的空间永远是狭窄的。“做事像山”，就是做任何一件事情，只要确定了目标，就必须像爬山一样爬上去，要有山一样坚定的意志和山一样不可动摇的决心。

这些都是俞敏洪在创办新东方过程中得出的结论。为了办学，他能够吃常人不能吃的苦，受常人不能受得罪；为了办学，他灵活机动，像水一样，哪里有缝隙，他就想方设法钻进去，低姿态地做人，总是将自己置于低处；同时他做事像山一样，为了办学，他意志坚定，克服重重苦难，终于有了今天的成绩。这正如美国作家爱默生说的那样：“一心朝着自己目标前进的人，整个世界都会为之让路。”

人的生活方式有两种，第一种方式是像草一样活着，你尽管活着，每年还在成长，但是你毕竟是草，尽管你吸收雨露阳光，但还是长不大。人们可以踩过你，但是人们不会因为你的痛苦而产生痛苦；人们不会因为你被踩了而来怜悯你，因为人们本身就没有看到你。所以我们每一个人，都应该像树一样的成长，即使我们现在什么都不是，但是只要你有树的种子，即使你被踩到泥土中间，你依然能够吸收泥土的养分，自己成长起来。当你长成参天大树以后，遥远的地方，人们就能看到你；走近你，你能给人一片绿色。活着是美丽的风景，死了依然是栋梁之才，活着死了都有用。这就是我们每一个同学做人的标准和成长的标准。

这是俞敏洪的“树草理论”，这种理论得到了“赢在中国”的赞同，把“树”当做“赢在中国”的形象代表很贴切，引发了人们对未来的思考：我们究竟是长成参天大树，还是宁做默默无闻的小草？俞敏洪的“树草理论”实际上是激励青年勇敢地去栽种大树的种子，他告诉我们：只要你的心灵里有一棵树的种子，你早晚有一天会长成参天大树。不管你是白杨树还是松树，人们在遥远的地方都能看见在地平线上成长的你，他们能在树下休息。因此做人的要求是你自己首先成为地平线上的一棵大树。当你是草的时候，你没有理由让别人注意到你。

松下幸之助说：逆境给人宝贵的磨炼机会。只有经得起环境考验的人，才能算是真正的强者。自古以来的伟人，大多是抱着不屈不挠的精神，从逆境中挣扎奋斗过来的。

鲁迅先生说：“不耻最后”。即使慢，驰而不息，纵会落后，纵会失败，但一定可以达到他所向的目标。

俞敏洪，一介书生，短短的十多年的功夫，成为中国最富有的教师，他创造了中国教育界的一个神话。俞敏洪的演讲，为他走向成功助了一臂之力，为他的新东方精神走向世界插上了腾飞的翅膀！

（原载《阅读与写作》2009 年 10 期，作者：赵贤德）

延伸阅读材料：

俞敏洪送给草根青年的成功箴言

1．既靠天，也靠地，更要靠自己。

2．只有知道如何停止的人才知道如何加快速度。

3．运气不可能持续一辈子，能帮助你持续一辈子的东西只有你个人的能力。

4．人生的奋斗目标不要太大，认准了一件事情，投入兴趣与热情坚持去做，你就会成功。

5．哪怕是最没有希望的事情，只要有一个勇敢者去坚持做，到最后就会拥有希望。

6．为了不让生活留下遗憾和后悔，我们应该尽可能地抓住一切改变生活的机会。

7．有些人一生没有辉煌，并不是因为他们不能辉煌，而是因为他们的头脑中没有闪过辉煌的念头，或者不知道应该如何辉煌。

8．上帝制造人类的时候就把我们制造成不完美的人，我们一辈子努力的过程就是使自己变得更加完美的过程，我们的一切美德都来自于克服自身缺点的奋斗。

9．所有的人都是凡人，但所有的人都不甘于平庸。我知道很多人是在绝望中来到了新东方，但你们一定要相信自己，只要艰苦努力，奋发进取，在绝望中也能寻找到希望，平凡的人生终将会发出耀眼的光芒。

10．生命，需要我们去努力。年轻时，我们要努力锻炼自己的能力，掌握知识，掌握技能，掌握必要的社会经验。

11．机会，需要我们去寻找。让我们鼓起勇气，运用智慧，把握我们生命的每一分钟，创造出一个更加精彩的人生。

12．每条河流都有一个梦想：奔向大海。长江、黄河都奔向了大海，方式不一样。长江劈山开路，黄河迂回曲折，轨迹不一样，但都有一种水的精神。水在奔流的过程中，如果像泥沙般沉淀，就永远见不到阳光了。

13．谁说“机会面前，人人平等”，新东方相信，个人奋斗制胜，攫取成功的精神财产将永远贫富不均。在浩瀚的生命之岸，你应该自豪地告诉世界，你追求过，你奋斗过，你为了辉煌的人生从来没有放弃过希望，从来没有停止过拼搏。而这个造就了万物的世界也将自豪而欣慰地回答你：只要奋斗不息，人生终将辉煌。

14．在我们的生活中最让人感动的日子总是那些一心一意为了一个目标而努力奋斗的日子，哪怕是为了一个卑微的目标而奋斗也是值得我们骄傲的，因为无数卑微的目标累积起来可能就是一个伟大的成就。金字塔也是由每一块石头累积而成的，每一块石头都是很简单的，而金字塔却是宏伟而永恒的。

15．新东方“在绝望中寻找希望”这句话，跟美国著名的民权运动家 Martin Luther King（马丁·路德·金）所说的话是一模一样的，他在“I have a dream”（我有一个梦想）演讲辞中说过：“We will hew out of the mountain of despair a stone of hope.”（我们从绝望的大山中砍出一块希望的石头。）请记住，绝望是大山，但是只要你能砍出一块希望的石头，你就有了希望。

16．光有奋斗精神是不够的，还需要脚踏实地一步一步地去做。要先分析自己的现状，分析自己现在处于什么位置，到底具备什么样的能力，这也是一种科学精神。你给自己定了目标，你还要知道怎么样去一步一步地实现这个目标。从某种意义上说，树立具体目标和脚踏实地地去做同等重要。

17．要引人敬意，就要研究一个非常专业的领域，在那个领域中，你是最顶尖的，至少是中国前十名，这样无论任何时候你都有话说，有事情可做。我俞敏洪原来想成为中国研究英语的前 100 名，但后来发现根本不可能。所以我就背单词，用一年的时间背诵了一本英文词典，成为中国单词专家，现在我出版的红宝书系列，从初中到 GRE 词汇有十几本，年销量100万册，稿费比我正式工资都高得多。

18．成功的定义是什么？“有历史定论的东西才叫成功。商人无所谓成功与否，因为商海永远是惊涛骇浪险象环生，把自己定义在商海中就没有成功出头日。假如写一本书，受到历史定论，千百年都有人捧读，那是成功。像陈忠实的《白鹿原》、冯巩的小品，就是成功。新东方现在还没有这种永恒的东西。”

19．人要有树的精神。人的生活方式有两种，第一种方式是像草一样活着，你尽管活着，每年还在成长，但是你毕竟是草，你吸收雨露阳光，但是长不大。人们可以踩过你，但是人们不会因为你的痛苦而他产生痛苦； 人们不会因为你被踩了，而来怜悯你，因为人们本身就没有看到你。所以我们每一个人，都应该像树一样的成长，即使我们现在什么都不是，但是只要你有树的种子，即使你被踩到泥土中间，你依然能够吸收泥土的养分，自己成长起来。当你长成参天大树以后，遥远的地方，人们就能看到你；走近你，你能给人一片绿色。活着是美丽的风景，死了依然是栋梁之才，活着死了都有用。这就是我们每一个同学做人的标准和成长的标准

20．人要有水的精神。每一条河流都有自己不同的生命曲线， 但是每一条河流都有自己的梦想——那就是奔向大海。我们的生命，有的时候会是泥沙。你可能慢慢地就会像泥沙一样，沉淀下去了。一旦你沉淀下去了，也许你不用再为了前进而努力了，但是你却永远见不到阳光了。所以我建议大家，不管你现在的生命是怎么样的，一定要有水的精神。像水一样不断地积蓄自己的力量，不断地冲破障碍。当你发现时机不到的时候，把自己的厚度给积累起来，当有一天时机来临的时候，你就能够奔腾入海，成就自己的生命。

第四节　“创业教父”马云演讲的语言艺术

而立之年的他放弃高校教师的铁饭碗选择下海，不顾众人反对，投身到当时不为人所知的互联网行业，到处宣传互联网却被人们当成了“骗子”……如今，他创办的阿里巴巴已成为全球最大的B2B电子商务平台，且连续五年被美国权威财经杂志《福布斯》选为全球最佳B2B站点之一，被传媒界誉为“真正的世界级品牌”；他是第一个登上《福布斯》封面的中国大陆企业家；被“世界经济论坛”评选为2001年全球100位“未来领袖”之一；被美国亚洲商业协会评选为2001年“商业领袖”；2004年当选为“年度十大经济人物”之一……连英国前首相布莱尔访华，都点名要见他并称其“改变了全球商人做生意的方式”。

他就是阿里巴巴董事局执行主席，阿里巴巴CEO马云。

马云的从前与我们普通人是一样的，并没有什么特别超常之处，但仅仅十年的时间，他就成为了企业界的一刻璀璨夺目的新星。马云成功后，很多地方找他演讲，而每次演讲总是听众爆满，掌声雷动。本文想究其演讲特点作个探讨。

一、积极乐观说目标，坚持死顶死扛

马云在创业之初就非常明白他要做什么事情，那就是在国内创立一个网络公司，在国内向企业收钱并把企业的资料收集起来，再让美国的朋友做成网页放到网上。1999年，马云又明确提出：要做 80 年的企业，要成为世界十大网站之一，只要是商人就一定要用阿里巴巴。这一目标确定后的前几年一直不被人看好，甚至遭受很多人的质疑。但马云说：

"我们在打地基，至于要盖什么样的楼，图纸没有公布过，但有些人已经在评论我们的房子怎么不好看。有些公司的房子的确很好看，但地基不稳，一有大风就倒了。"

因为马云有这样一个明确的目标，所以他遭遇到任何挫折，他都能坚持、能挺住。

针对很多人对阿里巴巴的成功难以理解，马云说：

"很多人比我们聪明，很多人比我们努力，为什么我们成功了？难道是我们拥有财富，而别人没有？当然不是。一个重要的原因就是我们坚持下来了。"

早在 1999 年 3 月阿里巴巴刚成立时，马云就说："即使是泰森把我打到，只要我不死，我就会跳起来继续战斗！"

在实现目标的过程中，马云从来没有流泪，也没有抱怨。他更乐于讲述的是阿里巴巴活得不错。他说：

"困难的时候，你要学会用左手温暖你的右手。在你开心的时候，把开心带给别人；在你不开心的时候，别人才会把开心带给你。开心快乐是一种投资，你开心就要和别人分享，然后有一天别人会回报于你。"

"判断一个人、一个公司是不是优秀，不是看他是不是哈佛，是不是斯坦福毕业的，不要看里面有多少名牌大学毕业生，而要看这帮人是不是发疯一样干，看他每天下班是不是笑眯眯回家。没有笑脸的公司其实是很痛苦的公司。任何一个创业者永远要把自己的笑脸展示出来，如果你的脸看起来很痛苦，那么就不可能给别人带来快乐，所以快乐是需要展示的。让员工快乐工作是好雇主应该做的事情。"

马云是这样说的，也是这样做的，他会制造气氛来逗员工开心。2005 年 9 月，在阿里巴巴与雅虎中国的杭州大联欢晚会上，马云把自己打扮成维吾尔族姑娘，戴着面纱，穿着民族服装，跳起来新疆舞。让员工感受到在阿里巴巴工作的快乐。

你想干什么？你该干什么？你能干多久？只要有梦想，就有可能到达胜利的彼岸。马云能成功，是因为马云具有明确的奋斗目标并为之乐观奋斗。

二、幽默风趣谈创业，妙用修辞手法

马云不仅是一个乐观向上的人，而且也是一个很幽默风趣的人，遇到任何困难，他都能一笑了之。一位阿里巴巴的元老这样评价马云："他很幽默，让人愿意和他在一起待着。什么事情经过他一说，都变得生动起来了。"马云的口才是很好的，他善于在演讲中不知不觉地艺术性地使用一些修辞手法。

在他连自己都不完全明白互联网是怎么回事的情况下开始涉足互联网，他说："我这是盲人骑在瞎老虎上。"这种比喻非常形象，因为这隐含了当初创业的风险。

在阿里巴巴，什么都可以谈，只有价值观不能谈，所谓价值观实际上就是“六脉神剑”文化。马云解释说，六脉神剑就是：一是客户第一，关注客户的关注点，帮助客户成长；二是团队合作，共享共担，以小我完成大我，三是拥抱变化，突破自我，迎接变化；四是诚信，诚实正直，信守承诺；五是热情，永不言弃，乐观向上；六是敬业，以专业的态度和平常的心态做非凡的事情。凭着“六脉神剑”用人标准，阿里巴巴聚集了一群有着共同梦想、共同价值观的平凡人，但这些平凡人在一起却做出了不平凡的事。马云钟情武侠，热爱武术，因此他用借代的修辞手法简单明了地描述了阿里巴巴的文化价值观。

关于阿里巴巴招聘人才的标准，马云用了一组排比，他说：

“如果你认为我们是疯子，请你离开；如果你专等上市，请你离开；如果你带着不利于公司的个人目的的，请你离开；如果你心浮气躁，请你离开。”

阿里巴巴的用人标准别具一格，正是这些别具一格的用人标准，阿里巴巴吸引了大量的人才，这些人才在马云的麾下为了公司发展尽心尽力。正因为如此，才有了阿里巴巴的今天。

关于成功的根本原因，马云又用排比句归纳为：

“小企业成功靠精明，中等企业成功靠管理，大企业成功靠的是诚信。”

马云在《赢在中国》的现场曾告诫创业者：

“我觉得一个 CEO，一个创业者最重要的也是最大的财富，就是你的诚信。我可以这么说，如果我今天缺 1 亿美金，打电话 3 天之内肯定到账。”

三、经典语言口语化，凝缩人生精华

马云的演讲很精彩，很具有煽动性和蛊惑力，他的演讲会场往往会不时爆发雷鸣般的掌声。因为他演讲的语言不仅口语化，通俗易懂，深入浅出，更关键的是其语言经典，这些经典的语言是他人生经验的积累，如：

“今天很残酷，明天更残酷，后天很美好，但绝大多数人都死在明天晚上。所以我们必须每天努力面对今天。”

这是要求企业家时时要有危机感，如履薄冰。

“重要的不是你的公司在哪里，有时候你的心在哪里，你的眼光在哪里更为重要。”

这是告诫创业者要有梦想，要有眼光。

“一个创业者最重要的，也是最大的财富，就是你的诚信。一个创业者一定要有一批朋友，这批朋友是你这么多年来诚信积累起来的，越积越大。诚信不是一种销售，不是一种高深空洞的理念，是实实在在的言出必行，点点滴滴的细节，诚信不能拿来销售，不能拿来做概念。”

这是告诫创业者创业一定要讲诚信，正是因为有这样的诚信，所以才有那么多人被他的人格魅力所吸引，愿意与之并肩作战共同进退。

“我们不想做商人，我们只想做一个企业，做一个企业家，因为在我看来，生意人、商人和企业家是有区别的：生意人以钱为本，一切为了赚钱；商人有所为，而有所不为；企业家是创造财富，为社会创造价值，影响这个社会，赚钱是一个企业家的基本技能，而不是所有技能。”

这是马云告诉创业者目光要远大，要做创造社会财富企业家，而不仅仅是一般的商人。

“人一辈子不会因为你做过什么而后悔，很多的时候因为你没做过什么而后悔。”

“人永远不要忘记自己第一天的梦想，你的梦想就是世界上最伟大的事情。”

这是鼓励青年创业者勇敢地迈出创业的第一步，将梦想逐渐变成现实。

“男人的长相往往和他的才华成反比。”

这句话比较幽默，是马云的一种自我安慰。因为马云确实没有仪表堂堂，有些网友将马云描述为：相貌奇崛，脑袋不大，容量丰富，见解独到，领袖风范。《福布斯》杂志如此描写马云：“深凹的颧骨，扭曲的头发，淘气的露齿笑，一个5英尺高，100磅重的顽童模样。”又说，“这个长相怪异的人有着拿破仑一样的身材，更有拿破仑一样的伟大志向！” 马云自己也说：“看了《福布斯》杂志后，我才知道自己其实有多丑。”

四、现身说法效果佳，激励青年勇闯

马云成功之后，少不了到处被人邀请演讲，每次演讲他没有豪言壮语，没有悲天悯人，没有凌厉批评，有的只是实实在在的朴素语言现身说法。这恰是我们青年创业者所需要聆听的。

关于创业之初的艰难，马云说：

“我们当初创业时，没有名气，没有品牌，没有现金，人们也不相信电子商务，那时候非常难招聘员工，我们开玩笑说街上会走路的人，只要不是太残疾的我们都招聘过来了。”

这是很多创业者最初面临的形势，因为大部分创业者都是白手起家。所以青年朋友要创业一定要在思想上有充分的准备。创业者更重要的是创造条件，如果机会成熟了，往往可能就没有我们的机会了。所以创业者要给自己一个承诺、一个坚持，并且为之坚持。

“我没有关系，也没有钱，我是一点点起来的，我相信关系特别不可靠，做生意不能凭关系，做生意不能凭小聪明，做生意最重要的是明白客户需要什么，实实在在创造价值，坚持下去。倾听客户的声音，满足客户的需求是阿里巴巴生存与发展的根基。”

正是因为马云一直坚持做任何事都是为了满足客户的需要的思想，坚持为客户提供更好的服务，才有阿里巴巴独创B2B业务的迅速做大做强，才有淘宝网打败eBay的壮举，才有支付宝的抢先占领市场。

“我是个很笨的人。算，算不过人家；说，说不过人家。但是我创业成功了。我想，如果连我都能创业成功，那我相信80%的年轻人创业都能成功。”

马云毕业于杭州师范学院，一所被认为是名不见经传的二流学校，其求学经历可谓坎坷。但是，就是这样一个人，却创建了一个中国乃至世界最大的电子商务网站。这对于每一个教育管理者和每一个有着成功梦想的创业者，都是值得思考的：到底什么样的人才能成功？成功者的素质是什么？

关于创业的失败和挫折，马云说：

“创业很累，创业的失败率很高。创业者都是疯疯癫癫的。100 个人创业，其中 95 人连怎么死的都不知道，没有听见声音就掉到悬崖底下；还有 4 个人是你听到一声惨叫时他掉下去了；剩下一个可能不知道自己为什么还活着，但也不知道明天还活不活得下来。所以说失败是绝大部分创业者一定会碰到的问题。”

“这些事太多太多，每次打击只要你扛过来，你就会变得更加坚强。我又想，通常期望越高，结果失望越大，所以我总是想着明天肯定会倒霉，一定会有更倒霉的事情发生，那么明天真的有打击来了，我就不会害怕了。你除了重重地打击我，又能怎样？来吧，我都抗得住。抗打击能力强了，真正的信心也就有了。所以我现在最欣赏两句话，一句是丘吉尔先生对遭受重创的英国公众讲的话：‘Never never never give up’（永不放弃！）”另一句就是：“满怀信心地上路，远胜过到达目的地。”

这就是马云主张的一定要坚持坚持再坚持。只有这样才能赢得最后的胜利。

马云是青年创业的一个奇迹，他在短短的几年时间内成为了中国最有钱的企业家之一，成为了中国青年创业的教父。他的创业精神多多少少的从他的演讲语言中反映出来，他的创业的轨迹也可以从他的演讲语言中窥见一斑。

（原载《阅读与写作》2009 年 8 期，作者：赵贤德）

延伸阅读材料：

马云语录集锦

1．所有的创业者应该多花点时间，去学习别人是怎么失败的。

2．创意是企业运营中一个很重要的一环，但它只是一环，不是所有，所以要把每项工作落实到实处。

3．不是你的公司在哪里，有时候你的心在哪里，你的眼光在哪里更为重要。

4．不是别人都比你狡猾你才会上当，而是因为你太贪。

5．一个创业者最重要的，也是你最大的财富，就是你的诚信。

6．小公司的战略就是两个词：活下来，挣钱。

7．创业者书读得不多没关系，就怕不在社会上读书。

8．创业者光有激情和创新是不够的，它需要很好的体系、制度、团队以及良好的盈利模式。

9．最优秀的模式往往是最简单的东西。

10．记住，关系特别不可靠，做生意不能凭关系，做生意也不能凭小聪明。

11．一个好的东西往往是说不清楚的，说得清楚的往往不是好东西。

12．做战略最忌讳的是面面俱到，一定要记住重点突破，所有的资源在一点突破，才有可能赢。

13．小企业要有大的胸怀，大企业要讲细节的东西。

14．少听成功人士讲一些如何成功，要多听成功人士讲一些是怎么失败过的，因为成功有千万种，但失败确只有不多的几种。

15．聪明是对现在事物的敏感能力，智慧是对未来事物的观察判断能力，聪明是智慧的天敌。短暂的激情不值钱，长久的激情才值钱。

16．我希望每一个人，都来用我的产品和服务，那是不可能的。定位一定要准确，你才能做好。所以我给所有的创业者，包括你一个建议，少做就是多做，不要贪多，把它做精、做透很重要。

17．我想也许你太在乎自己，太想得到一些东西。人要成功一定要有永不放弃的精神，但你学会放弃的时候，你才开始进步。

18．愚蠢的人用嘴说话，聪明的人用脑袋说话，智慧的人用心说话。

19．心中无敌，才能无敌于天下，不光要承认错误，还要勇于承担责任。

20．战略不能落实到结果和目标上面，都是空话。

21．我觉得我们应该为结果付报酬，为过程鼓掌。

22．必须先去了解市场和客户的需求，然后再去找相关的技术解决方案，这样成功的可能性才会更大。

23．要少开店、开好店，店不在于多，而在于精。

24．男人的胸怀是委屈撑大的，多一点委屈，少一些脾气你会更快乐。

25．诚信绝对不是一种销售，更不是一种高深空洞的理念，它是实实在在的言出必行、点点滴滴的细节。

26．品质不仅仅是团队，它还是文化，是制度，是一整套东西。

27．天不怕，地不怕，就怕 CFO 当 CEO。

28．短暂的激情是不值钱的，只有持久的激情才是赚钱的。

29．永远要把对手想得非常强大，哪怕非常弱小，你也要把他想得非常强大。

30．永远记住每次成功都可能导致你的失败，每次失败好好接受教训，也许就会走向成功。

31．领导力在顺境的时候，每个人都能出来，只有在逆境的时候才是真正的领导力。有时候死扛下去总是会有机会的。

32．可能一个人说你不服气，两个人说你不服气，很多人在说的时候，你要反省，一定是自己出了一些问题。

33．一个成功的创业者要有三个因素，眼光、胸怀和实力。

34．别人可以拷贝我的模式，不能拷贝我的苦难，不能拷贝我不断往前的激情。

35．人永远不要忘记自己第一天的梦想，你的梦想是世界上最伟大的事情。

36．不管你拥有多少资源，永远把对手想得强大一点。

37．有结果未必是成功，但是没有结果一定是失败。

38．永远把别人对你的批评记在心里，别人的表扬，就把它忘了。

39．做任何事，必须要有突破，没有突破，就等于没做。

40．在公司内部找到能够超过你自己的人，这就是你发现人才的办法。

第五节　“职业规划师”徐小平演讲的形象特点

徐小平，著名留学、签证、职业规划和人生发展咨询专家，现任新东方教育科技集团董事、新东方文化发展研究院院长，号称新东方创业的“三驾马车”之一，2003年荣登中国《福布斯》名人录，被中国青年一代尊称为“人生设计师”。长期从事新东方出国咨询和人生咨询事业，在大学生中引发积极而强烈的启蒙效应。很多学校、单位请他演讲，往往都是座无虚席，徐小平总是以他独特的风格博得满堂彩，本文拟就他的演讲的形象特点作一简要的概述。

一、充满激情，富有真情

“语言是思想的外衣”。徐小平的演讲总是激情澎湃，总给人以热情、开朗、激励、激情、兴奋的感觉，总是能给人回味无穷。他说：

人要有四个“ion”：要有 vision（梦想），要有 passion（激情），要有 mission（使命感），同时还要 fashion（时尚）。他说“找一个激动人心的目标，然后死在上面！”“选择目标要正确，追求目标要疯狂。”

充满激情地干自己的事业，这是徐小平一贯遵循的原则。2009年3月，徐小平为重庆晨报“留学生妈妈俱乐部”的会员举行讲座，徐小平用他特有的幽默和睿智，为自己赢得了主动。讲台设在舞台左前方，但作为主讲的徐小平却始终没打算“归位”，他手持麦克风，在舞台中央像开演唱会似的，激动时手舞足蹈，进行了长达两小时的演讲，记者粗略统计了一下，几乎每几分钟就有一阵掌声，每三分钟就蹦出一阵笑声。从他演讲时的手舞足蹈、蹦蹦跳跳，我们丝毫看不出他已经五十多岁了。

对于成功的态度，徐小平提出“成功不是左思右想，而是投入去做”。在讲到自己在新东方发展历程时，徐小平说：

“真正的投入就是一种成功。我归纳两点贡献给大家。第一，无论你是工作还是创业还是要做公益，一定不仅要投入你的时间，还要投入你的情感，把这种精神的东西能够当作自己一生追求的价值。第二，如果你不喜欢这个团体，如果你不喜欢这个老板，如果你和周围的人不太好相处，你也一定要敬业，一定要遵守你自己的承诺，你不要说你自己老板不好。简单讲，即使你不想在这里待一辈子，你一定要有一种敬业精神，我觉得这是中国创业者或就业者最最缺少的东西。一旦你拥有了这种东西，如果这个企业是一个好的企业，能够一直做下去，你就会获得成功，获得事业上的成功，也包括精神上的成功。那么即便你选择离开也会获得良好的口碑。”

二、语言通俗，朴实动人

徐小平的演讲语言通俗，朴实动人。他的演讲没有雕章琢句，没有卖弄文采，而是满腔热情地实实在在吐露自己的肺腑之言。在中国农业大学演讲结束后，有一个学生提问："徐老师，你在中央电视台《对话》节目中被问到跳槽的主要原因，在四个原因中，你认为'金钱'占百分之五十，请问这是为什么？"徐小平自我解剖说：

"人们为什么出来工作？——工作的主要目的、或曰最低纲领，就是谋生，就是挣钱养家，拿工资孝敬父母妻儿，交税养活政府官员、资助公共服务。人生还有更高的境界，比如为了社会进步牺牲个人利益、追求信仰以及传播信仰……这些都属于为社会服务、为国家服务、为人类服务的层次，都属于'工作'这是人生行为的最高纲领。假如一个人连自己都不能养活自己，你拿什么来拯救社会，我的同学？"

确实，人首先要生存，其次才是发展。是人就离不开社会，在社会上生存，就必须要赚钱。并非说金钱万能，但没钱也是万万不能的。倘使徐小平一天到晚为了生计而发愁，那他也就没有心思去给别人进行"人生规划"了。徐小平用通俗的语言说明了"最低纲领"和"最高纲领"的关系，所以徐小平说："徐老师也要养家活口，徐老师也爱钱。我为什么不爱钱？我为什么不能爱钱？我为什么不能大张旗鼓地说：我爱你祖国，以及钱！"一个朴实、温良、憨厚、可爱的形象展现在我们面前。

徐小平毕业于中央音乐学院，音乐学院音乐学系建系五十周年庆典时，徐小平发去了一封贺信，并委托现任音乐学系主任张伯瑜先生宣读了自己的贺信，虽然并非他本人直接演讲和表述，但依然打动心灵，让人佩服。在贺信里他说：

"中央音乐学院音乐学系建系五十周年，对我是一件大事。因为我本人就是音乐学系的一个产物（笑）——尽管我没有从事音乐事业，是一个变形的产物（笑）——但无论我走到哪里，都以自己曾是音乐学院的毕业生而骄傲；我无论从事什么职业，都以曾经是音乐学系的一分子而自豪。""考上音乐学系之前，我是江苏省泰兴县文工团一名走街串巷的乐手——音乐造诣虽然无法和阿炳相比（微笑），但社会地位基本可以和他攀附（大笑）——读完音乐学系之后，我这个乡村游吟乐手被培养成为得到国家文化部、人民音乐出版社、北京大学等机构聘用意向的有用专才（微笑）。"

"敬祝中央音乐学院音乐学系青春不老，继续辉煌！敬祝音乐学系所有老师们健康长寿，事业兴旺！再祝所有音乐学系的系友、同学学业有成，人生幸福！"

有人评价这篇讲稿"以亲切的口吻来打动人、以感恩的心态来感染人、以幽默智慧的语言来吸引人。"通读全稿，徐小平始终以一种普通学友的姿态来表述自己的观点，处处流露着真情。他重感情，爱憎分明，对于母校的情感是真挚的、朴实的。

对于不尊重母校感情的人，徐小平是决不留情的，他爱憎分明。他在博客中写道："有一次，在央视《对话》栏目，人们问他毕业于哪个学校，他（注：指 SOHO 董事长潘石屹）完全可以理直气壮告诉全中国广大'名校情结'受害者，他毕业于河北石油职业技术学院，让他的母校狠狠地扬一下名，让他的校友以及所有非名校出身的人，大大地出一口气！但可惜，老潘从头至尾，就是不肯说出他母校的名字，搞得我以为他毕业于某个秘密军校。"他用实实在在的语言，对潘石屹表达了强烈的不满，也对中国"名校情结"的现状进行了猛烈的抨击。

三、诙谐幽默，自信盈盈

纵观徐小平的演讲，处处闪烁着幽默的光芒，处处也显露着“舍我其谁”的自信。怎么进行一次成功的演讲？这是许多初学演讲的人十分担心的。其实，关键是演讲者要学会调动现场的气氛，让自己牢牢把握主动权，幽默是极其重要的一个手段。徐小平每次演讲，在开篇便让大家捧腹，一下子就拉近了与听众的距离。在很多大学演讲时，徐小平往往是这么开始的：

“大家好！我姓徐叫徐小平，叫小平同志（笑）。因为我在班上爱表现自己，非常自信，所以大家都叫我‘芙蓉叔叔’。我的嗓子比较哑，因为感冒了，但是我不感冒的时候，嗓子也很哑。有一句话讲，一个人想哑并不难，难的是一辈子都不哑。”

一个幽默的开篇，拿自己开涮，引起了很好的幽默效应，整个演讲就在轻松愉快中进行下来了。

“大家下午好，我是新东方的徐小平，大家叫我小平同志。虽然有事，但今天的会我还是很想来，因为我看到所有参会人员均有礼袋赠送，所以我期待着拿一个大礼袋。”

期待一个大礼包，这话从徐小平口中说出来，我们绝没有人说是他在乎什么礼包，但一下就把现场的氛围调动起来了。

在广西某大学演讲中讲到自己到国外当洗碗工的经历时，徐老师笑着感叹道：

“天将降大任于斯人也，必先劳其筋骨，洗其碗碟。”

此言一出，引得大家捧腹而笑。很朴实的一个篡改，既达到了调动听众情绪的目的，又讲出了自己成长的辛酸，正是“洗其碗碟”的磨砺，让他更具韧性。

“我在加拿大就读的学校并不有名，但这所大学对于我却是如雷贯耳，因为我毕业于那里……这所学校其实也就出了两三个世界级名人——比如：加拿大前总理约翰蒂芬贝克、加拿大前总督瑞纳提辛以及新东方前副校长徐小平！”

短短几句话，充分展现了他的自信和坚韧，听众也为之动容。

“芙蓉姐姐，凭着她那笑傲江湖的身材、那玉洁冰清的面容、那令人目瞪口呆的自我表达、那气吞山河的强大自信以及敢于在公司电梯间里和男同事打架的凶悍气势，她几乎具备了现代企业优秀人士所需要的一切成功素质！”

徐小平对“芙蓉姐姐”反面品质戏谑般的概括，把成功人士所需具备的素质都自然而然的表达出来了。

四、饱含哲理，激励后生

徐小平的演讲绝不仅仅是热热闹闹，他热闹的表象下隐含着深刻的人生哲理，涌动着奋斗的激情。他说：

“人的一生，应该把有限的时间和精力用在正确的奋斗目标和方向上，而不是放在某种‘看上去很美’，但实际上却很恐怖的追求上。”

徐小平推崇实干，主张奋斗。

“奋斗要基于三年内的现状，不是三十年后的妄想！让空洞的梦想降落于具体的行业！实现梦想的方法简单，就是冒着风险直接去干！”

徐小平认为，只有实实在在的脚踏实地，才能实现人生的伟大梦想。

“人生的伟大目标都是从养活自己开始，立足生存，追求梦想，这就是从卑微的工作干起的基本意义所在。”

“生存永远在成功之前，换言之，靠自己的劳动赢得生存，本身就是一种成功。假如上帝暂时没有给你很多机会，就让你扫厕所，那么你就必须面对现实，把厕所扫好。我在美国就扫过……”

徐小平鼓励大家从点滴开始，为了追求自己的梦想，一步一个脚印。为了生存，他在农村基层干过，在美国端过盘子，甚至洗过厕所。正是因为有这种从基层干起的工作经验，一步一步地才有今天的辉煌。

“人们需要改变，哪怕改变一点点，不要天天停滞不前，等你做到了改变，才能更能体验改变带给你的满足感，否则生活便会平淡无味，你要为你的生活负责，千万不要懦弱，要自信，要有掌控世界的信心，即使失败了又如何，没有什么大不了，失败只是生活的一部分，每次失败你便晋升一级，直到成功。人的一辈子就是这样。”

徐小平鼓励大家要渴望成功，因为“害怕成功的人永远不会成功。不敢追求幸福的人永远不会尝到幸福的滋味。”

五、经历坎坷，乐观向上

徐小平在农村基层走街串户卖唱，类似阿炳，其社会地位极其低下；出国留学美国多年，也吃尽了苦头，多年的美国生活经历使他对东西方文化有了比较深刻的了解。徐小平在为大学生作演讲时，总是为学子们规划着完美的人生：培养综合素质意识、树立职业意识和幸福意识，成为一个全面发展的人，成为一个幸福的人，成为一个成功的人。

在人生选择上，他强调，“人生选择的时候应遵从三原则，第一是你的一切奋斗是不是对你的职业发展有帮助，第二是你的一切奋斗是不是对你的将来实现有帮助，第三是你的一切奋斗是不是对你的幸福人生有保障。”人生选择时必须牢记：“没有一个城市叫幸福，幸福在你心中，你如果不追求的话，你永远不可能幸福。”

徐小平鼓励大学生多参加校园活动，他说：

“在大学期间，拿出一部分精力，假如你有志于创业，有志于社会工作，有志于和人打交道，有志于和钱打交道，有志于和机会打交道，有志于作为一个团队的Player，而不是一个人关在书斋里面去搞那种中世纪的研究的话，那么就要参加各种各样的活动，‘无事生非’，在大学期间产生创意，无论怎样，做出一些事情来，那么大家一定不会浪费时间，大家一定会在三年五年甚至二十年的时间结出辉煌的人生成果。”

徐小平以自身经历回答说，大学期间除了学知识，还得学习社会、学习他人，还得了解自己，“正是在课堂和校园里面我们一天天全面成长而不是单向的发展，所以我迅速找到了我的事业。”

他时常讲述新东方副校长、当代美式口语“教父”王强的故事。他说，这位新东方的创始人在大学时曾在广播站跑过腿，做过广播台台长，做过艺术团话剧的队长。他说，大学可以给一个人学习之外的经历，在此期间，一个人对校园活动积极参与，对自己工作的深切、热爱和融入，将影响你的一生。他在玩笑中回忆着与新东方的创始人俞敏洪、王强等共度的大学时光，徐小平说：

“对朋友、对同学的热爱，互相帮助、互相学习的经历，转眼十几年，就构成了我们一生事业的基础。”

“善待你上铺的兄弟，热爱同桌的你，最终我们大学的同学、朋友、老师是一生最宝贵人生奋斗的资源。”

“人是要有一种理想的，这种理想，就是超越卓越、追赶伟大的人生理想。”

徐小平是个有理想的人，他主张人要为目的活着。在必然和可能之中，他选择了必然；在别人和自己之间，他选择了自己；在独立和依附之间，他选择了独立；在自由与稳妥之间，他选择了自由。在人生的路上，他不停的奋斗着，“当奋斗成为一种不考虑代价、不正视出路和可行性的追求时，奋斗就变成了痴迷和狂热”，他的热情、痴迷和狂热，注定了他必然要成功，必然会实现自己的理想。

徐小平是开朗的、乐观的、积极的、向上的；他有着青年的激情、火一般的热情，五十多岁的人，其言行举止比许多年轻人还活泼，还自诩“芙蓉叔叔”；他无论走到哪里，他都能把快乐带到哪里，把笑声带到哪里；他为迷茫的莘莘学子指点迷津，从人性出发，实事求是，不夸大，不缩小，不讲空洞的大道理；他强烈要求广大学子树立职业意识，为今后的就业做好充分的准备。

（原载《阅读与写作》2010年6期，作者：赵贤德　黄燕）

延伸阅读材料：

徐小平语录集锦

1．找一个激动人心的目标，然后死在上面！

2．当年我在北大艺术教研室工作，主管北大艺术团，是艺术团的指导老师，王强是艺术团团长，英达是话剧队队长，俞敏洪是艺术团最著名的成员——观众。现在老俞就坐在台下，依然是观众——同学们，一个人坐在观众席上二十年如一日，能够耐得住这种大寂寞的人，肯定不是凡人！

3．让空洞的梦想降落于具体的行业！

4．实现梦想的方法简单，就是冒着风险直接去干！

5．人的一生，应该把有限的时间和精力用在正确的奋斗目标和方向上，而不是放在某种“看上去很美”，但实际上却很恐怖的追求上。

6．人生设计纵然伟大，而更伟大的是人生行动！

7．人要有四个“ion”:要有vision（梦想），要有passion（激情），要有mission（使命感），同时还要fashion（时尚）。

8．活着就是要不断地让自己活得更好！

9．害怕成功的人永远不会成功。不敢追求幸福的人永远不会尝到幸福的滋味。

10．你可以活得没有一点质量，但不可以不追求活的质量。

11．选择目标要正确，追求目标要疯狂。

12. 好学生要有三板斧：好成绩、好英语、好的社会活动能力。

13. 我不怕学生想做什么，最怕学生什么都不想做。

14. 不管做什么工作，一个人的工作做到别人没法替代的程度，就算成功。生存永远在成功之前，换言之，靠自己的劳动赢得生存，本身就是一种成功。假如上帝暂时没有给你很多机会，就让你扫厕所，那么你就必须面对现实，把厕所扫好。

15. 人生的伟大目标都是从养活自己开始，立足生存，追求梦想，这就是从卑微的工作干起的基本意义所在。

16. 骑驴找马的人，也不该虐待驴。

17. 事实上是，哪个男孩女孩没有做过上天入地、移山倒海的梦啊，只不过在生活面前，很多人慢慢放弃了自己童年的梦想，所以他们沦落为失去梦想的人；而有些人，无论生活多么艰难，从来没有放弃梦想，于是，他们成为永葆青春梦想、永葆奋斗激情的人、能够改变世界创造未来的人。身为普通人，但为人类社会创造丰功伟绩的伟大理想主义，一直是我心中的明灯，奋斗的指南，也应该是所有人的明灯和指南。

18. 人们需要改变，哪怕改变一点点，不要天天停滞不前，等你做到了改变，才能更能体验改变带给你的满足感，否则生活便会平淡无味。

19. 你才是这个地球的主人，要为你的生活负责，千万不要懦弱，要自信，要有点能掌控世界的信心，即使失败了又如何，没有什么大不了，失败只是生活的一部分，每次失败你便晋升一级，直到成功，人的一辈子就是这样，奥巴马是我们学习的对象，奥巴马正是凭借着改变现状的坚定信念和坚强毅力获得了成功，即使没成功，也为以后的生活奠定了基础，从而可以更好地生活。

20. 在必然和可能之间，我们选择必然；在别人和自己之间，我们选择自己；在独立和依附之间，我们选择独立；在自由与稳妥之间，我们选择自由！

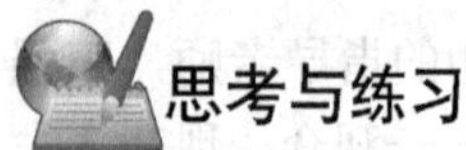

思考与练习

1. 体会本章中出现的这些名人演讲的语言艺术。

2. 观看或收听本章中出现的这些名人的演讲视频或演讲录音。

3. 揣摩这些名人的语录，看看哪些有一定道理，哪些没有道理？谈谈你自己的看法。

下篇　演讲欣赏

一、在葛底斯堡的演说

（美）林肯

1987年以前，我们的先辈在这个大陆上创立了一个新国家，它孕育于自由之中，奉行一切人生来平等的原则。

现在我们正从事一场伟大的内战，以考验这个国家，或者说以考验任何一个孕育于自由和奉行上述原则的国家是否能够长久存在下去。

我们在这场战争中的一个伟大战场上集会。烈士们为使这个国家能够生存下去而献出了自己的生命，我们在此集会是为了把这个战场的一部分奉献给他们作为最后安息之所。我们这样做是完全应该而且非常恰当的。

但是，从更广泛的意义上来说，这块土地我们不能够奉献，我们不能够圣化，我们不能够神化。曾在这里战斗过的勇士们，活着的和去世的，已经把这块土地神圣化了，这远不是我们微薄的力量所能增减的。

全世界将很少注意到、也不会长期地记起我们今天在这里所说的话，但全世界永远不会忘记勇士们在这里所做过的事。

毋宁说，倒是我们这些还活着的人，应该在这里把自己奉献于勇士们已经如此崇高地向前推进但尚未完成的事业。倒是我们应该在这里把自己奉献于仍然留在我们面前的伟大任务，以便使我们从这些光荣的死者身上汲取更多的献身精神，来完成那种他们已经完全彻底为之献身的事业；以便使我们在这里下定最大的决心，不让这些死者白白牺牲；以便使国家在上帝保佑下得到自由的新生，并且使这个民有、民治、民享的政府永世长存。

简析：

林肯（1809—1865年），美国第16任总统，一位卓越和罕见的政治家。《在葛底斯堡公墓落成典礼上的演说》是林肯作为国家元首应邀在烈士公墓落成典礼上的讲话。这篇不到3分钟的演讲取得了巨大成功。

伟大的演讲必须诞生于伟大的智慧和伟大的人格。林肯演讲的成功正好包含着两个方面的因素，作为一个正直的人，他恳切的言辞能够被民众信任，他智慧的表达能够被听众接受。在演讲中，林肯热情地讴歌了勇士们为自由民主而献身的精神，鼓舞活着的人完成他们未竟之事业，为民有、民治、民享的政治理想而奋斗。

当时的《斯普林菲尔德共和党人报》的评论准确地概括了林肯演讲的基本特点："总统这篇短小精悍的演说是无价之宝，感情深厚，思想集中，措词精练，字字句句都很朴实、优雅，行文完美无疵……因为它是一篇可以作为典范的演说。"

后人评论它"像一首凝练的史诗，真诚、深沉、意蕴无穷。它又像一篇庄严的宣言，深刻、厚实、力量无边。"这篇演讲辞一直是美国中学生必读的课文，牛津大学甚至把它用金字铸在校园里，足见其伟大不凡。

二、就任首相后的首次演说

（英）丘吉尔

上星期五晚上，我接受了英王陛下的委托，组织新政府。这次组阁，应包括所有的政党，既有支持上届政府的政党，也有上届政府的反对党，显而易见，这是议会和国家的希望与意愿。我已完成了此项任务中最重要的部分。战时内阁业已成立，由五位阁员组成，其中包括反对党的自由主义者，代表了举国一致的团结。三党领袖已经同意加入战时内阁，或者担任国家高级行政职务。三军指挥机构已加以充实。由于事态发展的极端紧迫感和严重性，仅仅用一天时间完成此项任务，是完全必要的。其他许多重要职位已在昨天任命。我将在今天晚上向英王陛下呈递补充名单，并希望于明日一天完成对政府主要大臣的任命。其他一些大臣的任命，虽然通常需要更多一点的时间，但是，我相信议会再次开会时，我的这项任务将告完成，而且本届政府在各方面都将是完整无缺的。

我认为，向下院建议在今天开会是符合公众利益的。议长先生同意这个建议，并根据下院决议所授予他的权力，采取了必要的步骤。今天议程结束时，建议下院休会到5月21日星期二。当然，还要附加规定，如果需要的话，可以提前复会。下周会议所要考虑的议题，将尽早通知全体议员。现在，我请求下院，根据以我的名义提出的决议案，批准已采取的各项步骤，将它记录在案，并宣布对新政府的信任。

组成一届具有这种规模和复杂性的政府，本身就是一项严肃的任务。但是大家一定要记住，我们正处在历史上一次最伟大的战争的初期阶段，我们正在挪威和荷兰的许多地方进行战斗，我们必须在地中海地区做好准备，空战仍在继续，众多的战备工作必须在国内完成。在这危急存亡之际，如果我今天没有向下院做长篇演说，我希望能够得到你们的宽恕。我还希望，因为这次政府改组而受到影响的任何朋友和同事，或者以前的同事，会对礼节上的不周之处予以充分谅解，这种礼节上的欠缺，到目前为止是在所难免的。正如我曾对参加现届政府的成员所说的那样，我要向下院说："我没有什么可以奉献的，有的只是热血、辛劳、眼泪和汗水。"

摆在我们面前的，是一场极为痛苦的严峻的考验。在我们面前，有许多漫长的斗争和苦难的岁月。你们问："我们的政策是什么?"我要说："我们的政策就是用我们全部能力，用上帝所给予我们的全部力量，在海上、陆地和空中进行战争，同一个在人类黑暗悲惨的罪恶史上所从未有过的穷凶极恶的暴政进行战争。这就是我们的政策。"你们问："我们的目标是什么?"我可以用一个词来回答："胜利——不惜一切代价，去赢得胜利；无论多么可怕，也要赢得胜利；无论道路多么遥远和艰难，也要赢得胜利。"因为没有胜利，就不能生存。大家必须认识到这一点：没有胜利，就没有英帝国的存在，就没有英帝国所代表的一切，就没有促使人类朝着自己目标奋勇前进这一世代相传的强烈欲望和动力。但是当我担起这个担子的时候，我是心情愉快、满怀希望的。我深信，人们不会听任我们的事业遭受失败。此时此刻，我觉得我有权利要求大家的支持，我要说："来吧，让我们同心协力，一道前进。"

简析：

丘吉尔（1874—1965 年），英国著名的政治家、文学家和演讲家，两度出任英国首相，还曾获得过诺贝尔文学奖。

这是丘吉尔出任首相后的首次演讲。作为就职演讲，演讲者抛弃了通常西方议会发言长篇大论和繁文缛节的恶习，以坦率、诚恳、简练的言词报告了组阁的意图和过程。作为建立个人执政形象的演讲，演讲者把个人的无私人品形象和全国同仇敌忾的战斗情绪巧妙地融汇在一起。作为面临国家存亡的战争动员演讲，演讲者成功地把自己清醒的认识和充分的自信传达给听众，激励了同胞们为保卫祖国而战的勇气和信心。本演讲既是就职演说，又是战时动员令，所以要求态度诚恳但意志坚定，所以，丘吉尔在演讲中语气是斩钉截铁的

你们问：“我们的目标是什么？”我可以用一个词来回答：“胜利——不惜一切代价，去赢得胜利。无论多么可怕，也要赢得胜利。无论道路多么遥远和艰难，也要赢得胜利。因为没有胜利，就不能生存。大家必须认识到这一点：没有胜利，就没有英帝国的存在，就没有英帝国所代表的一切，就没有促使人类朝着自己目标奋斗前进这一世代相传的强烈欲望和动力。”

整篇演讲简洁明了，气魄恢宏大度。

本文尽管篇幅简短却隽永深刻，情理交融，辞藻虽不华丽但文采斐然，激情飞扬，处处闪烁着智慧的光芒，激荡着正义的力量，彰显着道德的高尚，演绎着理想的光芒，融思想性、艺术性、战斗性于一体，成为世界演讲史上脍炙人口的经典之作。

三、我有一个梦想

（美）马丁·路德·金

我很高兴，今天能和大家一起参加这次示威游行。它必将作为美国有史以来为争取自由所举行的最伟大的示威游行而名垂青史。

100 年前，一位伟大的美国人（即美国第 16 任总统亚伯拉罕·林肯，今天我们正站立在他的灵魂的安息处）签署了《解放黑人奴隶宣言》。这条重要法令的颁发，对于一直忍受着不义与暴虐的火焰烧灼的千百万黑人奴隶，犹如带来希望之光的硕大灯塔。《宣言》似令人欢愉的黎明，即将结束种族奴役的漫漫长夜。

然而，100 年后的今天，黑人依然没有获得自由；100 年后的今天，黑人依然悲惨地蹒跚于种族隔离和种族歧视的枷锁之下；100 年后的今天，黑人依然生活在物质繁荣瀚海的贫困孤岛上；100 年后的今天，黑人依然在美国社会中向隅而泣，依然感到自己在国土家园中流离漂泊。所以，我们今天来到这里，要把这骇人听闻的情况公之于众。

就某种意义而言，我们来到国家的首都是为了兑现一张支票的。当我们共和国的缔造者们拟写《宪法》和《独立宣言》中的辉煌篇章时，就签订了一张每一个美国人都能继承的支票。这张支票向所有人承诺——无论白人，还是黑人——都享有不容剥夺的生存权、自由权和追求幸福权。

然而，今天美国显然对他的有色公民拖欠着这张支票。美国没有承担这笔神圣的债务，而是开给黑人一张空头支票——一张打着“资金不足”的印戳被退回的支票。但是，我们绝不相信正义的银行会破产，我们绝不相信这个国家巨大的机会宝库会“资金不足”。

因此，我们来兑现这张支票。这张支票将给我们以宝贵的自由和正义的保障。

我们来到这块圣地还为了提醒美国：现在正是万分紧急的时刻。现在不是从容不迫悠然行事或服用渐进主义镇静剂的时候；现在是走出幽暗荒凉的种族隔离深谷，踏上种族平等的阳光大道的时候；现在是使我们国家走出种族不平等的流沙，踏上充满手足之情的磐石的时候；现在是使上帝的所有孩子真正享有公正的时候。

忽视这一时刻的紧迫性，对于国家将会是致命的。自由平等的朗朗秋日不到来，黑人顺情合理哀怨的酷暑就不会过去。1963 年不是尾声，而是序曲。

如果国家依然我行我素，那些希望黑人只需出出气就会心满意足的人将大失所望。在黑人得到公民权之前，美国既不会安宁，也不会平静。反抗的旋风将继续震撼我们国家的基石，直至光辉灿烂的正义之日到来。

但是，对于站在通向正义之宫艰险门槛上的人们，有一些话我必须要说。在我们争取合法地位的过程中，切不要错误行事导致犯罪。我们切不要吞饮仇恨心酸的苦酒，来解除对于自由的饥渴。我们应该永远得体地、纪律严明地进行斗争。我们不该容许我们富有创造性的抗议沦为暴力行动，我们应该不断升华到用灵魂力量对付肉体力量的崇高境界。

席卷黑人社会新的奇迹般的战斗精神，不应导致我们对所有白人的不信任——因为许多白人兄弟已经认识到：他们的命运同我们的命运紧密相连，他们的自由同我们的自由休戚相关。他们今天来到这里集会就是明证。

我们不能单独行动。当我们行动时，我们必须保证勇往直前。我们不能后退。有人问热心民权运动的人：“你们什么时候会感到满意？”答案是明确的：只要黑人依然是不堪形容的警察暴行恐怖的牺牲品，我们就绝不会满意；只要我们因旅途劳顿之后却被公路旁汽车游客旅社和城市旅馆拒之门外，我们就绝不会满意；只要黑人的基本活动范围只限于从狭小的黑人居住区到较大的黑人居住区，我们就绝不会满意；只要我们的孩子被“仅供白人”的牌子剥夺个性，损毁尊严，我们就绝不会满意；只要密西西比州的黑人不能参加选举，纽约州的黑人认为他们与选举毫不相干，我们就绝不会满意。不，不，我们不会满意，直到公正似水奔流，正义如喷泉涌。

我并非没有留意到，你们有些人历尽艰难困苦来到这里。你们有些人刚刚走出狭小的牢房，有些人来自因追求自由而遭受迫害、风暴袭击和警察暴虐狂飙摧残的地区。你们饱经风霜，历尽苦难。继续努力吧，要相信：无辜受苦终得拯救。

回到密西西比去吧，回到阿拉巴马去吧，回到南卡罗来纳去吧，回到乔治亚去吧，回到路易丝安纳去吧（这是美国种族歧视最严重的 5 个州），回到我们北方城市中的贫民窟和黑人居住去吧。要知道，这种情况能够而且将会改变。我们切不要在绝望的深渊里沉沦。

朋友们，今天我要对你们说，尽管眼下困难重重，但我依然怀有一个梦，这个梦深深根植于美国梦之中。

我梦想有一天，这个国家将会奋起，实现其立国信条的真谛："我们认为这些真理不言而喻：人人生而平等。"（引自美国《独立宣言》）

我梦想有一天，在佐治亚州的红色山岗上，昔日奴隶的儿子能够同昔日奴隶主的儿子同席而坐，亲如手足。

我梦想有一天，甚至连密西西比州——一个非正义和压迫的热浪逼人的荒漠之州，也会改造成自由和公正的青青绿洲。

我梦想有一天，我的四个孩子能够生活在一个不是以皮肤的颜色，而是以他们的品格的优劣作为评判标准的国家里。

我梦想有一天，亚拉巴马州会有所改变——尽管该州州长现在仍滔滔不绝地说什么要对联邦法令提出异议和拒绝执行——在那里，黑人儿童能够与白人儿童姐妹般地携手并进。

我梦想有一天，深谷弥合，高山夷平，崎路化坦途，曲径成通衢，上帝的光华再现，普天下生灵共谒。

这就是我们的希望!这是我将带回南方去的信念！有了这个信念，我们就能从绝望之山开采希望之石；有了这个信念，我们就能将这个国家嘈杂刺耳的争吵声变为充满手足之情的悦耳交响曲；有了这个信念，我们就能一同工作，一同祈祷，一同斗争，一同入狱，一同维护自由。因为我们知道，我们终有一天会获得自由。

到了这一天，上帝的所有的孩子都能以新的含义高唱这首歌：

我的祖国，可爱的自由之邦，我为您歌唱。

这是我祖先终老的地方，这是早期移民自豪的地方。让自由之声，响彻每一座山岗。（这首为《亚美利加》的歌曲在南北战争时期广泛流行于美国北方，一度获得非正式国歌地位，直到 1931 年美国国会通过以《星条旗》作为正式国歌。）

如果美国要成为伟大的国家，这一点必须实现。因此让自由之声响彻新罕布什尔州的巍峨高峰！

让自由之声响彻纽约州的崇山峻岭！

让自由之声响彻宾夕法尼亚州的阿勒格尼高峰！

让自由之声响彻科罗拉多州冰雪皑皑的落基山！

让自由之声响彻加利福尼亚州的婀娜群峰！

不，不仅如此；让自由之声响彻佐治亚州的石山！

让自由之声响彻田纳西州的了望山！

让自由之声响彻密西西比州的一座座山峰，一个个土丘！

让自由之声响彻每一个山岗！

当我们让自由之声轰响，当我们让自由之声响彻每一个大村小庄、每一个州府城镇，我们就能加速这一天的到来。那时，上帝的所有的孩子，黑人和白人，犹太教徒和非犹太教徒，耶稣教徒和天主教徒，将能携手同唱那首古老的黑人灵歌："终于自由了！终于自由了！感谢全能的上帝，我们终于自由了！"

简析：

马丁·路德·金（1929—1968 年），美国著名的黑人民权运动领袖，基督教牧师。他领导的民权运动沉重地打击了美国的种族歧视主义者，产生了世界范围内的影响。

1963 年 3 月 28 日，马丁·路德·金在华盛顿林肯纪念堂前举行的声势浩大的示威集会上发表了这篇演讲，标志着 20 世纪黑人民权运动进入了高潮。这篇演讲的成功首先在于它的语言魅力，这些感人肺腑的诗一样的语言中包含着演讲者真挚的情感，他热烈、激越、生动，极富生命力，能够直接植入听众的心灵深处，演讲者的才华在其中发挥得淋漓尽致。演讲者的平民身份、平民的情感是演讲成功的另一个重要因素，演讲者将这些深沉的情感亲切而真诚地传达给听众，收到了极好的效果。在修辞的使用上，演讲者大量使用比喻、排比、象征等，尤其是排比的使用，更是增强了语言的气势，形成了一层层推波助澜的壮观情景，气势如大河奔流，将作者的理想一步步深化，最后形成一股强大的情感洪流，冲击着每一个听众的灵魂。演讲结束后，该演讲被美国各大报刊争相转载，并被人们公认为是演讲史上的经典之作。

四、一个遗臭万年的日子

（美）罗斯福

昨天，1941 年 12 月 7 日——一个遗臭万年的日子——美利坚合众国遭到了日本帝国海空军部队突然和蓄谋的进攻。

合众国当时同该国处于和平状态，而且，根据日本的请求，当时仍在同该国政府和该国天皇进行着对话，对于维持太平洋的和平有所期待。实际上，就在日本空军中队已经开始轰炸美国瓦胡岛之后一小时，日本驻合众国大使及其同事还向我们国务卿提交了对美国最近致日方的信函的正式答复。虽然复函声言继续现行外交谈判似已无用，但它并未包含有关战争或武装进攻的威胁或暗示。

应该记录在案的是：由于夏威夷同日本的距离，这次进攻显然是许多天乃至若干星期以前就已蓄意进行了策划的。在策划过程之中，日本政府通过虚伪的声明和表示希望维系和平而蓄意对合众国进行了欺骗。

昨天对夏威夷群岛的进攻，给美国海陆军部队造成了严重的损害，我遗憾地告诉各位，很多美国人丧失了生命。此外，据报，美国船只在旧金山和火奴鲁鲁（檀香山）之间的公海上也遭到了鱼雷袭击。

昨天，日本政府已发动了对马来西亚的进攻。

昨夜，日本军队进攻了香港。

昨夜，日本军队进攻了关岛。

昨夜，日本军队进攻了菲律宾群岛。

昨夜，日本人进攻了威克岛。

今晨，日本人进攻了中途岛。

因此，日本在整个太平洋区域采取了突然的攻势。昨天和今天的事实不言自明。合众国的人民已经形成了自己的见解，并且十分清楚这关系到我们国家的安全和生存的本身。

作为海陆军总司令，我已指示，为了防务，我们采取一切措施。

但是，我们整个国家都将永远记住这次对于我们进攻的性质。

不论要用多长的时间才能战胜这次预谋的入侵，美国人民以自己的正义力量一定要赢得绝对的胜利。

我现在断言，我们不仅要做出最大的努力来保卫我们自己，我们还将确保这种形式的背信弃义永远不会再危及我们。我这样说，相信是表达了国会和人民的意志。

敌对的行动已经存在。毋庸讳言，我国人民，我国领土和我国利益都处于严重危险之中。

信赖我们的武装部队——依靠我国人民的坚定信心——我们将取得必然的胜利——上帝助我。

我要求国会宣布：自1941年12月7日——星期日日本进行无缘无故和卑鄙怯懦的进攻时起，合众国和日本之间已处于战争状态。

简析：

富兰克林·德拉诺·罗斯福（1882—1945），著名政治家，美国第32任总统。生于纽约，毕业于哈佛大学。曾当过律师。1945年打破美国总统不能连任四届的传统，再次竞选成功，成为美国历史上任期最长的总统，但于任期内病逝。

1941年12月7日，日本偷袭珍珠港，宣告太平洋战争爆发。罗斯福即日便赶赴国会，以无比的义愤在参、众两院联席会议上发表了这篇著名的演讲。本演讲的特点在于：一、结构严谨，环环相扣。演讲首先开门见山，以确凿的事实揭露日军“突然和蓄谋”发动战争的罪行。接着通报了日军在整个太平洋区域所采取的一系列突然的攻势，说明美国的安全和生存本身正面临严重危险。最后，鲜明地表示坚决抗击的态度和不可动摇的决心，郑重地要求国会宣布“合众国和日本之间已处于战争状态”。整个演讲结构紧凑，直贯而下，一气呵成。二、语言准确，简练有力。尤其是一组排比句将日本军队两天内的所作所为列举出来，让人们认识到日本军国主义势力的猖狂，认识到美国所面临的危险，从而激发大家同仇敌忾的勇气，鼓舞大家一起对付日本帝国主义。这一组排比句加强了语气，感染了听众，激发了斗志。因此，这也是一篇义正词严、慷慨激昂的战斗动员令，具有很强的鼓动性、号召力、感染力和说服力。整篇演讲历时不到7分钟，不断地被听众的掌声所打断。最后，国会仅用32分钟就通过了罗斯福的对日宣战的要求。

五、假如给我三天光明

（美）海伦·凯勒

我们谁都知道自己难免一死。但是这一天的到来，似乎遥遥无期。当然，人们要是健康无恙，谁又会想到它，谁又会整日惦记着它。于是便饱食终日无所事事。

有时我想，要是人们把活着的每一天都看作是生命的最后一天该有多好啊！这就更能显出生命的价值。如果认为岁月还相当漫长，我们的每一天就不会过得那样有意义有朝气，我们对生活就不会总是充满热情。

我们对待生命如此倦怠，在对待自己的各种天赋及使自己的器官上又何尝不是如此？只有那些瞎了的人才更加珍惜光明，那些成年后失明失聪的人更是如此。然而，那些耳聪目明的正常人却从来不好好利用他们的这些天赋。人们视而不见，充耳不闻，无任何鉴赏之心。事情往往就是这样，只有失去了东西，人们才会留恋它，人得了病才想到健康的幸福。

我有过这样的想法，如果让每一个人在他成年后的某个阶段瞎上几天、聋上几天该有多好，黑暗将使他们更加珍惜光明，寂静将使他们真正领略到喧哗的欢乐。

最近一个朋友来看我，他刚从林中散步回来。我问他看到了些什么，他说没有什么特别的东西。要不是我早就习惯了这样的回答，我真会大吃一惊。我终于领会到了这样一个道理，明眼人往往熟视无睹。

我多么渴望看看这个世上的一切。如果说凭我的触觉能得到如此大的乐趣，那么能让我亲眼目睹一下该有多好。奇怪的是明眼人对这一切却如此淡漠！那点缀世界的五彩缤纷和千姿百态在他们看来是那么平庸。也许人就是这样，有了的东西不知道欣赏，没有的东西又一味追求。在明眼人的世上，视力这种天赋不过增添一点方便罢了，并没有赋予他们的生活更多的意义。

假如我是一位大学校长，我要设一门必修课——“如何使用你的眼睛”。教授应该让他的学生知道，看清他们面前一闪而过的东西会给他们的生活带来多大的乐趣，从而唤醒人们那麻木、呆滞的心灵。

请你思考一下这个问题：假如你只有三天光明，你将如何使用你的眼睛？想到三天之后，太阳再也不会在你的眼前升起，你又将如何度过那宝贵的三日？你又会让你的眼睛停留在何处？

简析：

海伦·凯勒（Helen Keller）（1880—1968），是美国20世纪著名的盲聋女作家和演讲者，她凭借坚强的意志考入哈佛大学的拉德克里夫学院，成为世界上第一个完成大学教育的盲聋人，曾入选美国《时代周刊》评选的“人类十大偶像”之一，被授予“总统自由奖章”。

海伦·凯勒创造这一奇迹，全靠一颗不屈不挠的心。海伦接受了生命的挑战，用爱心去拥抱世界，以惊人的毅力面对困境，终于在黑暗中找到了人生的光明面，最后又把慈爱的双手伸向全世界。

本文所选《假如给我三天光明》是原著的简编版本，原著《假如给我三天光明》是海伦·凯勒的散文代表作，她以一个身残志坚的柔弱女子的视角，告诫身体健全的人们应珍惜生命，珍惜造物主赐予的一切。

六、反对党八股

毛泽东

现在来分析一下党八股的坏处在什么地方。我们也仿照八股文章的笔法来一个“八股”，以毒攻毒，就叫做八大罪状吧。

党八股的第一条罪状是：空话连篇，言之无物。我们有些同志欢喜写长文章，但是没有什么内容，真是“懒婆娘的裹脚，又长又臭”。为什么一定要写得那么长，又那么空空洞洞的呢？只有一种解释，就是下决心不要群众看。因为长而且空，群众见了就摇头，哪里还肯看下去呢？只好去欺负幼稚的人，在他们中间散布坏影响，造成坏习惯。去年六月二十二日，苏联进行那么大的反侵略战争，斯大林在七月三日发表了一篇演说，还只有我们《解放日报》一篇社论那样长。要是我们的老爷写起来，那就不得了，起码得有几万字。现在是在战争的时期，我们应该研究一下文章怎样写得短些，写得精粹些。延安虽然还没有战争，但军队天天在前方打仗，后方也唤工作忙，文章太长了，有谁来看呢？有些同志在前方也喜欢写长报告。他们辛辛苦苦地写了，送来了，其目的是要我们看的。可是怎么敢看呢？长而空不好，短而空就好吗？也不好。我们应当禁绝一切空话。但是主要的和首先的任务，是把那些又长又臭的懒婆娘的裹脚，赶快扔到垃圾桶里去。或者有人要说：《资本论》不是很长的吗？那又怎么办？这是好办的，看下去就是了。俗话说：“到什么山上唱什么歌。”又说：“看菜吃饭，量体裁衣。”我们无论做什么事都要看情形办理，文章和演说也是这样。我们反对的是空话连篇言之无物的八股调，不是说任何东西都以短为好。战争时期固然需要短文章，但尤其需要有内容的文章。最不应该、最要反对的是言之无物的文章。演说也是一样，空话连篇言之无物的演说，是必须停止的。

党八股的第二条罪状是：装腔作势，借以吓人。有些党八股，不只是空话连篇，而且装样子故意吓人，这里面包含着很坏的毒素。空话连篇，言之无物，还可以说是幼稚；装腔作势，借以吓人，则不但是幼稚，简直是无赖了。鲁迅曾经批评过这种人，他说：“辱骂和恐吓决不是战斗。”科学的东西，随便什么时候都是不怕人家批评的，因为科学是真理，决不怕人家驳。主观主义和宗派主义的东西，表现在党八股式的文章和演说里面，却生怕人家驳，非常胆怯，于是就靠装样子吓人；以为这一吓，人家就会闭口，自己就可以“得胜回朝”了。这种装腔作势的东西，不能反映真理，而是妨害真理的。凡真理都不装样子吓人，它只是老老实实地说下去和做下去。无论对什么人，装腔作势借以吓人的方法，都是要不得的。因为这种吓人战术，对敌人是毫无用处，对同志只有损害。这种吓人战术，是剥削阶级以及流氓无产者所惯用的手段，无产阶级不需要这类手段。无产阶级的最尖锐最有效的武器只有一个，那就是严肃的战斗的科学态度。共产党不靠吓人吃饭，而是靠马克思列宁主义的真理吃饭，靠实事求是吃饭，靠科学吃饭。至于以装腔作势来达到名誉和地位的目的，那更是卑劣的念头，不待说的了。总之，任何机关做决定，发指示，任何同志写文章，做演说，一概要靠马克思列宁主义的真理，要靠有用。只有靠了这个才能争取革命胜利，其他都是无益的。

党八股的第三条罪状是：无的放矢，不看对象。早几年，在延安城墙上，曾经看见过这样一个标语："工人农民联合起来争取抗日胜利。"这个标语的意思并不坏，可是那工人的工字第二笔不是写的一直，而是转了两个弯子，写成了"一ㄣ一"字。人字呢？在右边一笔加了三撇，写成了"[人彡]"字。这位同志是古代文人学士的学生是无疑的了，可是他却要写在抗日时期延安这地方的墙壁上，就有些莫名其妙了。大概他的意思也是发誓不要老百姓看，否则就很难得到解释。共产党员如果真想做宣传，就要看对象，就要想一想自己的文章、演说、谈话、写字是给什么人看、给什么人听的，否则就等于下决心不要人看，不要人听。许多人常常以为自己写的讲的人家都看得很懂，听得很懂，其实完全不是那么一回事，因为他写的和讲的是党八股，人家哪里会懂呢？"对牛弹琴"这句话，含有讥笑对象的意思。如果我们除去这个意思，放进尊重对象的意思去，那就只剩下讥笑弹琴者这个意思了。为什么不看对象乱弹一顿呢？何况这是党八股，简直是老鸦声调，却偏要向人民群众哇哇地叫。射箭要看靶子，弹琴要看听众，写文章做演说倒可以不看读者不看听众吗？我们和无论什么人做朋友，如果不懂得彼此的心，不知道彼此心里面想些什么东西，能够做成知心朋友吗？做宣传工作的人，对于自己的宣传对象没有调查，没有研究，没有分析，乱讲一顿，是万万不行的。

党八股的第四条罪状是：语言无味，像个瘪三。上海人叫小瘪三的那批角色，也很像我们的党八股，干瘪得很，样子十分难看。如果一篇文章，一个演说，颠来倒去，总是那几个名词，一套"学生腔"，没有一点生动活泼的语言，这岂不是语言无味，面目可憎，像个瘪三吗？一个人七岁入小学，十几岁入中学，二十多岁在大学毕业，没有和人民群众接触过，语言不丰富，单纯得很，那是难怪的。但我们是革命党，是为群众办事的，如果也不学群众的语言，那就办不好。现在我们有许多做宣传工作的同志，也不学语言。他们的宣传，乏味得很；他们的文章，就没有多少人欢喜看；他们的演说，也没有多少人欢喜听。为什么语言要学，并且要用很大的气力去学呢？因为语言这东西，不是随便可以学好的，非下苦功不可。第一，要向人民群众学习语言。人民的语汇是很丰富的，生动活泼的，表现实际生活的。我们很多人没有学好语言，所以我们在写文章做演说时没有几句生动活泼切实有力的话，只有死板板的几条筋，像瘪三一样，瘦得难看，不像一个健康的人。第二，要从外国语言中吸收我们所需要的成分。我们不是硬搬或滥用外国语言，是要吸收外国语言中的好东西，于我们适用的东西。因为中国原有语汇不够用，现在我们的语汇中就有很多是从外国吸收来的。例如今天开的干部大会，这"干部"两个字，就是从外国学来的。我们还要多多吸收外国的新鲜东西，不但要吸收他们的进步道理，而且要吸收他们的新鲜用语。第三，我们还要学习古人语言中有生命的东西。由于我们没有努力学习语言，古人语言中的许多还有生气的东西我们就没有充分地合理地利用。当然我们坚决反对去用已经死了的语汇和典故，这是确定了的，但是好的仍然有用的东西还是应该继承。现在中党八股毒太深的人，对于民间的、外国的、古人的语言中有用的东西，不肯下苦功去学，因此，群众就不欢迎他们枯燥无味的宣传，我们也不需要这样蹩脚的不中用的宣传家。什么是宣传家？不但教员是宣传家，新闻记者是宣传家，文艺作者是宣传家，我们的一切工作干部也都是宣传家。比如军事指挥员，他们并不对外发宣言，但是他们要和士兵讲话，要和人民接洽，这不是宣传是什么？一个人只要他对别人讲话，他就是在做宣传工作。只要他不是哑巴，他就总有几句话要讲的。所以我们的同志都非学习语言不可。

党八股的第五条罪状是：甲乙丙丁，开中药铺。你们去看一看中药铺，那里的药柜子上有许多抽屉格子，每个格子上面贴着药名，当归、熟地、大黄、芒硝，应有尽有。这个方法，也被我们的同志学到了。写文章，做演说，著书，写报告，第一是大壹贰叁肆，第二是小一二三四，第三是甲乙丙丁，第四是子丑寅卯，还有大ABCD，小abcd，还有阿拉伯数字，多得很！幸亏古人和外国人替我们造好了这许多符号，使我们开起中药铺来毫不费力。一篇文章充满了这些符号，不提出问题，不分析问题，不解决问题，不表示赞成什么，反对什么，说来说去还是一个中药铺，没有什么真切的内容。我不是说甲乙丙丁等字不能用，而是说那种对待问题的方法不对。现在许多同志津津有味于这个开中药铺的方法，实在是一种最低级、最幼稚、最庸俗的方法。这种方法就是形式主义的方法，是按照事物的外部标志来分类，不是按照事物的内部联系来分类的。单单按照事物的外部标志，使用一大堆互相没有内部联系的概念，排列成一篇文章、一篇演说或一个报告，这种办法，他自己是在做概念的游戏，也会引导人家都做这类游戏，使人不用脑筋想问题，不去思考事物的本质，而满足于甲乙丙丁的现象罗列。什么叫问题？问题就是事物的矛盾。哪里有没有解决的矛盾，哪里就有问题。既有问题，你总得赞成一方面，反对另一方面，你就得把问题提出来。提出问题，首先就要对于问题即矛盾的两个基本方面加以大略的调查和研究，才能懂得矛盾的性质是什么，这就是发现问题的过程。大略的调查和研究可以发现问题，提出问题，但是还不能解决问题。要解决问题，还须作系统的周密的调查工作和研究工作，这就是分析的过程。提出问题也要用分析，不然，对着模糊杂乱的一大堆事物的现象，你就不能知道问题即矛盾的所在。这里所讲的分析过程，是指系统的周密的分析过程。常常问题是提出了，但还不能解决，就是因为还没有暴露事物的内部联系，就是因为还没有经过这种系统的周密的分析过程，因而问题的面貌还不明晰，还不能做综合工作，也就不能好好地解决问题。一篇文章或一篇演说，如果是重要的带指导性质的，总得要提出一个什么问题，接着加以分析，然后综合起来，指明问题的性质，给以解决的办法，这样，就不是形式主义的方法所能济事。因为这种幼稚的、低级的、庸俗的、不用脑筋的形式主义的方法，在我们党内很流行，所以必须揭破它，才能使大家学会应用马克思主义的方法去观察问题、提出问题、分析问题和解决问题，我们所办的事才能办好，我们的革命事业才能胜利。

党八股的第六条罪状是：不负责任，到处害人。上面所说的那些，一方面是由于幼稚而来，另一方面也是由于责任心不足而来的。拿洗脸作比方，我们每天都要洗脸，许多人并且不止洗一次，洗完之后还要拿镜子照一照，要调查研究一番，（大笑）生怕有什么不妥当的地方。你们看，这是何等地有责任心呀！我们写文章，做演说，只要像洗脸这样负责，就差不多了。拿不出来的东西就不要拿出来。须知这是要去影响别人的思想和行动的啊！一个人偶然一天两天不洗脸，固然也不好，洗后脸上还留着一个两个黑点，固然也不雅观，但倒并没有什么大危险。写文章做演说就不同了，这是专为影响人的，我们的同志反而随随便便，这就叫做轻重倒置。许多人写文章，做演说，可以不要预先研究，不要预先准备；文章写好之后，也不多看几遍，像洗脸之后再照照镜子一样，就马马虎虎地发表出去。其结果，往往是“下笔千言，离题万里”，仿佛像个才子，实则到处害人。这种责任心薄弱的坏习惯，必须改正才好。

第七条罪状是：流毒全党，妨害革命。

第八条罪状是：传播出去，祸国殃民。

这两条意义自明，无须多说。这就是说，党八股如不改革，如果听其发展下去，其结果之严重，可以闹到很坏的地步。党八股里面藏的是主观主义、宗派主义的毒物，这个毒物传播出去，是要害党害国的。

上面这八条，就是我们申讨党八股的檄文。

简析：

《反对党八股》是毛泽东同志在1942年延安整风时期发表的重要文章之一。

认真阅读这篇文献，有助于我们认清弊端，增强改进文风的自觉性。眼下，文风问题特别是“长、空、假”现象，危害甚烈。《反对党八股》中所列举的空话连篇，言之无物；装腔作势，借以吓人；无的放矢，不看对象；语言无味，像个瘪三；甲乙丙丁，开中药铺等八条罪状，在现实生活中都能找到它的影子。比如，有的领导干部讲话、作报告，喜欢长篇大论，喜欢开长会。有的领导机关发文件、领导干部写文章，洋洋洒洒，动辄五六千言，甚至上万言。群众讥之为“不紧不慢的会议，不急不躁的报告，不咸不淡的讲话，不痛不痒的文章”；“干部听了理不清，群众听了耳旁风，基层看了搞不通”。也正如毛泽东在文中所批评的那样：“往往是‘下笔千言，离题万里’，仿佛像个才子，实则到处害人。”此风不除，则繁文缛节盛行，飘浮作风蔓延，工作效率低下。因此，认真学习《反对党八股》，对于认清眼下文风方面的弊端，下决心改进文风，转变作风，坚持实事求是的思想路线，倡导务实精神，提高工作效率，密切党和群众的联系，大有裨益。

认真阅读这篇文献，有助于我们学习借鉴，提高说话和写文章的本领，对于我们深入实际，深入生活，学习群众语言，提高说话和写文章的能力，有着很强的现实针对性。仅就学习语言而论，毛泽东在文章中提出：第一，要向人民群众学习语言。第二，要从外国语言中吸收我们所需要的成分。第三，要学习古人语言中有生命的东西。这些要求，仍是我们党员干部改进文风的最好借鉴。

认真阅读《反对党八股》的过程，也是向毛泽东学习讲话和写文章的过程。毛泽东不仅是领导中国革命胜利的伟大的马克思主义者，也是全党公认的演讲、写文章的大师和高手。《反对党八股》不仅观点鲜明、笔锋犀利，而且生动活泼、幽默风趣。比如，“拖着一条小资产阶级的尾巴进党来”，“甲乙丙丁，开中药铺”，像上海的“瘪三”，“懒婆娘的裹脚，又长又臭”，“老鼠过街，人人喊打”；“到什么山上唱什么歌”，“看菜吃饭，量体裁衣”等形象比喻。这些群众语言的活用，都给人留下深刻印象。还有，文章中举的斯大林发表精短演讲、列宁深入调查做宣传等例子，“对牛弹琴”、“以毒攻毒”等成语的运用，“废止——提倡、少唱——多唱、休息——起床”的鲜明对比，都彰显了毛泽东高超的语言艺术和娴熟的文章技巧。若能认真研读，仔细揣摩，当会获益匪浅。

“工欲善其事，必先利其器”。我们党改进文风、转变作风的实践证明，《反对党八股》是我们改进文风的锐利思想武器。党员干部特别是领导干部，都应当认真阅读这篇文献，掌握其精神实质和端正文风的方法，发扬马克思主义文风，纠正不良文风，努力使我们的文风和作风更受群众欢迎，工作更富有成效。

青年学生和青年干部更要从现在做起，从自身做起，改变不良的会风文风。

七、在宿迁全市干部大会上的告别演讲

仇和

这次组织上安排我到省里工作，我坚决拥护中央和省委的决定。因为我深深地知道，个人的命运是由国家、民族和人民的命运所决定的，个人的作用只有依附、融合于党和人民事业的发展中才能得以发挥。我个人工作的变动，这不仅是中央和省委对我的培养、信任和关怀，更重要的是它体现了中央、省委对宿迁工作的肯定、对宿迁领导班子的肯定、对宿迁干部队伍的肯定，体现了中央、省委对宿迁事业的高度重视、大力支持和关心厚爱。

物换星移十载逝，两河两湖情悠悠。1996 年 8 月 11 日，我从省级机关来到宿迁，参与地级宿迁市的筹建，转眼已和同志们朝夕相处了 9 年零 8 个多月的时间。伴随着离别日子的一天天临近，我的心情也越来越难以平静。连日来，宿迁的山山水水，宿迁的父老乡亲，宿迁的广大干部和一起奋斗的事业，时刻萦绕在我心头、浮现在我眼前，一幅幅画卷、一幕幕场景，是那么的清晰，那么的难忘，那么的令我眷恋。这十年，对宿迁来说，是得到中央和省委、省政府机遇垂青、倍加呵护、倾力扶持的十年，是得到外界高度关注、评论议论、终成共识的十年，是经过顽强打拼、摆脱窘境、奠定基础、加速崛起的十年。十年中，我先后在市、县两级主要领导岗位上工作。如果说工作上取得了一些成绩，这主要归功于中央和省委、省政府的正确领导，归功于前任市委书记徐守盛、市长刘学东、佘义和等老领导、老同志打下的良好基础，归功于与我合作共事的领导班子全体成员的紧密配合，归功于全市广大干部和 526 万宿迁人民的大力支持。借此机会，我向长期以来关心、支持、理解、信任和帮助过我的各级领导、离退休老同志、驻宿部队、公安干警、武警官兵、各民主党派、工商联、社会各界人士和宿迁的父老乡亲及外埠宿迁老乡，表示崇高的敬意和衷心的感谢！

在宿迁工作的十年时间里，我由衷地感谢中央和省委、省政府的深切关怀。宿迁作为新组建的地级市，农业、农村、农民比重最大，工业化、城市化、市场化比例最低，作为区域政治、经济、文化和社会事业发展载体的中心城市，建设处于零基础、零起点、零起步，具有特殊的市情、特殊的区位、特殊的地位和特定的发展阶段，是沿海发达省份的欠发达市份，经济发达地区的不发达区域。十年来，每当我们处在关键时期，中央和省委、省政府都及时给我们指明前进的方向，创造宽松的环境，并赋予特殊的扶持政策；每当我们取得成绩时，省委、省政府总是从多方面给予肯定、鼓励和鞭策，寄予殷切的期望；每当我们遇到挫折时，省委、省政府都给予悉心指导、大力支持，为我们撑

腰壮胆，帮我们越过障碍；每当我们遇到困难时，省级机关和苏州等十二个兄弟市都高度关注、无私援助，帮助我们战胜困难、渡过难关。所有这一切，不仅是对宿迁工作的支持，也是对我个人的厚爱，我会永远铭记心头，永久为之感动。

在宿迁工作的十年时间里，我真诚地感谢全市广大干部的鼎力支持。这十年，是我人生中难忘的一段岁月，是我事业中宝贵的一段经历，是我工作中愉快的一段光阴。宿迁的干部有很高的政治觉悟和执政水平，是一支讲政治、顾大局、能干事、会干事、干成事的好队伍。他们平凡而伟大，是宿迁发展和进步的脊梁。十年来，我们每一项决策的形成，每一项工作的顺利推进，都体现着领导班子全体成员的团结协作，凝聚着广大干部的共同努力，承载着老领导、老同志的传、帮、带。十年来，我与广大干部从不相识到相识、相知、相勉，大家朝夕相处，同甘共苦，风雨同舟，为着宿迁的发展、人民的幸福，一起担负责任、承受压力，一起殚精竭虑、用力使劲，一起加班熬夜、通宵达旦，一起分享喜悦、庆祝成功。共同的事业、共同的目标和共同的奋斗，使我们成为很好的同志、同事和朋友，这种情谊将是我一生中最为宝贵的财富，这种志同道合的同志之情比手足之情要珍贵得多，这种真诚质朴的同志之谊比金兰之义要高尚得多。我将备加珍视并永远记住在宿迁工作的这段美好时光，倍加珍视并永远记住各位同志的支持帮助，倍加珍视并永远记住与宿迁同事结下的深情厚谊。

在宿迁工作的十年时间里，我深深地感谢宿迁人民的倾情奉献。天下者天下人的天下，宿迁者宿迁人的宿迁。宿迁历史悠久、文化灿烂、风光秀美；宿迁人民勤劳智慧、朴实善良、吃苦耐劳。这是一个令人向往，也令人留恋的好地方。我在宿迁工作近十年，深情地爱上了这片土地，我儿子在宿迁读书近六年，留下了浓浓的宿迁口音，我爱人在宿迁工作及退休近五年，深沉地眷恋着她的同事，我们赡养的三位高龄老人在宿迁生活近四年，她们执着地喜欢宿迁的宁静，更有我永久助养的六位宿迁孤儿使我们不能割舍宿迁情结，我的全家已经融入宿迁，已经成为真正的宿迁人！十年来，同呼吸、共命运的经历，已经把我和宿迁人民紧紧地连在了一起。回首往事，不论是改革开放还是经济发展，不论是交通会战还是城镇建设，不论是顺利之时还是困境之中，广大的宿迁人民，始终以坚韧不拔的意志克难制胜，始终以勇于创新的品质开拓进取，始终以无私忘我的精神顾全大局。他们不仅以自己的汗水浇灌着这块土地，还在需要的时候舍小家、顾大家，凝聚成万众一心的合力。所有这些都深深地感染了我、熏陶了我、教育了我。是他们，赋予了我科学决策的智慧；是他们，支撑着我挺过了人生中最艰难的岁月；是他们，帮助我度过了一生中最难忘的时光；是他们，给了我工作的激情和创新的冲动。只要想起这些，我就会有使不完的干劲，累不垮的精神，干不厌的工作，折不挠的毅力。在这十年中，就我个人来说，有过痛苦、劳累、茫然和等待，但更多的是欢乐、轻松、自信和坚定，这是宿迁人民使然，是宿迁人民赐予的。宿迁人民的殷殷深情已经融入我的血脉之中，使我更加清醒地认识到肩上的重任，也必将成为我今后为党和人民更好工作的力量源泉。

十年，对于宇宙变迁是不值计量的，对于世界变化是长河一瞬，对于经济发展是弹指一挥间，对于社会进步是过眼云烟。但对于我个人来说，却是不短的人生履历、社会阅历、政治经历。我本来自农村，出身农民，是组织的培养和信任，是宿迁人民的理解和支持，是许多老领导、老同志、老同事甘为人梯、甘当铺路石，使我走上了重要领导岗位。我经常提醒并告诫自己，一地政权，一域发展，一方稳定，百万百姓，责任重如泰山，不可有丝毫懈怠。回首这段岁月，感到欣慰的是，我没有虚度光阴，在宿迁这块充满活力和希望的土地上，倾注了我全部的追求和心血，融入了所有的甘苦与忧乐；回首这段岁月，虽然付出超常的辛劳和汗水，尽管已眉梢添雪、风霜日重，但我心甘情愿、无怨无悔；回首这段岁月，虽然也曾经历过坎坷和曲折，也曾遭遇意想不到的艰难和险阻，但我从未有过丝毫的懈怠和退却。十年来，我时刻铭记组织的重托、人民的期盼，尽心、尽力、尽责，试图以行动报答党和人民的哺育之恩和舐犊之情。但是，由于能力和水平有限，尽管本人在主观上作出了很大的努力，仍然还有许多没有做好的事，存在着一些解决得不及时、不妥当的问题，留下了一些不足与遗憾。我觉得，如果我在学习上再刻苦一些，决策水平和工作质量或许会更高一些；如果我在工作中能更深入一些、接触群众更广泛一些，考虑的问题或许会更全面一些；如果我的性格再温和一些、领导艺术再讲究一些，或许就会避免因工作苛求太多、批评人较多而伤害少数同志的感情，造成个别同志的误解的情况。虽然过去的一切不能让我们假设，我们也不能挽留住岁月，却可以挽留住岁月留给我们的借鉴和启示、激励和鞭策，以便我把今后的工作做得更好。今天也借此机会，向十年来因我个人主观原因而留给宿迁的遗憾，留给同志们的抱怨，向大家表示深深的歉意！

人事有代谢，往来成古今。建市以来，中央和省委、省政府对宿迁工作十分关心，特别是对宿迁的领导班子建设一直十分重视，不仅先后从宿迁选拔了两名省级国家工作人员，而且总是从宿迁的实际出发，为宿迁选拔了一批又一批素质优良的领导干部，配备了一届又一届坚强有力的领导班子。这次，书记、市长人选都在宿迁市级领导班子成员中产生，再次体现了省委对宿迁工作的充分肯定，对宿迁干部的关怀厚爱，对宿迁地区发展的高度重视。新实同志、瑞林同志的情况，冯书记已作了详细介绍，他们都是与我长期友好和谐共事的同事，都是组织上长期考验的优秀领导干部，都为宿迁的改革发展作出过重要贡献，深受宿迁广大干部群众的拥护和敬重。我相信，由新实同志主持市委工作，由瑞林同志主持市政府工作，一定会比我做得更好，一定能够继往开来，不断谱写宿迁新的篇章，再创宿迁新的辉煌。

在学校读书时，我就一直喜欢艾青先生的诗句："为什么我的眼里常含泪水？因为我对这土地爱得深沉……"今天，在这里，我和同志们、同事们深情告别，和宿迁人民深情告别，和这方热土深情告别，我更读懂了它所蕴涵的深情！今后，无论我走到哪里，宿迁，这块给我太多感动和真诚的土地，我都会永远回忆和珍藏。宿迁的每一步发展，我都会关心、支持；宿迁的每一点变化，我都会为之高兴、喜悦；宿迁的每一个胜利与成功，也都会带给我无穷的动力和无限的鼓舞。

最后，让我由衷地说上三句话：

我衷心地感谢宿迁人民！

我深深地眷恋宿迁这块热土！

我真诚地祝愿宿迁的明天更美好！

简析：

仇和，汉族，1957年1月生，江苏滨海人，现任云南省委常委、昆明市委书记。1996年至2006年在江苏省宿迁任职。本文是仇和离开宿迁时作的一次告别演说。

通读全文，我们觉得这哪里是一个领导干部的讲话，这分明就是作家笔下的优美的诗歌、散文，是画家笔下的美丽画卷。据报道，当时在场的许多人都是眼含热泪听完了这个讲话。没有刻意的雕饰，更没有什么大话、套话，有的是心与心的真诚的交融，是朋友的促膝谈心，是战友的离别道白，是感情的倾泻和升华。这样的讲话，令听众不自觉地回首往事并与之产生共鸣，不失为告别演讲中的上乘之作。

八、在华中科技大学毕业典礼大会上的致辞

李培根

亲爱的2010届毕业生同学们：

你们好！

首先，为你们完成学业并即将踏上新的征途送上最美好的祝愿。

同学们，在华中大的这几年里，你们一定有很多珍贵的记忆！

你们真幸运，国家的盛世如此集中相伴在你们大学的记忆中。2008奥运留下的记忆，不仅是金牌数的第一，不仅是开幕式的华丽，更是中华文化的魅力和民族向心力的显示；六十年大庆留下的记忆，不仅是领袖的挥手，不仅是自主研制的先进武器，不仅是女兵的微笑，不仅是队伍的威武整齐，更是改革开放的历史和旗帜的威力；世博会留下的记忆，不仅是世博之夜水火相容的神奇，不仅是中国馆的宏伟，不仅是异国场馆的浪漫，更是中华的崛起，世界的惊异；你们一定记得某国总统的傲慢与无礼，你们也让他记忆了你们的不屑与蔑视；同学们，伴随着你们大学记忆的一定还有什锦八宝饭；还有一个G2的新词，它将永远成为世界新的记忆。

近几年，国家频发的灾难一定给你们留下深刻的记忆。汶川的颤抖，没能抖落中国人民的坚强与刚毅；玉树的摇动，没能撼动汉藏人民的齐心与合力。留给你们记忆的不仅是大悲的哭泣，更是大爱的洗礼；西南的干旱或许使你们一样感受渴与饥，留给你们记忆的，不仅是大地的喘息，更是自然需要和谐、发展需要科学的道理。

在华中大的这几年，你们会留下一生中特殊的记忆。你一定记得刚进大学的那几分稚气，父母亲人送你报到时的情景历历；你或许记得“考前突击而带着忐忑不安的心情走向考场时的悲壮”，你也会记得取得好成绩时的欣喜；你或许记得这所并无悠久历史的学校不断追求卓越的故事；你或许记得裘法祖院士所代表的同济传奇以及大师离去时同济校园中弥漫的悲痛与凝重气息；你或许记得人文素质讲堂的拥挤，也记得在社团中的奔放与随意；你一定记得骑车登上“绝望坡”的喘息与快意；你也许记得青年园中令你陶醉的发香和桂香，眼睛湖畔令你流连忘返的圣洁或妖娆；你或许“记得向喜欢的女孩表白被拒时内心的煎熬”，也一定记得那初吻时的如醉如痴。可是，你是否还记得强磁场和光电国家实验室的建立？是否记得创新研究院和启明学院的耸起？是否记得为

你们领航的党旗？是否记得人文讲坛上精神矍铄的先生叔子（该校前校长杨叔子院士）？是否记得倾听你们诉说的在线的“张妈妈”？是否记得告诉你们捡起路上树枝的刘玉老师？是否记得应立新老师为你们修改过的简历，但愿它能成为你们进入职场的最初记忆。同学们，华中大校园里，太多的人和事需要你们记忆。

请相信我，日后你们或许会改变今天的某些记忆。瑜园的梧桐，年年飞絮成“雨”，今天或许让你觉得如淫雨霏霏，使你心情烦躁、郁闷。日后，你会觉得如果没有梧桐之“雨”，瑜园将缺少滋润，若没有梧桐的遮盖，华中大似乎缺少前辈的庇荫，更少了历史的沉积。你们一定还记得，学校的排名下降使你们生气，未来或许你会觉得“不为排名所累”更体现华中大的自信与定力。

我知道，你们还有一些特别的记忆。你们一定记住了“俯卧撑”、“躲猫猫”、“喝开水”，从热闹和愚蠢中，你们记忆了正义；你们记住了“打酱油”和“妈妈喊你回家吃饭”，从麻木和好笑中，你们记忆了责任和良知；你们一定记住了姐的狂放，哥的犀利。未来有一天，或许当年的记忆会让你们问自己，曾经是姐的娱乐，还是哥的寂寞？

亲爱的同学们，你们在华中大的几年给我留下了永恒的记忆。我记得你们为烈士寻亲千里，记得你们在公德长征路上的经历；我记得你们在各种社团的骄人成绩；我记得你们时而感到“无语”时而表现的焦虑，记得你们为中国的“常青藤”学校中无华中大一席而灰心丧气；我记得某些同学为“学位门”、为光谷同济医院的选址而愤激；我记得你们曾经对我的呼喊：“根叔，你为我们做成了什么？”——是啊，我也得时时拷问自己的良心，到底为你们做了什么？还能为华中大学子做什么？

我记得，你们都是小青年。我记得“吉丫头”，那么平凡，却格外美丽；我记得你们中间的胡政在国际权威期刊上发表多篇高水平论文，创造了本科生参与研究的奇迹；我记得“校歌男”，记得“选修课王子”，同样是可爱的孩子。我记得沉迷于网络游戏甚至频临退学的学生与我聊天时目光中透出的茫然与无助，他们还是华中大的孩子，他们更成为我心中抹不去的记忆。

我记得你们的自行车和热水瓶常常被偷，记得你们为抢占座位而付出的艰辛；记得你们在寒冷的冬天手脚冰凉，记得你们在炎热的夏季彻夜难眠；记得食堂常常让你们生气，我当然更记得自己说过的话：“我们绝不赚学生一分钱”，也记得你们对此言并不满意；但愿华中大尤其要有关于校园丑陋的记忆。只要我们共同记忆那些丑陋，总有一天，我们能将丑陋转化成美丽。

同学们，你们中的大多数人，即将背上你们的行李，甚至远离。请记住，最好不要再让你们的父母为你们送行。“面对岁月的侵蚀，你们的烦恼可能会越来越多，考虑的问题也可能会越来越现实，角色的转换可能会让你们感觉到有些措手不及。”也许你会选择“胶囊公寓”，或者不得不蜗居，成为蚁族之一员。没关系，成功更容易光顾磨难和艰辛，正如只有经过泥泞的道路才会留下脚印。请记住，未来你们大概不再有批评上级的随意，同事之间大概也不会有如同学之间简单的关系；请记住，别太多地抱怨，成功永远不属于整天抱怨的人，抱怨也无济于事；请记住，别沉迷于世界的虚拟，还得回到社会的现实；请记住，“敢于竞争，善于转化”，这是华中大的精神风貌，也许是你们未来成功的真谛；请记住，华中大，你的母校。“什么是母校？就是那个你一天骂他八遍却不许别人骂的地方”。多么朴实精辟！

亲爱的同学们，也许你们难以有那么多的记忆。如果问你们关于一个字的记忆，那一定是“被”。我知道，你们不喜欢“被就业”、“被坚强”，那就挺直你们的脊梁，挺起你们的胸膛，自己去就业，坚强而勇敢地到社会中去闯荡。

亲爱的同学们，也许你们难以有那么多的记忆，也许你们很快就会忘记根叔的唠叨与琐细。尽管你们不喜欢“被”，根叔还是想强加给你们一个“被”：你们的未来“被”华中大记忆！

简析：

李培根（根叔），1948 年生，湖北人。教授，博士生导师，中共党员。2003 年 12 月当选为中国工程院院士。2005 年 3 月起担任华中科技大学校长。

2010 年 6 月 23 日，在华中科技大学 2010 届本科生毕业典礼上，校长李培根院士作了这个 2000 余字的演讲。演讲中，作者把 4 年来的国家大事、学校大事、身边人物、网络热词等融合在一起。李培根校长 16 分钟的演讲，被掌声打断 30 次。全场 7700 余名学子起立高喊：“根叔！根叔！”

“根叔”对母校的解释让人感到异常亲切：“什么是母校？就是那个你一天骂他八遍却不许别人骂的地方”。与其说“根叔”是在以大学校长的身份讲话，不如说是同学毕业之前的临别赠言，激情饱满，情深意切，心灵沟通，催人奋进。

“根叔”说到了“根”上，说到了同学们的心坎里。“根叔”没有更多的大道理，没有更多的漂亮话。“也许你会选择‘胶囊公寓’，或者不得不蜗居，成为蚁族一员。没关系，成功更容易光顾磨难和艰辛，正如只有经过泥泞的道路才会留下脚印。”蚁族之艰难，曾经让很多即将毕业的大学生心生恐惧，但又无力扭转乾坤。作为校长，“根叔”没有正襟危坐，没有空喊口号，而是立足现实，正视蚁族，励志人生。“我知道，你们不喜欢‘被就业’、‘被坚强’，那就挺直你们的脊梁，挺起你们的胸膛，自己去就业，坚强而勇敢地到社会中去闯荡。”

“根叔”的话说到了“根儿”上，学生感到了真情，所以产生了共鸣。“根叔”的讲话让我们想到了某些官样文章，空话套话连篇，假话废话不断，台上领导机械宣读，台下听众昏昏欲睡；台上他说，台下说他；讲者居高临下，听者如同嚼蜡。如此一来，既浪费了感情，又浪费了纸张，还浪费了大好时光，更重要的是还耽误了家事与国事，因为空谈误国，实干兴邦。

“根叔”的讲话激情饱满，沟通心灵深处，将心比心，充满人文关怀，确实说到了“根儿”上，谈到了点子上，感天动地，让人铭心刻骨。“也许你们难以有那么多的记忆，也许你们很快就会忘记根叔的唠叨与琐细。尽管你们不喜欢‘被’，根叔还是想强加给你们一个‘被’：你们的未来 ‘被’华中大记忆！”

感谢“根叔”的真情感言。期待更多的“根叔”出现，期待更多的“根叔”似的讲话，期待更多的“根叔”一样的真情沟通，让我们重建美好的精神家园。历史定格在毕业典礼上，苦乐镌刻在拼搏的道路上，那些聆听校长感言的毕业生一定会永远记住“根叔”跟他们说过的那句震撼人心，温暖人生的话：“什么是母校？就是那个你一天骂他八遍却不许别人骂的地方。”

九、教育就是帮助人培养良好的习惯

魏书生

人要高高兴兴地活着，育人的一个重要内容，就是改变人的苦乐观。有些无法选择的事情就要放得下。我们的出身是无法选择的。你就不能老是想“要是我出身在省长家那多好啊!”，这是自寻烦恼。我们无法在空间上、时间上选择，但我们能选择一个乐观进取的自我。我们活在哪段，就要看到哪段的明亮处，而不是阴暗处。这样你一辈子都活在好时光里。

有人说“教师是太阳底下最光辉的职业”，谁信谁上当。首先，这是不可能的。其次，真的可能了，咱也不好意思。搞宣传的人，连你自己也不相信的话就不要讲。宣传的生命在于真实。不然的话，人家天天盼“哪天最光辉”啊？“哪天最光辉”啊？盼的结果，只能领回一份失望。但是，面对自己的职业，应当把它看成这是自己一个宏大的事业。

人与岗位，好比是娘与孩子。娘为孩子付出得太多了，因此，孩子总是自己的好。人家的孩子再好，你再爱，又有什么用？爱也白爱。从利益上来说，活在哪，爱在哪。一定要爱自己脚下这一片生存的土地。

机遇总是留给有准备的人的。你得眼睛向内，提高素质，等待机遇。有人说，我练了十年内功了，可机遇还不来，不是白练了？我说，你没有吃亏，你好比是一头大马拉着一辆小车，你这一生不是挺轻松吗，悠哉游哉的，多逍遥自在啊。

有人看什么都是“没意思”。那是因为他总是用“没意思”的心态，用“否定一切”的心理，来看这个世界。我们应该用“有意思”的心态去看待平凡的工作。我有个养猪的朋友，提起自己的猪场，多么自豪啊。他去年一年赚了300多万。我带学生每天早上跑步，跑了20多年。有人说，魏老师你何必自己跑，多累啊。我说，不累啊，我这是用公家的时间在锻炼自己的身体啊。

身体是本钱。大家千万不要带病工作。经常看到媒体在宣传某个先进人物，说人家如何如何带病工作，号召大家向他学习。我说，这不说是错误，起码也是个误导。当老师，可不是战争年代黄继光堵枪眼、董存瑞炸碉堡，没那么紧急，可千万不能在讲台上扑通扑通昏倒下来。你那样号召，不是号召大家朝昏倒的方向去努力吗？

我不会教书，是学生教会我教书。我不会改变后进学生，是后进学生教会我怎样教后进学生。

我总是与学生商量着怎么学，怎么教。

有两个全校最差的学生进了我的班。我说，你们先做一件事，每人找到自己的优点。他们说自己没有优点。我说，不可能。我都已替你找出两条了……后进生对批评往往能非常镇静地对付，你给他说优点，他反倒脸红了。有个学生说，老师，我学不好的，只考了8分。我说，你一上课不听讲，二不写作业，三又不看书，还能得8分，这是天赋哪！他就来劲了。我就这么点本事，把人家积极的、向上的、乐观的脑神经激发起来。

我总是说，坚信每位学生的心灵深处都有你的助手，你也是每位学生的助手。

人要处理好自己与自己的关系。自己的内心思想要管理好。要用宽容当宰相，用勇敢当将军，用勤劳当大臣，用明智当君王，那你的内心世界就能国泰民安。反之，让狭隘当宰相，让懦弱当将军，让懒惰当大臣，让昏庸当君王，那就完蛋。我总说，更多的人才不是被社会摧残的，而是被自我埋没的。

我们班的教室很特别，后面有一百张空椅子，欢迎随时听课。我们班每天都唱歌。唱歌的时候大家站直了唱。听课的老师课后说，你们的学生没有一个回头看我们的，也太不把我们放在眼里了。我说，对不起，当初我没有设计回头的程序。因为我要求学生在唱歌时必须双眼看黑板中间的那个点。要求把这个点看作是彩电，边唱，边想像歌曲的内容。唱“大海啊！故乡”，这个点就是大海；唱“跨过高山，走过平原”，这个点就是高山平原；唱“五星红旗迎风飘扬”，这个点就是五星红旗……这是在培养学生的注意力啊。要知道，很多后进生就是因为注意力不集中才成为后进生的。还有，这个唱歌呀，德、智、体都在里面了。

有的老师告诉我，他们班的素质教育可红火了，书法、画画、篮球、体操，等等。我说，不对啊。这些爱好并非是必要的，可叫选修课。素质教育的主渠道在文化课的课堂上。中学还得抓升学率。不抓，你对得起家长？对得起学生？我这么多年能教下来，不就是升学率高吗。语文挺好学的，也就是高高兴兴写一篇文章，高高兴兴说一段话，高高兴兴读点课外书。

要让学生学会说。大家发现没有，学生说的能力，在幼儿园时往往比较强，到了中学反而不会说话了。这语文课的“语”是怎么搞的？

以前叫学堂，后来改叫教室了，这不对呀，出毛病了。叫学堂多好呀。又说教材，也不对，应该是学材。学生学生以学为主，学生是学校的主体。我跟学生说，你来到学校，走进学堂，拿起学材，开始学习。就这么简单。

凡是学生自己能做的事，你老师就不要去替代。你这是剥夺人家的权力，压抑人家的才能，助长人家的依赖思想。我们班的学习委员负责收书费。他要一个一个收。我说我没叫你这样收。你可以用手表啊。学习委员往往都比较聪明，马上拿着手表说，同学们注意了，现在各组开始收书费竞赛。请各组组长站到自己小组前面来，我喊开始就开始……书费很快收起来了。学习委员要清点。我说，还用你亲自动手？你让四个组长捧着钱跟你去财务处不就得了。谁少谁赔。当官要有当官的样。当官的，是出点子，想办法。五个人一起去了，我就不用去了。放心啊，要是碰到打劫的也不敢动手啊。你说这是干活呀还是玩呀？

我总说，学生要“学中求乐，苦中求乐”。兴趣是最好的老师。我让他们写日记，写《谈学习是享受》之一、之二、之三……直到之一百。为什么？这是第一要紧的事。一旦学习成了享受，还怕他不学习吗？

我问学生，吸毒是不是享受？学生说，不是。我说不对，肯定是种享受。赌博是不是享受？学生说，不是。我说不对，肯定是种享受。不然的话，怎么这么禁也禁不掉呢！你看，不同的享受观，决定着不同的人生观。因此，咱要谈学习的一百种享受。

教育是什么？教育就是帮助人培养良好的习惯。

简析：

魏书生，1950 年生，28 岁开始在中学任教，特级教师，现任盘锦市教育局局长、党委书记，兼任国家教育行政学院兼职教授等 40 多项社会兼职。30 年来，魏书生已在全国各省市自治区直辖市和港澳台作报告、上公开课数千次。发表文章 100 多篇，主编、撰写出版了 20 多本书。由于成绩卓著，魏书生先后获得全国中青年有突出贡献专家、首届“中国十大杰出青年”、“全国十佳师德标兵”等殊荣。

本演讲是魏书生众多演讲的一个节选。通过这个节选内容，我们可以看出魏书生的苦乐观、人生观、教育观。魏书生的演讲语言，带领着我们从宇宙的深处看待人类社会，审视人与自然，分析人类自己，从而认清自己，认识自己，既不要妄自菲薄，轻视自己，又不要盲目尊大，小看别人。魏书生的语言，是抒缓的，犹如小河潺潺；是柔和的，犹如溪流淙淙；是深沉的，犹如遥远星空；是非凡的，因为他博大精深；是睿智的，因为他博学多才；是现实的，因为他面对当前；是浪漫的，因为他高瞻远瞩。魏书生的语言，是我们平常人灵魂的净化剂，精神的兴奋剂，力量的助推器，前进的发动机。

十、在北京大学新生开学典礼大会上的演讲

俞敏洪

各位同学、各位领导：

大家上午好！（掌声）

非常高兴许校长给我这么崇高的荣誉，让我谈一谈我在北大的体会。（掌声）

可以说，北大是改变了我一生的地方，是提升了我自己的地方，使我从一个农村孩子最后走向了世界的地方。毫不夸张地说，没有北大，肯定就没有我的今天。北大给我留下了一连串美好的回忆，大概也留下了一连串的痛苦。正是在美好和痛苦中间，在挫折、挣扎和进步中间，最后找到了自我，开始为自己、为家庭、为社会能做一点事情。

学生生活是非常美好的，有很多美好的回忆。我还记得我们班有一个男生，每天都在女生的宿舍楼下拉小提琴，（笑声）希望能够引起女生的注意，结果后来被女生扔了水瓶子。我还记得我自己为了吸引女生的注意，每到寒假和暑假都帮着女生扛包。（笑声、掌声）后来我发现那个女生有男朋友，（笑声）我就问她为什么还要让我扛包，她说为了让男朋友休息一下（笑声、掌声）。我也记得刚进北大的时候我不会讲普通话，全班同学第一次开班会的时候互相介绍，我站起来自我介绍了一番，结果我们的班长站起来跟我说：“俞敏洪你能不能不讲日语？”（笑声）我后来用了整整一年时间，拿着收音机在北大的树林中模仿广播台的播音，但是到今天普通话还依然讲得不好。

人的进步可能是一辈子的事情。在北大是我们生活的一个开始，而不是结束。有很多事情特别让人感动。比如说，我们很有幸见过朱光潜教授。在他最后的日子里，是我们班的同学每天轮流推着轮椅在北大里陪他一起散步。（掌声）每当我推着轮椅的时候，我心中就充满了对朱光潜教授的崇拜，一种神圣感油然而生。所以，我在大学看书最多的领域是美学。因为他写了一本《西方美学史》，是我进大学以后读的第二本书。

为什么是第二本呢？因为第一本是这样来的，我进北大以后走进宿舍，我有个同学已经在宿舍。那个同学躺在床上看一本书，叫做《第三帝国的兴亡》。所以我就问了他一句话，我说："在大学还要读这种书吗？"他把书从眼睛上拿开，看了我一眼，没理我，继续读他的书。这一眼一直留在我心中。我知道进了北大不仅仅是来学专业的，要读大量大量的书。你才能够有资格把自己叫做北大的学生。（掌声）所以我在北大读的第一本书就是《第三帝国的兴亡》，而且读了三遍。后来我就去找这个同学，我说："咱们聊聊《第三帝国的兴亡》"，他说："我已经忘了。"（笑声）

我也记得我的导师李赋宁教授，原来是北大英语系的主任，他给我们上《新概念英语》第四册的时候，每次都把板书写得非常的完整，非常的美丽，永远都是从黑板的左上角写起，等到下课铃响起的时候，刚好写到右下角结束。（掌声）我还记得我的英国文学史的老师罗经国教授，我在北大最后一年由于心情不好，导致考试不及格。我找到罗教授说："这门课如果我不及格就毕不了业。"罗教授说："我可以给你一个及格的分数，但是请你记住了，未来你一定要做出值得我给你分数的事业。"（掌声）所以，北大老师的宽容、学识、奔放、自由，让我们真正能够成为北大的学生，真正能够得到北大的精神。当我听说许智宏校长对学生唱《隐形的翅膀》的时候，我打开视频，感动得热泪盈眶。因为我觉得北大的校长就应该是这样的。（掌声）

我记得自己在北大的时候有很多的苦闷。一是普通话不好，第二英语水平一塌糊涂。尽管我高考经过三年的努力考到了北大——因为我落榜了两次，最后一次很意外地考进了北大。我从来没有想过北大是我能够上学的地方，她是我心中一块圣地，觉得永远够不着。但是那一年，第三年考试时我的高考分数超过了北大录取分数线七分，我终于下定决心咬牙切齿填了"北京大学"四个字。我知道一定会有很多人比我分数高，我认为自己是不会被录取的。没想到北大的招生老师非常富有眼光，料到了三十年后我的今天。（掌声）但是实际上我的英语水平很差，在农村既不会听也不会说，只会背语法和单词。我们班分班的时候，五十个同学分成三个班，因为我的英语考试分数不错，就被分到了A班，但是一个月以后，我就被调到了C班。C班叫做"语音语调及听力障碍班"。（笑声）

我也记得自己进北大以前连《红楼梦》都没有读过，所以看到同学们一本一本书在读，我拼命地追赶。结果我在大学差不多读了八百多本书，用了五年时间（掌声）。但是依然没有赶超上我那些同学。我记得我的班长王强是一个书癖，现在他也在新东方，是新东方教育研究院的院长。他每次买书我就跟着他去，当时北大给我们每个月发二十多块钱生活费，王强有个癖好就是把生活费一分为二，一半用来买书，一半用来买饭菜票。买书的钱绝不动用来买饭票。如果他没有饭菜票了就到处借，借不到就到处偷。（笑声）后来我发现他这个习惯很好，我也把我的生活费一分为二，一半用来买书，一半用来买饭菜票，饭票吃完了我就偷他的。（笑声掌声）

毫不夸张地说，我们班的同学当时在北大，真是属于读书最多的班之一。而且我们班当时非常地活跃，光诗人就出了好几个。后来挺有名的一个诗人叫西川，真名叫刘军，就是我们班的。（掌声）我还记得我们班开风气之先，当时是北大的优秀集体，但是有一个晚上大家玩得高兴了，结果跳起了贴面舞，第二个礼拜被教育部通报批评了。那个时候跳舞是必须跳得很正规的，男女生稍微靠近一点就认为违反风纪。所以你们现在比我们当初要更加幸福一点。不光可以跳舞，而且可以手拉手地在校园里面走，我们如果当时男女生手拉手在校园里面走，一定会被扔到未名湖里，所以一般都是晚上十二点以后再在校园里面走走。（笑声）

我也记得我们班五十个同学，刚好是二十五个男生二十五个女生，我听到这个比例以后当时就非常的兴奋（笑声），我觉得大家就应该是一个配一个。没想到女生们都看上了那些外表英俊潇洒、风流倜傥的男生。像我这样外表不怎么样、内心充满丰富感情、未来有巨大发展潜力的，女生一般都看不上。（笑声掌声）

我记得我奋斗了整整两年希望能在成绩上赶上我的同学，但是就像刚才吕植老师说的，你尽管在中学高考可能考得很好，是第一名，但是北大精英人才太多了，你的前后左右可能都是智商极高的同学，也是各个省的状元或者说第二名。所以，在北大追赶同学是一个非常艰苦的过程，尽管我每天几乎都要比别的同学多学一两个小时，但是到了大学二年级结束的时候我的成绩依然排在班内最后几名。非常勤奋又非常郁闷，也没有女生来爱我安慰我。（笑声）这导致的结果是，我在大学三年级的时候得了一场重病，这个病叫做传染性侵润肺结核。当时我就晕了，因为当时我正在读《红楼梦》，正好读到林黛玉因为肺结核吐血而亡的那一章，（笑声）我还以为我的生命从此结束，后来北大医院的医生告诉我现在这种病能够治好，但是需要在医院里住一年。我在医院里住了一年，苦闷了一年，读了很多书，也写了六百多首诗歌，可惜一首诗歌都没有出版过。从此以后我就跟写诗结上了缘，但是我这个人有丰富的情感，但是没有优美的文笔，所以终于没有成为诗人。后来我感到非常的庆幸，因为我发现真正成为诗人的人后来都出事了。我们跟当时还不太出名的诗人海子在一起写过诗。后来他写过一首优美的诗歌，叫做《面朝大海，春暖花开》，我们每一个同学大概都能背。后来当我听说他卧轨自杀的时候，嚎啕大哭了整整一天。从此以后，我放下笔，再也不写诗了。（掌声）

记得我在北大的时候，到大学四年级毕业时，我的成绩依然排在全班最后几名。但是，当时我已经有了一个良好的心态。我知道我在聪明上比不过我的同学，但是我有一种能力，就是持续不断的努力。所以在我们班的毕业典礼上我说了这么一段话，到现在我的同学还能记得，我说："大家都获得了优异的成绩，我是我们班的落后同学。但是我想让同学们放心，我决不放弃。你们五年干成的事情我干十年，你们十年干成的我干二十年，你们二十年干成的我干四十年"。（掌声）我对他们说："如果实在不行，我会保持心情愉快、身体健康，到八十岁以后把你们送走了我再走。"（笑声掌声）

有一个故事说，能够到达金字塔顶端的只有两种动物，一是雄鹰，靠自己的天赋和翅膀飞了上去。我们这儿有很多雄鹰式的人物，很多同学学习不需要太努力就能达到高峰。很多同学后来可能很轻松地就能在北大毕业以后进入哈佛、耶鲁、牛津、剑桥这样的名牌大学继续深造。有很多同学身上充满了天赋，不需要学习就有这样的才能，比如说我刚才提到的我的班长王强，他的模仿能力就是超群的，到任何一个地方，听任何一句话，听一遍模仿出来的绝对不会两样。所以他在北大广播站当播音员当了整整四年。我每天听着他的声音，心头咬牙切齿充满仇恨。（笑声）所以，有天赋的人就像雄鹰。但是，大家也都知道，有另外一种动物，也到了金字塔的顶端。那就是蜗牛。蜗牛肯定只能是爬上去。从底下爬到上面可能要一个月、两个月，甚至一年、两年。在金字塔顶端，人们确实找到了蜗牛的痕迹。我相信蜗牛绝对不会一帆风顺地爬上去，一定会掉下来，再爬，掉下来，再爬。但是，同学们所要知道的是，蜗牛只要爬到金字塔顶端，它眼中所看到的世界，它收获的成就，跟雄鹰是一模一样的。（掌声）所以，也许我们在座的同学有的是雄鹰，有的是蜗牛。我在北大的时候，包括到今天为止，我一直认为我是一只蜗牛。但是我一直在爬，也许还没有爬到金字塔的顶端。但是只要你在爬，就足以给自己留下令生命感动的日子。（掌声）

我常常跟同学们说，如果我们的生命不为自己留下一些让自己热泪盈眶的日子，你的生命就是白过的。我们很多同学凭着优异的成绩进入了北大，但是北大绝不是你们学习的终点，而是你们生命的起点。在一岁到十八岁的岁月中间，你听老师的话、听父母的话，现在你真正开始了自己的独立生活。我们必须为自己创造一些让自己感动的日子，你才能够感动别人。我们这儿有富裕家庭来的，也有贫困家庭来的，我们生命的起点由不得你选择出生在富裕家庭还是贫困家庭，如果你生在贫困家庭，你不能说老爸给我收回去，我不想在这里待着。但是我们生命的终点是由我们自己选择的。我们所有在座的同学过去都走得很好，已经在十八岁的年龄走到了很多中国孩子的前面去，因为北大是中国的骄傲，也可以说是世界的骄傲。但是，到北大并不意味着你从此大功告成，并不意味着你未来的路也能走好，后面的五十年、六十年，甚至一百年你该怎么走，成为了每一个同学都要思考的问题。就本人而言，我觉得只要有两样东西在心中，我们就能成就自己的人生。

第一样叫作理想。我从小就有一种感觉，希望穿越地平线走向远方，我把它叫做“穿越地平线的渴望”。也正是因为这种强烈的渴望，使我有勇气不断地高考。当然，我生命中也有榜样。比如我有一个邻居，非常的有名，是我终生的榜样，他的名字叫徐霞客。当然，是五百年前的邻居。但是他确实是我的邻居，江苏江阴的，我也是江苏江阴的。因为崇拜徐霞客，直接导致我在高考的时候地理成绩考了九十七分（掌声），也是徐霞客给我带来了穿越地平线的这种感觉，所以我也下定决心，如果徐霞客走遍了中国，我就要走遍世界。而我现在正在实现自己这一梦想。所以，只要你心中有理想，有志向，同学们，你终将走向成功。你所要做到的就是在这个过程要有艰苦奋斗、忍受挫折和失败的能力，要不断地把自己的心胸扩大，才能够把事情做得更好。

第二样东西叫良心。什么叫良心呢？就是要做好事，要做对得起自己对得起别人的事情，要有和别人分享的姿态，要有愿意为别人服务的精神。有良心的人会从你具体的生活中间做的事情体现出来，而且你所做的事情一定对你未来的生命产生影响。我来讲两个小故事，讲完就结束我的讲话，已经占用了很长的时间。

第一个小故事。有一个企业家和我讲起他大学时候的一个故事，他们班有一个同学，家庭比较富有，每个礼拜都会带六个苹果到学校来。宿舍里的同学以为是一人一个，结果他是自己一天吃一个。尽管苹果是他的，不给你也不能抢，但是从此同学留下一个印象，就是这个孩子太自私。后来这个企业家做成功了事情，而那个吃苹果的同学还没有取得成功，就希望加入到这个企业家的队伍里来。但后来大家一商量，说不能让他加盟，原因很简单，因为在大学的时候他从来没有体现过分享精神。所以，对同学们来说在大学时代的第一个要点，你得跟同学们分享你所拥有的东西，感情、思想、财富，哪怕是一个苹果也可以分成六瓣大家一起吃。（掌声）因为你要知道，这样做你将来能得到更多，你的付出永远不会是白白付出的。

我再来讲一下我自己的故事。在北大当学生的时候，我一直比较具备为同学服务的精神。我这个人成绩一直不怎么样，但我从小就热爱劳动，我希望通过勤奋的劳动来引起老师和同学们的注意，所以我从小学一年级就一直打扫教室卫生。到了北大以后我养成了一个良好的习惯，每天为宿舍打扫卫生，这一打扫就打扫了四年。所以我们宿舍从来没排过卫生值日表。另外，我每天都拎着宿舍的水壶去给同学打水，把它当作一种体育锻炼。大家看我打水习惯了，最后还产生这样一种情况，有的时候我忘了打水，同学就说“俞敏洪怎么还不去打水”。（笑声）但是我并不觉得打水是一件多么吃亏的事情。因为大家都是同学，互相帮助是理所当然的。同学们一定认为我这件事情白做了。又过了十年，到了九五年年底的时候新东方做到了一定规模，我希望找合作者，结果就跑到了美国和加拿大去寻找我的那些同学，他们在大学的时候都是我生命的榜样，包括刚才讲到的王强老师等。我为了诱惑他们回来还带了一大把美元，每天在美国非常大方地花钱，想让他们知道在中国也能赚钱。我想大概这样就能让他们回来。后来他们回来了，但是给了我一个十分意外的理由。他们说：“俞敏洪，我们回去是冲着你过去为我们打了四年水。”（掌声）他们说：“我们知道，你有这样的一种精神，所以你有饭吃肯定不会给我们粥喝，所以让我们一起回中国，共同干新东方吧。”才有了新东方的今天。（掌声）

人的一生是奋斗的一生，但是有的人一生过得很伟大，有的人一生过得很琐碎。如果我们有一个伟大的理想，有一颗善良的心，我们一定能把很多琐碎的日子堆砌起来，变成一个伟大的生命。但是如果你每天庸庸碌碌，没有理想，从此停止进步，那未来你一辈子的日子堆积起来将永远是一堆琐碎。所以，我希望所有的同学能把自己每天平凡的日子堆砌成伟大的人生。（掌声）

最后，我代表全体老校友向在座的三千多位新生表一个心意，我代表全体老校友和新东方把两百万人民币捐给许校长，为在座同学们的学习、活动和成长提供一点帮助。（掌声）

简析：

本文是俞敏洪应邀给北京大学 2008 级新生开学典礼大会上作的演讲。全篇演讲没有华丽的词藻，没有做作的煽情，但是整个演讲如风行水面，自然成文。俞敏洪从自己的人生经历说起，从自己的创业说起，现场演说，给听众真实可信的感觉。透过本篇演讲辞，我们可以看出一介草民的艰苦奋斗历程，从中也可以领悟出究竟怎样成功，究竟什么是成功，成功的定义如何理解。因此本文也是一篇励志演讲，对我们广大的大学生朋友具有积极的借鉴意义。

十一、挺立在孤独失败与屈辱的废墟上

俞敏洪

同学们好，首先欢迎大家来到新东方，新东方会伸开双臂全力欢迎大家，但是新东方并不像大家想象的那么好。大家走进教室看一下，新东方几乎百分之一百的教室都是向别的单位租来的，都是利用别人废弃的工厂和厂房或者废弃的礼堂改建而成的。大家看得出来，不少教室的外围环境是非常艰苦的，这种艰苦证明了新东方是从多么艰难的环境中走出来的。

1993 年的时候，新东方只有 10 平方米的办公室，现在新东方有了一幢办公大楼，那是新东方最美好的地方，因为大楼里配备了新东方所有的现代化设备。除此之外，新东方别的教学地点几乎都处于周围环境不是很好的地方，在大街小巷之中，有的时候甚至是非常难找的地方。但是我们在拼命努力改善新东方的教学环境和新东方的学习环境，使学生们在新东方得到更多的东西。

出国的道路很难，因为在出国的过程中失败者往往比成功者还要多。新东方的统计数据表明，每年到新东方学习的有四五万人左右，但每年中国学生能够拿到美国全额奖学金或半奖最后出去的人数是一万人左右，估计最多的人数是一万两千人左右，也就是平均在学习的人中间，每三、四个出去一个，大部分人在出国的道路上要经过艰苦的努力。我碰到出国最长的时间是五到六年才能走，短的是一年就能走，当然这是幸运儿。

当然出国的艰难的程度跟你考试的成绩都密切相关，你考试的成绩越高，你出国就越容易，同时也跟你本科的成绩有关，你本科的平均分越高，能得到 90 分以上，你出国就越容易。有工作经验的同学还跟你的工作经验有关，在出国的道路上充满了荆棘，充满了艰险，绝对不是一条平坦的大道，这就是为什么新东方的校训是“要从绝望中寻找希望”。

大部分同学学到最后一直到签证的过程中，处处充满绝望。在我们的日常生活中，除非你不去想希望和绝望这两个字，你想到希望和绝望这两个字的时候，你想到更多的是你生活中绝望的一面，可以说我们生活的 80%到 90%是由绝望组成的，而你的精神不垮就是从这种绝望中找到一线希望。比如说学习 GRE 词汇，你必须从几千词汇量增加到二、三万词汇量，通常三个月要背一万个单词，你每天要背三百到五百个词汇才能把所有的单词记得差不多。如果不从背单词的绝望中找希望的话，你是没有办法的。

新东方创办的整个过程是从一点点的希望做起，最后不断扩大希望的过程。新东方最初只有十平方米漏风的违章建筑办公室，但是现在新东方有几万平方米的教室和办公楼。它的发展过程是充满艰难的过程。我举一个简单的例子，大家就明白了。在 1993 年冬天新东方成立的时候，我自己拎着浆糊桶零下十几度去贴广告，把浆糊刷在柱子上，广告还没有贴上去，浆糊就变成冰了。更要命的是，当新东方在 1994 年有一点发展的时候，就跟别的单位产生了竞争，一有竞争，就产生了麻烦，比如说新东方广告员拿广告去贴的时候，别的培训部就拿刀子在等着你，说你敢贴我就敢捅了你，新东方的广告

员是被人捅过的，进医院缝了好几针。我当时花了很多时间，找中国的公安管理部门跟他们协商，最后终于跟他们变成了朋友。这个协商、磋商的过程就是学习的过程，深入中国社会的过程，理解中国社会的过程，并且知道将来怎样面对中国社会的过程。我最喜欢的是教书，但是假如说只是教书别的都不去做，新东方也不会有发展。所以任何事情都是你不断努力去做的结果，当你碰到困难时候，你不要把它想象成不可克服的困难。在这个世界上没有任何困难是不可克服的，只要你勇于去克服他。

新东方“从绝望中寻找希望”这句话，跟美国著名的民权运动家 Martin Luther King（马丁·路德·金）所说的话是一模一样的，他在“I have a dream”的演讲辞中说了一句话，“We will hew out of the mountain of despair a stone of hope。”我们从绝望的大山中砍出一块希望的石头。请记住了绝望是大山，希望是石头，但是只要你能砍出一块希望的石头，你就有了希望。在他的时代，直到他被暗杀为止，黑人在美国没有任何社会地位而言，坐车不让坐，饭店吃饭不让吃，电影院不让进，正是他用鲜血和希望换来了美国黑人在美国社会中的平等。哪怕是最没有希望的事情，只要有一个勇敢者去坚持做，到最后就会成为希望。凡是我身边想要出国的人，只要坚持往下走，我发现最后没有走不了的人，真正走不了人的是联系了一年或者联系了两年就放弃的。一两年在你的生命长河中算什么！为了一个伟大的目标，我们搞个三年五年并不算长。

如果纯粹是为了出国，那一点都不难。除了美国，加拿大以外，还有西方的其他一些国家，英国，瑞士，丹麦，等等，也可以去，实在不行了南非也可以去，再实在不行去科索沃看看（全场大笑）。我们之所以要出国，不是为了出国本身，而是为了追求更多的知识，为自己谋取社会地位和财富，为了使自己成为更加有用的人，使自己的人生更辉煌。从这个意义上说，像西方发达的教育国家，美国加拿大等，是我们首选的目标。

在出国的过程中，我们必须为自己寻找动力，没有动力是不行的。在英语中有两个单词，expel 和 impel，expel 有两层解释，一个是“外在推动”，另外一个是“开除”。假如说在这个社会上有人推你推不动，比如说你的老师强迫你学习，你的父母让你学习，你怎么学考试都不及格，你最终的结局是被学校开除，被社会开除。另外一个单词是 impel，表示在里面往外推，就像飞机的发动机使自己能够发动起来，自己能够起飞，不至于用汽车把它拉动起来。外在的推动力来自你周围的同学，周围的同学出国了，你没有出去，你就会觉得自己的社会地位不如他，你就会自卑，你不出去就不行。想当初我自己拼命联系三年出国，就是看到周围的 40 个多同学全部到美国去了，有去哈佛有去耶鲁，我不去就感到不行，尽管最后我还是没去成（笑）。外推力同时还来自你的父母。你的父母望子成龙，你看到你父母衰老的身躯，你看到他们拿不到社会保险金，你就必须抚养他们，抚养他们就必须赚钱，赚钱就必须比别人做得更好。

结过婚的同学都知道，外推力还来自你的老婆，来自你的丈夫。在当初联系出国的过程中，我是经过这种考验的。身无分文联系出国，而出国又没有希望，我的老婆有时会在我身边说，某某又走了，某某又走了，你真窝囊，到现在还没有出去。像这样的话，尽管不算骂你，但是作为一个男人，男人做事应该顶天立地，当你听到这样的话，发现自己无能的时候，你的心肯定在流血，所以你就不得不去奋斗。也就是因为这样的推动力，导致了今天新东方的萌芽，因为我发现自己出不了国，总要做点事情，唯一能干的事情，就是教书，一个晚上教两个半小时能拿 50 元钱，最起码能把老婆和孩子养活了。人最希望受到的尊敬是家庭内部来的尊敬，如果连老婆都不尊敬你的话，还活着干什么！？

外在的推动力有时候很巨大。我举两个例子，在二次世界大战时，美国要派一百名突击队员深入到德国后方去，要求这一百人都会德语。这一百人选出来后，给他们集训 40 天，要求这 40 天必须要学会德语，学会也要去，不学会也要去，大家可想而知，不学会的话，一落地就被杀掉了，德国人一看怎么来了个美国鬼子，肯定不行。40 天后，一百个美国士兵几乎没有不会讲德语的，而且讲得很好，因为这种外在压力太大了，以至于这 40 天不学好会要你的命。假如现在有人拿着一把枪对着你，要求你把 GRE 单词背出来，如果背不出来就把你枪毙了，40 天后你肯定背出来。

另一个例子是一个来自上海的学生。这个学生现在已经出国。去年暑假班他来的时候，GRE 只有 1600 分，学到最后没有信心了。有一天他在教室看到了一个女孩子，她穿了一件绿色的 T-shirt，很专心地在学习，他开始对这个女孩产生了好感，但没有办法坐到那个女孩子边上，因为新东方的座位都是固定的。他为了看到这个女孩子，坚持每天来上课。他一直没有胆量跟女孩子说一句话，就这样一直默默无闻学到结束。最后走的时候，他远远看了这个女孩子一眼，想让她留一个电话号码，但还是没敢走上前去。这个女孩子的形象一直在他的心中。他说为了有一天看到一个自己喜欢的女孩子，能够有勇气跟她说 I love you，他必须拼命学习。一个人要是觉得自己没有东西的时候，他的胆量会变得很小。他就拼命学习，结果到了 11 月份考试的时候，他考了 2200 分，最后去了一所美国排名 20 多名的学校。到美国去以前，他给我写了一封信，问我是否能帮他找到这个女孩子，我说你连女孩子的名字都没留下，让我怎么找。最后他带着遗憾去了美国。

这几年来，成双成对走出新东方课堂的，少说有几百对，多说有上千对。我们当然不反对谈恋爱，而且我觉得这也很美好，但重要的是你把喜欢的女孩子带出新东方课堂的时候，你能给她什么，你要想想这个问题，当你最后不能给她什么的时候，这一切都是很短暂的。

我现在讲一下内在推动，内在推动比外在推动更难得到，但是一旦得到就会进入持久状态。我们要在社会上追求一种卓越的状态，你必须追求比别人更好，不仅仅是为社会地位，更是为了你自己在这个社会上活得更美好。假如让你到夏威夷去度假，你有这个本领吗？你没有。现在即使让你到大连去度假，你也许还没有这个钱。那靠什么去呢？靠你的自信去追求比别人更好，靠你“会当凌绝顶，一览众山小”的精神。其实追求比别人更好并不难，你只要比别人做得好一点点就行。有的同学说，别的同学太厉害了，我超不过去。我告诉你我背单词的诀窍。我现在的词汇量比较大，但我每天只背几十个单词，因为我老是在背，就比别人背得多。一天比别人多背十个，十天多背一百个，一百天多背一千个，一年以后就没有人超过我的词汇量了。你每天比别人多走一步，十天比别人多走十步，一百天多走一百步，别人就没法跟你比。我在美国开汽车的时候就有这种感觉，如果你的汽车开到一百，别人开到一百一，等到别人过去几十分钟的时候，你想追很困难。为什么？因为他已经出去了不知道多少公里，你再怎么加快也很困难。

所以，先走一步，必然比别人更快更好。

我们的智商有高低之分，但实质上没有绝对的差距。我一直认为自己是比较笨的人，我在大学的时候，成绩多是60分、70分，英语水平感觉很低，很低。我的英语水平是后来被逼出来的。因为不断要教书，所以我不得不一项一项地研究。我的词汇量也是被学生逼出来，学生天天要拿出书来问我这个单词是什么意思，我说，对不起，我看过这个单词，但我现在想不起来，我明天告诉你，等我明天告诉他这个单词是什么意思的时候，他马上又问你，另一个单词是什么意思，我说，哦，对不起，这个单词我也忘了，我明天再告诉你。两次下来，我就发现自己是窝囊废了，没有办法面对学生。所以，后来我不得不为教学开始背单词，一本一本地啃过去，啃到最后，学生拿书来问我的时候，不至于说不出单词的意思来。这就是推动力。你得有勇气去做自己最怕做的事情。

另外，大家在学习过程中要养成一种优秀的习惯。中国有一句谚语叫："习惯成自然"。同时，希腊哲学家亚里士多德曾经说过："优秀是一种习惯"。也就是说，比如你每天坚持早上起来读书，就养成了读书的好习惯。我读陈忠实的《白鹿原》时，记得最清晰的就是那个朱先生，他每天早上起来不管在怎么艰苦的状态下，冬天、夏天、还是在走路，一定要起来晨读，拿出一本书读半个小时，他如此地读了几十年，变成了一个有学问的人。

优秀能养成一种习惯，那么邪恶、懒惰也能养成一种习惯。不知道在座的各位有没有感到，当你睡觉越来越多的时候，你每天都想睡觉。中国有一句谚语叫："越睡越懒，越坐越瘫"，就是养成坏习惯的证明。

接下来我要讲一讲英语学习的问题。在英语学习中做任何事情都不要太广泛，特别是在英语水平不很高的情况下。我们做事情"精深超过博大"。什么叫"精深"？"精深"就是学通了，学透了。英语学习特别简单，假如说你现在下决心找出几十篇文章，你把它们背得很熟的话，说不定你会变成英语专家。我举个例子你就明白了。有个学员现在在Duke大学，这个学生之所以我认识，就是因为他背过新概念英语的第三、四册。他从高一开始背第三册，背到高三就背完了，高考考进了北大，进北大后，他本来不想再背了，但是当他背给同学听的时候，其他同学都露出了羡慕的眼光，于是，为了这种虚荣心，他就坚持背第四册，把第三、四册背得滚瓜烂熟，他熟到什么地步呢？我把其中任何一句说出来，他能把上一句和下一句接下去，而且语音非常标准，因为他是模仿着磁带来背。后来去了美国Duke大学，他给我写信，他写来的英文信，我不敢回，我对他的英文有畏惧感，因为他的英文学得太好，所以我给他写中文信，并告诉他不是我不会写英文，而是想让他温习温习中文，不要忘记祖国语言（大笑）。他告诉我到了美国第一个星期写文章，教授把他叫过去说你这个文章是剽窃的，因为你的文章写得太好，教授说我20年教书没有教出这么漂亮的文章来，这个学生说，我没有剽窃，教授说，你怎么证明你没有剽窃，这个学生说，我没法证明我能写这么优秀的文章，但我告诉你，我能背108篇文章，而且背得非常熟练，你想不想听，教授说，你背背看。这个学生就开始背给他听，结果，他没背完两篇，教授就哭了起来，为什么？因为这个教授想一想自己教了30年了，居然一篇文章也没有背过，被中国学生背掉了，所以很难过（全场大笑）。

以上例子表明，做事情不在于泛，而在于精。如果你把事情精深下去了，泛的东西就自然而然了。从来没有听说过哪个小学生先学百科知识，再来学语文数学的知识，也没有听说哪个系开课的时候，先把百科知识教完了，再来教你专业知识。你先得把对你有用的知识学到手。如果你学的东西太多，摸不着头脑，最后你就失去了目标，老觉得每天都很失落，好像学了好多东西，但最后什么都没有学到。

除了学习英语以外，其他的一些精神比学习更重要，会使你更容易走向成功。

我总结了成功所必须具备的三种精神：

第一是忍受孤独的能力。因为在你成功以前，你永远是孤单的，没有人能帮得上你，God help those who help themselves，上帝只帮助那些帮助自己的人。所以，人永远是孤单地在奋斗，不管有多少人在你的身边，你要真正达到成功，主要是靠你自己。

第二是忍受失败的能力。在我们的生活当中失败太多了，很多托福学生第一次考了550分，第二次考了570分，580分，要考好几次才能通过。但是，你要能够经受得住失败，并且从失败中奋进。我举一个简单的例子，新东方副校长徐小平原来是学音乐的，英语水平并不是很高，所以他考托福考了三次，第一次是500多分，第二次还是500多分，但是第三次就考了600多分，他就到美国去了。所以你如果一次失败之后不能承受这次失败所给你带来的压力，那你也就完蛋了。因为人生活中失败为多，胜利为少。你行动九次，大概六到七次可能是失败的。每次行动都成功的人并不多，毛泽东打仗的时候也打过败仗。看过三国演义的同学就知道，诸葛亮打仗的时候更多的是失败而不是胜仗，但他却一如既往地鞠躬尽瘁、死而后已。这是因为他有精神支柱，他想把蜀国搞好，不辜负刘备的希望。好多同学失败以后常常找外在的理由，这个不行，那个不行，学习不好是因为教师太糟了，或者是因为没有时间了，等等。所谓的外在理由都是为自己寻找逃脱责任的借口。让我告诉你，在这个社会上如果你失败了，没有任何外在的理由；如果你说中国的社会不行的话，那为什么在你边上的人能成功，而你不能成功呢？这个社会从某种意义上说对所有的人都是公平的。尽管机会面前人人平等，但是，占据机会的能力是不一样的。如果你失败了，其根本原因在你本身，不在外在的东西。所以任何寻找外在理由的人都是愚蠢的。任何失败的原因都必须从自己身上去寻找。

第三是忍受屈辱的能力。我们在生活中常常会受到侮辱。你到商店买东西，售货员横眉竖眼，你会觉得受侮辱。你想出国，得盖20个章，这20个章在某种意义上每一个章都是一个侮辱。为什么？因为它们给你设置重重障碍，你得一道一道地闯过去。韩信之所以能够成就最后的大业就是因为他有忍受屈辱的能力。当时他是不得不钻裤裆的，如果不钻，他只有两个结果，一个是他被那个人杀掉了，从此没有韩信了；第二个就是他把那个人杀掉了，他赢得了暂时的胜利，但从此也没有了韩信，因为他杀人了，杀人者偿命，这是中国的原则。所以从此历史上不会有韩信这个人。他之所以能作为忍辱负重而成大业的形象千古流传在中国历史上，就是因为他钻了裤裆。当然我不是鼓吹大家去钻裤裆，如果你只是为了钻裤裆而钻裤裆那你就成了一个马屁精，那就不是人了。你钻裤裆的同时你的眼睛是看着未来的，你心中有着远大的目标，有了这种目标以后，忍受暂时的苦难和屈辱是无关紧要的。

所以，忍受孤独的能力是成功者的必经之路；忍受失败的能力是重新振作的力量源泉；忍受屈辱的能力是成就大业的必然前提。忍受能力，在某种意义上构成了你背后的巨大动力，也是你成功的必然要素。如果你忘了这些，只是一门心思地学，学到最后你什么都没了。因为你没有精神状态，没有精神状态的人活着不可能有成就和创造。

最后一点我想说的是，有不少社会言论说，新东方在鼓励大家出去留学好像带有某种崇洋媚外的色彩，这种说法当然是很落后。谁都知道，我们中国的社会确实太落后，我们中国社会需要大量的先进科学技术知识和人才，而靠我们中国自己的科学家在国内创造这种知识，尽管有可能，但从整体来说，大家可以看出来，离西方差得太远。美国的导弹可以很精确地打到某一个目标，但中国确实现在还没有这个本领。因此，中国人需要这样的人才。所以，留学在中国历史上起到了重要作用。大量的伟大人物都是留学回来的。国家领导人周恩来，邓小平，现在的江泽民主席等都是留学回来的。在科学家方面有钱学森、钱三强，等等。有了这些人才有了中国的现代科学技术和现代的武器装备。作为一个中国人，留学不是我们最终的目标，也许我们在美国拿个绿卡，这并不等于不爱国。人确实首先是为自己做事情，创造个人财富，创造个人地位；但是，更重要的是我们同时要为国家做点事情。新东方的校长们都是从国外回来的，大家现在都不走了，并不是因为我们只想赚更多的钱，因为钱总是有限度的，人还需要一种精神和做事情的力量。所以我想，我们尽管有个人的目标，但是，民族的振兴也应该是我们永恒的目标。所以我们的目标大概应该分为两种，个人的目标和国家的目标结合起来，而这两种目标在某种意义上都是永恒的。把这两个永恒的目标结合在一起，你就变成了一个真正伟大的人。

我今天大概就讲这么多，如果有机会我会走进教室给大家讲课。我的讲话到此为止，谢谢大家！

简析：

本文是俞敏洪对新东方学员的一次演讲。在演讲中作者简单回忆了新东方创业的艰难过程，回忆了自己的人生经历，阐述了我们每个人人生路上的内驱力和外推力逼迫着我们成功的原因。作者要求新东方学员牢记新东方精神“从绝望中寻找希望”。最后作者总结了成功必须具备的三种精神：一是忍受孤独的能力，二是忍受失败的能力，三是忍受屈辱的能力。并且认为忍受孤独的能力是成功者的必经之路，忍受失败的能力是重新振作的力量源泉，忍受屈辱的能力是成就大事业的必然前提。这些励志的语言给了听众极大的鼓舞，我们每一个读者都可以从中受益。这些经典的语言也是俞敏洪人生经历的写照。

十二、创造未来

马云

我刚才在门口，一听说要演讲，我就比较怕。我想跟大家讲，作为一个创业者，首先要给自己一个梦想。在 1995 年我偶然有一次机会到了美国，然后我看见了，发现了互联网。发现互联网以后，我不是一个技术人才，我对技术几乎是不懂，到目前为止，我对电脑的认识还是部分停留在收发邮件和浏览页面上，我今天早上还在说，到现在为止我还搞不清楚该怎么样在电脑上用 U 盘。但是这并不重要，重要的是你到底梦想干嘛。1995 年我发现互联网有一天它会改变人类，可以影响人类的方方面面，但是谁可以把它改变掉，它到底该怎么样影响人类？这些问题我在 1995 年没有想清楚，但是隐隐约约感觉到这是将来我想干的。所以回来以后也非常的艰难，我请了 24 个朋友到我家里，大家坐在一起，我说我准备从大学里辞职，要做一个互联网，叫 Internet，那个时候互联网不叫互联网，那个时候把它翻译成因特耐特，因为自己不懂技术，所以我花了将近两个小时来说服 24 个人，这是一个很有意思的事情。两个小时以内，我肯定没讲清楚，什么是互联网，他们肯定也听得糊里糊涂。两个小时以后，大家投票表决，23 个人反对，一个人支持，大家觉得这个东西肯定不靠谱，别去做那个，你电脑也不懂，而且根本不存在有这么一个网络。但是我经过一个晚上考虑，第二天早上我决定还是辞职去实现我自己的梦想。

为什么是这样呢？我发现今天我回过来想，我看见很多游学的年轻人是晚上想想千条路，早上起来走原路。晚上出门之前说明天我将干这个事，第二天早上仍旧走自己原来的路线。如果你不去采取行动，不给自己梦想一个实践的机会，你永远没有机会。所以我稀里糊涂走上了创业之路。我把自己叫做一个盲人骑在一个瞎的老虎上面，所以根本不明白将来会怎么样，但是我坚信，我相信互联网将会对人类社会有很大的贡献。当时 1995 年不太有人相信互联网，也不觉得有这么个互联网对人类有这么大的贡献，所以我用了比尔·盖茨的名字，那个时候我觉得互联网将改变人类生活的方方面面，但是如果是马云说互联网将改变人类生活的方方面面，没有人相信我。所以然后我说比尔·盖茨说互联网将改变人类的方方面面。结果很多媒体就把这个事登了出来，但是这句话是我说的，1995 年比尔盖茨还反对互联网。有了一个理想以后，我觉得最重要是给自己一个承诺，承诺自己要把这件事做出来。很多创业者都想想这个条件不够，那个条件没有，这个条件也不具备，该怎么办？我觉得创业者最重要的是创造条件。如果机会都成熟的话，一定轮不到我们。所以一般大家都觉得这是好机会，一般大家觉得机会成熟的时候，我觉得往往不是你的机会，你坚信这事情能够起来的时候，给自己一个承诺说我准备干五年，我准备干十年，干二十年，把它干出来。我相信你就会走得很久。

我在一次跟创业者交流过程中，我说创业者的激情很重要，但是短暂的激情是没有用的，长久的激情才是有用的。一个人的激情也没有用，很多人的激情非常有用。如果你自己很有激情，但是你的团队没有激情，那一点用都没有，怎么让你的团队跟你一样充满激情地面对未来面对挑战，是极其关键的事情。另外一个事，是创业者给自己的承诺，自己给自己的承诺。在互联网最冷的冬天，2001 年、2002 年的时候，我自己说从 1995 年以来开始创业，我已经吃过六年苦了，六年以来碌碌无为犯了那么多错误，反正我也没办法，后面六年继续干下去。再吃六年苦，甚至十六年苦，一定把它做出来为止。在这儿我想跟大家分享一个坚持、梦想或者是信任、坚信的一个案例。阿里巴巴上市一个月以后，我召集我们公司工作经验在五年以上的员工，也有这么大一群人，坐在一起。我问大家一个问题，我们现在上市了，有钱了，可以说是相当有钱了，但是我问大家凭什么我们今天有钱？是因为我们比别人聪明吗？我看未必，至少我认为我不聪明。从小学到大学，我很少考进前五名，当然我也没跌破到十五名以后，我没有觉得我聪明，因为很多人考数学，考什么都比我行。你觉得我们比人家勤奋？我看这世界上比我们勤奋的人非常之多，比我们能干的人也非常之多。但为什么我们成功了，他们没有成功，在我看来，我500多名同事、五六百名经验在五年以上的员工，绝大部分员工的智商都比我高。因为七八年以前阿里巴巴没有名气，我们没有品牌，没有现金，人们也不一定相信电子商务，那个时候非常难招聘员工，同时非常难招进来，我们开玩笑说街上只要会走路的人，不是太残疾，我们都招回来了。但是经过了五六年，我们这些人居然都很有钱，大家都有成就感，为什么？我觉得就是因为我们相信我们是平凡的人，我们相信我们一起在做一些事情。那个时候我认为很能干的人，相当出色的人，全部离开了我们，因为猎头公司把他们请走了。有些人想说我不同意这个观点，我不认可互联网，或者不同意这样的方式方法，他们走到另外一个公司创业。那些反正也没人挖，也不知道该哪儿去的人，闲着也是闲着，到其他公司也找不着工作，就待下去，一待待了七八年，今天都成功了。事实上也是这样，傻坚持要比不坚持好很多。所以我觉得创业者给自己一个梦想，给自己一个承诺，给自己一份坚持，是极其关键的。

另外，我想创业者一定要想清楚两个问题，第一，你想干什么，不是你父母让你干什么，不是你同事让你干什么，也不是因为别人在干什么，而是你自己到底想干什么。第二，你需要干什么，想清楚想干什么的时候，你要想清楚，我该干什么，而不是我能干什么。创业之前很多人问，我有这个，我有那个，我能干这个，我能干那个，所以我一定比别人干得好。我一直坚信，这个世界上比你能干，比你有条件干的人很多，但比你更想干好这件事情，应该全世界只有你一个人，这样你就有机会一点。所以想清楚你干什么，然后要想清楚该干什么，不该干什么。在创业的过程中，四五年以内，我相信任何一家创业公司都会面临很多的抉择和机会，在每个抉择和机会过程中，你是否还是像第一天像自己初恋那样记住自己的第一次梦想，至关重要。在原则面前，看你能不能坚持，在诱惑面前能不能坚持原则，在压力面前能不能坚持原则。最后想干什么，该干什么以后，再给自己说，我能干多久，我想干多久，这件事情该干多久就做多久。其实阿里巴巴做电子商务，这么多年以来，我们经受的各种各样的批评、指责是非常之多。大家说中国不具备做电子商务的条件，中国没有诚信体系，没有银行支付体系，基础建设也非常差，凭什么你可以做电子商务？那你说我怎么办？等待机会？等待别人来，等待国家建好，等待竞争者进来。我觉得创业者如果没有诚信体系，我们就创造一个诚信体系，如果没有支付体系，那我们就建设支付体系，我们只有这个样子，才有机会。所以我想，九年经历告诉我，没有条件的时候，只要你有梦想，只要你有良好的团队坚定地执行，你是能够走到大洋的那一岸。当然，这九年以内，我今天觉得最感到骄傲的事情不是取得了什么成绩，不是说九年能活下来。我觉得最让我感到自豪，最让我能够每次分享快乐，觉得跟我的同事最快乐的事情是，我们每一次碰上的灾难，每一次碰上的挫折，每一次碰上的缺点。当然我今天不想在这儿吹什么牛，我觉得我和绝大部分的这些灾难、挫折碰上，我不知道是怎么碰上，但是走出来，我也不知道是怎么走出来的。很多人告诉你，当时是做了这样那样的准确的正确的决定，让你走出了困境。

其实有的时候，运气也很重要，但这些运气怎么会给你带来的？是因为你的信念，是因为你给自己的承诺，给团队的承诺。中国需要大批的创业者，我坚信，中国需要大批的中小型企业。解决中国 13 亿人口巨大的就业问题一定是中小型企业。我不相信国有企业能解决全国 13 亿人口的就业问题，所以需要大量中小型企业就需要大量的创业者。创业者在记住梦想、承诺、坚持、该做什么、不该做什么、做多久以外，我希望创业者给自己承诺，给员工承诺，给社会承诺，给股东承诺，永远让你的员工、让你的家人、让你的股东可以睡得着觉，绝对不能做任何偷税，不能做任何危害社会的事情。所以只要这些东西在的话，我今天回去对我的家人，对我的员工，对我员工的家人，对我的股东永远是坦荡，我们犯错误，心里也知道犯在哪里。所以刚才讲到我犯了很多的错误，现在外面有很多写阿里巴巴如何成功、如何不错的书，说实在，没有一本书我看过，也没有一本书是我自己写，或者接受过采访，我觉得将来我想写一本阿里巴巴一千零一个错误。我们犯的错误非常之多，所以最后想跟所有创业者和准备创业的人说，还是我每天跟自己讲的话："今天很残酷，明天更残酷，但后天很美好，绝大部分人死在明天晚上，所以我们必须每天努力面对今天。"

谢谢大家！

简析：

马云，阿里巴巴集团主要创始人之一、阿里巴巴集团主席和首席执行官，阿里巴巴公司主席和非执行董事、软银集团董事、中国雅虎董事局主席、亚太经济合作组织（APEC）下工商咨询委员会（ABAC）会员。本文是为大学生做的一场演讲。作者从自己创业的经历给了预备创业的青年很多忠告，这些忠告对今天大学生就业遭遇寒流无疑是有积极意义的。

十三、爱迪生欺骗了世界

马云

今天是我第一次和雅虎的朋友们面对面交流。我希望把我成功的经验和大家分享，尽管我认为你们其中的绝大多数勤劳聪明的人都无法从中获益，但我坚信，一定有个别懒得去判断我讲的是否正确就效仿的人可以获益匪浅。

让我们开启今天的话题吧！

世界上很多非常聪明并且受过高等教育的人无法成功，就是因为他们从小就受到了错误的教育，他们养成了勤劳的恶习。很多人都记得爱迪生说的那句话吧：天才就是99%的汗水加上 1%的灵感，并且被这句话误导了一生。勤勤恳恳地奋斗，最终却碌碌无为。其实爱迪生是因为懒得想他成功的真正原因，所以就编了这句话来误导我们。

很多人可能认为我是在胡说八道，好，让我用 100 个例子来证实你们的错误吧！事实胜于雄辩。

世界上最富有的人，比尔·盖茨，他是个程序员，懒得读书，他就退学了。他又懒得记那些复杂的 DoS 命令，于是，他就编了个图形的界面程序，叫什么来着？我忘了，懒得记这些东西。于是，全世界的电脑都长着相同的脸，而他也成了世界首富。

世界上最值钱的品牌，可口可乐。它的老板更懒，尽管中国的茶文化历史悠久，巴西的咖啡香味浓郁，但他实在太懒了，弄点糖精加上凉水，装瓶就卖。于是全世界有人的地方，大家都在喝那种像血一样的液体。

世界上最好的足球运动员，罗纳尔多，它在场上连动都懒得动，就在对方的门前站着。等球砸到他的时候，踢一脚。这就是全世界身价最高的运动员了。有的人说，他带球的速度惊人，那是废话，别人一场跑 90 分钟，他就跑 15 秒，当然要快些了。

世界上最厉害的餐饮企业，麦当劳。它的老板也是懒得出奇，懒得学习法国大餐的精美，懒得掌握中餐的复杂技巧，弄两片破面包夹块牛肉就卖，结果全世界都能看到那个 M 的标志。必胜客的老板，懒得把馅饼的馅装进去，直接撒在发面饼上边就卖，结果大家管那叫 PIZZA，比十张馅饼还贵。

还有更聪明的懒人：

懒得爬楼，于是他们发明了电梯；

懒得走路，于是他们制造出汽车、火车和飞机；

懒得一个一个地杀人，于是他们发明了原子弹；

懒得每次去计算，于是他们发明了数学公式；

懒得出去听音乐会，于是他们发明了唱片、磁带和 CD。

这样的例子太多了，我都懒得再说了。还有那句废话也要提一下，生命在于运动，你见过哪个运动员长寿了？世界上最长寿的人还不是那些连肉都懒得吃的和尚？

如果没有这些懒人，我们现在生活在什么样的环境里，我都懒得想！

人是这样，动物也如此。世界上最长寿的动物叫乌龟，它们一辈子几乎不怎么动，就趴在那里，结果能活一千年。它们懒得走，但和勤劳好动的兔子赛跑，谁赢了？牛最勤劳，结果人们给它吃草，却还要挤它的奶。熊猫傻拉吧唧的，什么也不干，抱着根竹子能啃一天，人们亲昵地称它为“国宝”。

回到我们的工作中，看看你公司里每天最早来最晚走、一天像发条一样忙个不停的人，他是不是工资最低的？那个每天游手好闲、没事就发呆的家伙，是不是工资最高，据说还有不少公司的股票呢！

我以上所举的例子，只是想说明一个问题，这个世界实际上是靠懒人来支撑的。世界如此的精彩，都是拜懒人所赐。现在你应该知道你不成功的主要原因了吧！

懒不是傻懒，如果你想少干，就要想出懒的方法。要懒出风格，懒出境界。像我从小就懒，连长肉都懒得长，这就是境界。再次感谢大家！

简析：

本文是马云和雅虎的员工们的一次面对面的交流。在演讲中，马云颠覆了传统天才的定义，认为爱迪生的说法是有问题的。关于这个问题我们不想过多纠缠，因为公说公有理，婆说婆有理。但是马云的演讲给了我们启示，这就是凡事要动脑筋，不能蛮干，否则很难成功。马云的演讲说理透彻，证据充分，修辞手法运用得当，幽默风趣，很有说服力，是一篇很好的演讲辞。

十四、如何才能获得成功、自信与快乐

李开复

此前，我和中国学生的多次交流都是围绕如何达到优秀和卓越、如何成为领导人才而展开的。最近，在新浪网的聊天室和我收到的许多电子邮件中，我发现更多的中国学生需要知道的不是如何从优秀到卓越，而是如何从迷茫到积极、从失败到成功、从自卑到自信、从惆怅到快乐、从恐惧到乐观。

一个极端的例子是 2004 年 2 月发生在云南大学的马加爵事件。马加爵残忍地杀害了自己的 4 名同学。但从马家爵被捕后与心理学家的对话内容看来，他应该不是一个邪恶的人，而是一个迷失方向、缺乏自信、性格封闭的孩子。他和很多大学生一样，迫切希望知道如何才能获得成功、自信和快乐。

我这一封信是写给那些渴望成功但又觉得成功遥不可及，渴望自信却又总是自怨自艾，渴望快乐但又不知快乐为何物的学生看的。希望这封信能够带给读者一个关于成功的崭新定义，鼓励读者认识和肯定自己，做一个快乐的人。也希望这封信能够帮助读者理解成功、自信、快乐是一个良性循环：从成功里可以得到自信和快乐，从自信里可以得到快乐和成功，从快乐里可以得到成功和自信。

成功就是成为最好的你自己

美国作家威廉・福克纳说过："不要竭尽全力去和你的同僚竞争。你应该在乎的是，你要比现在的你强。"

中国社会有个通病，就是希望每个人都照一个模式发展，衡量每个人是否"成功"采用的也是一元化的标准：在学校看成绩，进入社会看名利。尤其是在今天的中国，人们对财富的追求首当其冲，各行各业对一个人的成功的评价，更多地以个人财富为指标。但是，有了最好的成绩就能对社会有所贡献吗？有名利就一定能快乐吗？

真正的成功应是多元化的。成功可能是你创造了新的财富或技术，可能是你为他人带来了快乐，可能是你在工作岗位上得到了别人的信任，也可能是你找到了回归自我、与世无争的生活方式。每个人的成功都是独一无二的。所以，凌志军在其《成长》一书中得出的重要结论是"成为最好的你自己"。也就是说，成功不是要和别人相比，而是要了解自己，发掘自己的目标和兴趣，努力不懈地追求进步，让自己的每一天都比昨天更好。

成功的第一步：把握人生目标，做一个主动的人

在新浪聊天室里，当网友问我的人生目标是什么时，我是这么回答的："人生只有一次，我认为最重要的就是要有最大的影响力（impact），能够帮助自己、帮助家庭、帮助国家、帮助世界、帮助后人，能够让他们的日子过得更好、更有效率，能够为他们带来幸福和快乐。"我回答这个问题时丝毫不需要思考，因为我从大学二年级起就把"影

响力”当作自己的人生目标。

对我来说，人生目标不是一个口号，而是我最好的智囊，它曾多次帮我解决工作和生活中的难题。我当初放弃在美国的工作，只身来到中国创立微软中国研究院，就是因为我觉得后一项工作有更大的影响力，和我的人生目标更加吻合。此外，当我收到一封封迷茫学生的来信，给他们写回信时，我也会想：“如何让回信有更大的影响力？”我先后公开的三封“给中国学生的信”都是如此诞生的。

马加爵也悟出了他的人生目标，只可惜他是在案发被捕后才悟出的。他说：“姐，现在我对你讲一次真心话，我这个人最大的问题就是出在我觉得人生的意义到底是为了什么？……在这次事情以后，此时此刻我明白了，我错了。其实人生的意义在于人间有真情。”如果马加爵能早几个月悟出人生目标，他在做傻事前就会问问自己，充满真情的父母、姐姐会怎么看待这件事？这样，他可能就不会走上歧途了。

所以，无论是为了真情，为了影响力，还是为了快乐、家人、道德、宁静、求知、创新……一旦确定了人生目标，你就可以像我一样在人生目标的指引下，果断地做出人生中的重大决定。每个人的人生目标都是独特的。最重要的是，你要主动把握自己的人生目标。但你千万不能操之过急，更不要为了追求所谓的“崇高”，或为了模仿他人而随便确定自己的目标。

那么，该怎么去发现自己的目标呢？许多同学问我他们的目标该是什么？我无法回答，因为只有一个人能告诉你人生的目标是什么，那个人就是你自己。只有一个地方你能找到你的目标，那就是你心里。

我建议你闭上眼睛，把第一个浮现在你脑海里的理想记录下来，因为不经过思考的答案是最真诚的。或者，你也可以回顾过去，在你最快乐、最有成就感的时光里，是否存在某些共同点？它们很可能就是最能激励你的人生目标了。再者，你也可以想象一下，十五年后，当你达到完美的人生状态时，你将会处在何种环境下？从事什么工作？其中最快乐的事情是什么？当然，你也不妨多和亲友谈谈，听听他们的意见。

成功的第二步：尝试新的领域、发掘你的兴趣

为了成为最好的你自己，最重要的是要发挥自己所有的潜力，追逐最感兴趣和最有激情的事情。当你对某个领域感兴趣时，你会在走路、上课或洗澡时都对它念念不忘，你在该领域内就更容易取得成功。更进一步，如果你对该领域有激情，你就可能为它废寝忘食，连睡觉时想起一个主意，都会跳起来。这时候，你已经不是为了成功而工作，而是为了“享受”而工作了。毫无疑问的，你将会从此得到成功。

相对来说，做自己没有兴趣的事情只会事倍功半，有可能一事无成。即便你靠着资质或才华可以把它做好，你也绝对没有释放出所有的潜力。因此，我不赞同每个学生都追逐最热门的专业，我认为，每个人都应了解自己的兴趣、激情和能力（也就是情商中所说的“自觉”），并在自己热爱的领域里充分发挥自己的潜力。

比尔·盖茨曾说：“每天清晨当你醒来的时候，都会为技术进步给人类生活带来的发展和改进而激动不已。”从这句话中，我们可看出他对软件技术的兴趣和激情。1977年，因为对软件的热爱，比尔·盖茨放弃了数学专业。如果他留在哈佛继续读数学，并

成为数学教授，你能想象他的潜力将被压抑到什么程度吗？2002 年，比尔·盖茨在领导微软 25 年后，却又毅然把首席执行官的工作交给了鲍尔默，因为只有这样他才能投身于他最喜爱的工作——担任首席软件架构师，专注于软件技术的创新。虽然比尔·盖茨曾是一个出色的首席执行官，但当他改任首席软件架构师后，他对公司的技术方向做出了重大贡献，更重要的是，他更有激情、更快乐了，这也鼓舞了所有员工的士气。

比尔·盖茨的好朋友，美国最优秀的投资家，华伦·巴菲特也同样认可激情的重要性。当学生请他指示方向时，他总这么回答："我和你没有什么差别。如果你一定要找一个差别，那可能就是我每天有机会做我最爱的工作。如果你要我给你忠告，这就是我能给你的最好忠告了。"

比尔·盖茨和华伦·巴菲特给我们的另一个启示是，他们热爱的并不是庸俗的、一元化的名利，他们的名利是他们的理想和激情带来的。美国一所著名的经管学院曾做过一个调查，结果发现，虽然大多数学生在入学时都想追逐名利，但在拥有最多名利的校友中，有 90%是入学时追逐理想、而非追逐名利的人。

我刚进入大学时，想从事法律或政治工作。一年多后我才发现自己对它没有兴趣，学习成绩也只在中游。但我爱上了计算机，每天疯狂地编程，很快就引起了老师、同学的重视。终于，大二的一天，我做了一个重大的决定：放弃此前一年多在全美前三名的哥伦比亚大学法律系已经修成的学分，转入哥伦比亚大学默默无名的计算机系。我告诉自己，人生只有一次，不应浪费在没有快乐、没有成就感的领域。当时也有朋友对我说，改变专业会付出很多代价，但我对他们说，做一个没有激情的工作将付出更大的代价。那一天，我心花怒放、精神振奋，我对自己承诺，大学后三年每一门功课都要拿 A。若不是那天的决定，今天我就不会拥有在计算机领域所取得的成就，而我很可能只是在美国某个小镇上做一个既不成功又不快乐的律师。

即便如此，我对职业的激情还远不能和我父亲相比。我从小一直以为父亲是个不苟言笑的人，直到去年见到父亲最喜爱的两个学生（他们现在都是教授），我才知道父亲是多么热爱他的工作。他的学生告诉我："李老师见到我们总是眉开眼笑，他为了让我们更喜欢我们的学科，常在我们最喜欢的餐馆讨论。他在我们身上花的时间和金钱，远远超过了他微薄的收入。"我父亲是在 70 岁高龄，经过从军、从政、写作等职业后才找到了他的最爱——教学。他过世后，学生在他抽屉里找到他勉励自己的两句话："老牛明知夕阳短，不用扬鞭自奋蹄。"最令人欣慰的是，他在人生的最后一段路上，找到了自己的最爱。

那么，如何寻找兴趣和激情呢？首先，你要把兴趣和才华分开。做自己有才华的事容易出成果，但不要因为自己做得好就认为那是你的兴趣所在。为了找到真正的兴趣和激情，你可以问自己：对于某件事，你是否十分渴望重复它，是否能愉快地、成功地完成它？你过去是不是一直向往它？是否总能很快地学习它？它是否总能让你满足？你是否由衷地从心里（而不只是从脑海里）喜爱它？你的人生中最快乐的事情是不是和它有关？当你这样问自己时，注意不要把你父母的期望、社会的价值观和朋友的影响融入你的答案。

如果你能明确回答上述问题，那你就是幸运的，因为大多数学生在大学四年里都在摸索或悔恨。如果你仍未找到这些问题的答案，那我只有一个建议：给自己最多的机会去接触最多的选择。记得我刚进卡内基·梅隆的博士班时，学校有一个机制，允许学生挑老师。在第一个月里，每个老师都使尽全身解数吸引学生。正因为有了这个机制，我才幸运地碰到了我的恩师瑞迪教授，选择了我的博士题目“语音识别”。虽然并不是所有学校都有这样的机制，但你完全可以自己去了解不同的学校、专业、课题和老师，然后从中挑选你的兴趣。你也可以通过图书馆、网络、讲座、社团活动、朋友交流、电子邮件等方式寻找兴趣爱好。唯有接触你才能尝试，唯有尝试你才能找到你的最爱。

我的同事张亚勤曾经说：“那些敢于去尝试的人一定是聪明人。他们不会输，因为他们即使不成功，也能从中学到教训。所以，只有那些不敢尝试的人，才是绝对的失败者。”希望各位同学尽力开拓自己的视野，不但能从中得到教益，而且也能找到自己的兴趣所在。

成功的第三步：针对兴趣，制定阶段性目标，一步步迈进

找到了你的兴趣，下一步该做的就是制定具体的阶段性目标，一步步向自己的理想迈进。

首先，你应客观地评估距离自己的兴趣和理想还差些什么？是需要学习一门课、读一本书、做一个更合群的人、控制自己的脾气还是成为更好的演讲者？十五年后成为最好的自己和今天的自己会有什么差别？还是其他方面？你应尽力弥补这些差距。例如，当我决定我一生的目的是要让我的影响力最大化时，我发现我最欠缺的是演讲和沟通能力。我以前是一个和人交谈都会脸红，上台演讲就会恐惧的学生。我做助教时表现特别差，学生甚至给我取了个“开复剧场”的绰号。因此，为了实现我的理想，我给自己设定了多个提高演讲和沟通技巧的具体目标。

其次，你应定阶段性的、具体的目标，再充分发挥中国人的传统美德——勤奋、向上和毅力，努力完成目标。比如，我要求自己每个月做两次演讲，而且每次都要我的同学或朋友去旁听，给我反馈意见。我对自己承诺，不排练三次，决不上台演讲。我要求自己每个月去听演讲，并向优秀的演讲者求教。有一个演讲者教了我克服恐惧的几种方法，他说，如果你看着观众的眼睛会紧张，那你可以看观众的头顶，而观众会依然认为你在看他们的脸，此外，手中最好不要拿纸而要握起拳来，那样，颤抖的手就不会引起观众的注意。当我反复练习演讲技巧后，我自己又发现了许多秘诀，比如：不用讲稿，通过讲故事的方式来表达时，我会表现得更好，于是，我仍准备讲稿但只在排练时使用；我发现我回答问题的能力超过了我演讲的能力，于是，我一般要求多留时间回答问题；我发现自己不感兴趣的东西就无法讲好，于是，我就不再答应讲那些我没有兴趣的题目。几年后，我周围的人都夸我演讲得好，甚至有人认为我是个天生的好演说家，其实，我只是实践了中国人勤奋、向上和毅力等传统美德而已。

任何目标都必须是实际的、可衡量的目标，不能只是停留在思想上的口号或空话。制定目标的目的是为了进步，不去衡量你就无法知道自己是否取得了进步。所以，你必须把抽象的、无法实施的、不可衡量的大目标简化成为实际的、可衡量的小目标。举例来说，几年前，我有一个目标是扩大我在公司里的人际关系网，但“多认识人”或“增

加影响力”的目标是无法衡量和实施的，我需要找一个实际的、可衡量的目标。于是，我要求自己“每周和一位有影响力的人吃饭，在吃饭的过程，要这个人再介绍一个有影响的人给我”。衡量这个目标的标准是“每周与一人一餐、餐后再认识一人”。当然，我不会满足于这些基本的“指标”。扩大人际关系网的目的是使工作更成功，所以，我还会衡量“每周一餐”中得到了多少信息，有多少我的部门雇用的人是在这样的人际网中认识的。一年后，我的确从这些衡量标准中，看到了自己的关系网有了显著的扩大。

制定具体目标时必须了解自己的能力。目标设定过高固然不切实际，但目标也不可定得太低。对目标还要做及时的调整：如果超出自己的期望，可以把期望提高；如果未达到自己的期望，可以把期望调低。达成了一个目标后，可以再制定更有挑战性的目标；失败时要坦然接受，认真总结教训。

最后，再一次提醒同学们，目标都是属于你的，只有你知道自己需要什么。制定最合适的目标，主动提升自己，并在提升过程中客观地衡量进度，这样才能获得成功，才能成为更好的你自己。

自信是自觉而非自傲

自信的人敢于尝试新的领域，能更快地发展自己的兴趣和才华，更容易获得成功。自信的人也更快乐，因为他不会时刻担心和提防失败。很多人认为自信就是成功。一个学生老得第一名，他有了自信。一个员工总是被提升，他也有了自信。但这只是一元化的成功和一元化的自信。其实，自信不一定都是好事。没有自觉的自信会成为自傲，反而会失去了别人的尊重和信赖。好的自信是自觉的，即很清楚自己能做什么，不能做什么。自觉的人自信时，他成功的概率非常大；自觉的人不自信时，他仍可努力尝试，但会将风险坦诚地告诉别人。自觉的人不需要靠成功来增强自信，也不会因失败而丧失自信。

自信的第一步：不要小看自己，多给自己打气

“自信”的关键在于自己。如果你自己总认为自己不行，你是无法得到自信的。例如，马加爵曾说：“我觉得我太失败的，同学都看不起我……很多人比我老练，让我很自卑。”虽然马加爵很聪明也很优秀，但他从没有真正自信过。

自信的秘密是相信自己有能力。中国古谚：“天生我才必有用”，“一株草，一点露”，每个人都有自己的特性和长处，值得看重和发挥。我记得我 11 岁刚到美国时，课堂上一句英语都听不懂，有一次老师问“1/7 换算成小数等于几？”我虽然不懂英文，但认得黑板上的“1/7”，这是我以前“背”过的。我立刻举手并正确回答了这个问题。不会“背书”的美国老师诧异地认为我是个“数学天才”，并送我去参加数学竞赛，鼓励我加入数学夏令营，帮助同学学习数学。她的鼓励和同学的认可给了我自信。我开始告诉自己，我有数学的天分。这时，我特别想把英文学好，因为只有这样才能学习更多的数学知识。这种教育方式不但提高了我的自信，也帮助我在各方面取得了长足的进步。

中国式教育认为人的成长是不断克服缺点的过程，所以老师更多是在批评学生，让学生弥补最差的学科。虽然应把每科都学得“足够好”，但人才的价值在于充分发挥个

人最大的优点。

美国盖洛普公司最近出了一本畅销书《现在，发掘你的优势》。盖洛普的研究人员发现：大部分人在成长过程中都试着“改变自己的缺点，希望把缺点变为优点”，但他们却碰到了更多的困难和痛苦；而少数最快乐、最成功的人的秘诀是“加强自己的优点，并管理自己的缺点”。“管理自己的缺点”就是在不足的地方做得足够好，“加强自己的优点”就是把大部分精力花在自己有兴趣的事情上，从而获得无比的自信。

凌志军的《成长》一书里还有很多得到自信的例子：微软亚洲工程院院长张宏江说他从小就“相信我是最聪明的。即使再后来的日子里我常常不如别人，但我还是对自己说：我能比别人做得好”；微软亚洲研究院的主任研究员周明小时候在“学生劳动”中刷了 108 个瓶子，打破了纪录，从而获得自信。他说：“我原来一直是没有自信心的，但是这件事给了我自信。这是我一生中最快乐的经验，散发着一种迷人的力量，一直持续到今天。我发现了天才的全部秘密，其实只有 6 个字：不要小看自己。”

自信是一种感觉，你没有办法用背书的方法“学习”自信，而唯一靠“学习”提升自信的方法是以实例“训练”你的大脑。要得到自信，你必须成为自己最好的拉拉队，每晚入睡前不妨想想，今天发生了什么值得你自豪的事情？你得到了好的成绩吗？你帮助了别人吗？有什么超出了你的期望吗？有谁夸奖了你吗？我相信每个人每天都可以找到一件成功的事情，你会慢慢发现，这些“小成功”可能会越来越有意义。

有个著名教练在每次球赛前，总会要求队员回忆自己最得意的一次比赛。他甚至让队员把最得意的比赛和一个动作（如紧握拳头）联系起来，以便使自己每次做这个动作时，就会下意识地想到得意的事，然后在每次比赛前反复做这个动作以“训练”大脑，提升自信。

希望同学们都能成为自己最好的拉拉队，同时多结交为你打气的朋友，多回味过去的成功，千万不要小看自己。

自信的第二步：用毅力、勇气，从成功里获得自信，从失败里增加自觉

当你感觉到自信时，无论多么小的成功，你都会特别期望再一次得到自己或别人的肯定，这时，你需要有足够的毅力。只要你有毅力，就会像周明所说的那样，“什么事情只要我肯干，就一定可以干好。你能学会你想学会的任何东西，这不是你能不能学会的问题，而是你想不想学的问题。如果你对自己手里的东西有强烈的欲望，你就会有一种坚韧不拔的精神，尤其当你是普通人的时候。”

有时，你可能没做过某一件事，不知道能不能做成。这时，除了毅力外，你还需要勇气。我以前在工作中，一般的沟通没有问题，但到了总裁面前，总是不敢讲话，怕说错话。直到有一天，公司要做改组，总裁召集十多个人开会，他要求每个人轮流发言。我当时想，既然一定要讲，那不如把心里话讲出来。于是，我鼓足勇气说：“我们这个公司，员工的智商比谁都高，但是我们的效率比谁都差，因为我们整天改组，不顾到员工的感受和想法……”我说完后，整个会议室鸦雀无声。会后，很多同事给我发电子邮件说：“你说得真好，真希望我也有你的胆子这么说。”结果，总裁不但接受了我的建议，改变了公司在改组方面的政策，而且还经常引用我的话。从此，我充满了自信，不惧怕

在任何人面前发言。这个例子充分印证了“你没有试过，你怎么知道你不能”这句话。

有勇气尝试新事物的同时，也必须有勇气面对失败。大家不能只凭匹夫之勇去做注定要失败的事。但当你畏惧失败时，不妨想一想，你怕失去什么？最坏的下场是什么？你不能接受吗？在上面的例子中，如果总裁否定了我的看法，他会不尊重我吗？不但不会，别人很可能还会认为我勇气可嘉。而且，自觉的人会从失败中学习，认识到自己不适合做什么事情，再提升自己的自觉。因此，不要畏惧失败，只要你尽了力，愿意向自己的极限挑战，你就应为自己的勇气而自豪。

一个自信和自觉的人，如果能勇敢地尝试新的事物，并有毅力把它做好，他就会从成功里获得自信，从失败里增加自觉。

自信的第三步：自觉地定具体的目标，虚心地听他人的评估

培养自信也要设定具体的目标，一步步地迈进。这些目标也必须是可衡量的。我曾把我在总裁面前发言的例子讲给我女儿听，因为她的老师认为她很害羞，在学校不举手发言，我希望鼓励她勇于发言。她同意试一试，但她认为只有在适当的时候，有最好的意见时才愿意发言。但是，我认为有了“最好的意见”这个主观的评估，目标就很难衡量。于是，我和她制定了一个可衡量的、实际的目标：她每天举一次手，如果坚持一个月就有奖励。然后，我们慢慢增加举手的次数。一年后，老师注意到，她对课堂发言有了足够的自信。

自信绝非自我偏执、不容许自己犯错，或过度自我中心，失去客观的立场。我有个绝顶聪明的同事，他一生认准了“我永远不会错”这句“真理”。他表现得无比自信，一旦证明他某句话是对的，他就会提醒所有人几个月前他早就说过了。但因为他几乎是为了自信而活着，一旦证明他某句话是错的，他就会顾左右而言他，或根本否认此事。虽然他的正确率高达 95%，但 5%的错误让他失去了自己的信誉和他人的尊敬。这个例子告诉我们，自傲的自信或不自觉的自信甚至比不自信更加危险。

情商中的自觉有两个层面：对自己和环境皆能俱到，掌握主客观的情势。有自觉的人不会过度地自我批评，也不会天真地乐观，他们能客观地评估自己。所以，他们会坦诚地面对自己的能力极限，不会轻易地接受自己能力范围外的工作。当然，他们仍乐于接受挑战，但会在接受挑战时做客观的风险评估。这样的人不但对自己坦诚，对他人也坦诚。坦诚地面对失败会得到别人的信赖，因为他们知道你接受了教训。坦诚地面对自己的缺点也会得到别人的尊敬，因为他们知道你不会自不量力。所以，自觉的人容易成功，也容易自信。自觉的人不但公平地评价自己，还主动要求周围的人给自己批评和反馈。他们明白，虽然自己很自觉，但别人眼中的自己是更为重要的。一方面，别人眼中的自己更为客观，另一方面，别人眼中的自己才是真正存在的自己（“Perception is reality”），也就是说，如果别人都认为你错了，只有你自认为没有错，那么在社会、学校或公司眼中，你就是错了。所以，你必须虚心地理解和接受别人的想法，而且以别人的想法作为最终的目标。比如，我女儿可以每天评估自己的发言，但最终，只有当老师和同学们认为她是个开朗的、有想法的学生时，她才达到了最终的目标。

获得坦诚的反馈特别是负面的反馈并不容易。所以，你最好能有一些勇敢坦诚的知

心好友，他们愿意在私下对你说真心话。当然，你不能对负面的反馈有任何不满，否则你以后就听不到真心话了。除了私下的反馈外，在美国的公司里，还有一种“360度”意见调查，可以对员工的上司、下属同时做多方面的调查。因为这种调查是匿名的，它往往能获得真实的意见，如果很多人都说你在某方面仍须改进，这样的说法就比自己的或老板的看法更有说服力。虽然在学校里没有这种正式的调查，但是你仍然可以尽力地去理解他人对你的想法。我的父亲常教诲我们凡事谋之于众，就是指开放心胸，切勿坐井观天，局限了自己的视野。

马加爵说：“同学都看不起我。”其实，如果他有勇气向他信任的同学求证，他也许会发现自己错怪了同学，也许会发现交错了朋友，也许会证实同学确实看不起他并了解其中的原因，然后自我改进。坦诚的交流和真心的朋友或许都可以帮助马加爵避免悲剧的发生。

有自觉的人会为自己制定现实的目标，客观地衡量自己，并会请他人帮助评估。这样的人能持续提升自己的自信，并能避免自信发展为自傲。

快乐比成功更重要

科学研究证明：心情好的人最能发挥潜力；快乐能提高效率、创造力和正确决策的概率；快乐的人有开明的思想，愿意帮助别人。但与其说快乐带来成功，还不如说成功的目的是带来快乐。我曾建议同学们追逐自己的理想和兴趣，其实做自己理想的、有兴趣的事情就是一种快乐。所以，快乐比成功更应成为我们的最终目标。

快乐的第一步：接受你的父母、环境、自己

不快乐的人总对一些无奈的事生闷气，不喜欢自己、父母和老师，不愿意读枯燥的书、不愿意应付考试。对于这些无奈的事，我希望同学们能学会坦然地接受它们。

在所有“不能改变的事情”中，最不能改变的是父母，最应接受的也是父母。有不少学生说：“父母不理解我，不接受我，不体会我的想法，总要求我用他们的价值观和理念来做事、读书、求学。所以我总是避开他们，越来越孤独。”对这些同学，我的回答包括以下两个方面：

第一，你应该接受你的父母，千万不要因为感觉父母不理解你而自我封闭。父母的成长环境不同，思维方式不同，他们对成功的定义可能也不同，对你的期望与你对自己的期望就有较大的差异。但他们人生的路走得比你长，经验比你丰富，你不能先入为主地排斥他们。另外，你必须理解，父母是世界上最爱你的人，他们也是唯一可以无条件为你付出的人，你应该无条件地接受你的父母。作子女的经常把父母亲过度理想化，而疏忽了绝大多数的父母，在他们生长的环境中，物质条件比我们更为匮乏、不足，他们可能没有机会学习如何当一个称职的父母，但以他们的条件，也尽力了。如果我们鄙视、排斥父母，无异是对自己生命的来源不敬，那如何能快乐？

第二，你可以试着去改变父母的想法，但你首先应反问，你理解和接受你的父母吗？你能体会父母的想法吗？当你抱怨父母总是期望你完美时，难道你不也是在期望父母完美吗？凌志军建议说：“父母对你们的期望没有错，只是你们应该让父母了解，你们对

他们的期望。”所以，在要求他们理解你之前，你应先去理解他们，这样才能更成功地和他们沟通。相互了解后，也许你们仍有不同意见但能彼此谅解，也许你或他们会改变原来的看法而达到共识。为此，你首先应和父母建立一个坦诚的沟通关系。也许起初你们会觉得别扭，但我相信你们很快就会体会到亲情与温馨。

除了接受父母，你还应接受环境中不能改变的事情。有些同学期望着不必考他们认为没用的题目，不必上他们认为没用的课，不必听他们不信任的老师讲课。但在社会中生存，我们必须学会接受那些不能改变的事。凌志军说：“如果我遇到‘应该做的事情’和‘喜欢做的事情’之间的冲突，我会给自己安排一个时间表，每天在规定的时间里完成‘应该做的事情’——时间表能激励你集中精力并提高效率。然后去做‘喜欢做的事情’。”人生是有限的，大家应把有限的时间用在“喜欢做的事情”上，但必须先把“应该做的事情”做得足够好。

最无谓的“发愁”就是对自己不满意。这不但浪费了时间，而且会造成事倍功半。所以，同学们一方面要培养自己的自信，以每一个小的成功来激励自己，另一方面也必须能接受自己，理解你们是为自己而生活的。为自己而生活就是要为了自己的快乐、兴趣和人生目标而努力，不要活在别人的价值观里。微软亚洲研究院院长沈向洋小时候一直活在别人的价值观里，为了“第一名”拼命，但是有一天，“我忽然意识到原来的想法错了。打败别人，得第一名，不是最重要的。最重要的是，你能不能学会尊重你自己，能不能发现自己的价值在哪里。”

当你开始为自己而生活，接受并喜欢你自己，接受并接近你的父母，接受环境中不能改变的事情，你就会发现你开始快乐了。

快乐的第二步：宣泄你的情感，控制你的脾气

心理学家认为，马加爵“在精神上一直是孤独的，因为他总不愿与人交流，不愿说出自己真实的感受……是一个情绪反应相当激烈的人，但是他外表上又是一个相当压抑的人。”马加爵给亲人的信上也写道：“我这个人动情的话历来就讲不出口。”如果马加爵能直接地宣泄自己的感情，他也许可以防止悲剧发生。事后马加爵也想到：“逃亡的时候觉得自己傻，可以选择吵架就算了，没有必要杀人。”

中国人总认为矜持、含蓄是美德。但我认为，在今天的时代里，直截了当的沟通更为重要。拐弯抹角、言不由衷、瞻前顾后、当面不说、背后乱讲都是坏习惯。有一位中国老板和他的下属吵架，他问我是不是该请第三者调解，我给他的建议是：因为这是情感的事情，你应该直接去和下属沟通；第三者为了做和事佬，可能会说出违背你或你的下属意愿的话（例如谎称你已经认错，但其实你没有），这反而会造成更多的麻烦。

当然，在情感问题上，直接沟通也需要技巧。例如，那位老板如果第一句话就对下属说：“你错了，但是我不和你计较。”那么下属肯定会反感。如果老板说：“你在那么多人面前骂我，很显然是你想抢我的工作。”结果就更不堪设想。显然，当你直接沟通时，不要论对错，不要猜测别人的动机，更不要再趁机补一句。最有效的沟通就是直接谈到你的感情，比如那位老板可以说：“当你在那么多人面前骂我时，我感到失去尊严，非常为难。”这样一句话是不能反驳的，甚至可能会引发理解和同情。

当你怒火中烧时，把愤怒的话转变成感性的话并不容易。要做到这一点，我们又需要依靠“自觉”和“自控”。自觉不只是认识自己的能力，更是认识自己的感情。自觉的人知道自己何时会喜怒哀乐，也理解喜怒哀乐的宣泄会造成何种后果。如果他感到气愤，他不会瞬间爆炸，因为他知道爆炸的后果，但他也不会压抑自己的感情，因为那会对心灵造成很大的伤害，他通常会尽量自控地用最有建设性的方式处理。正面、感性的沟通可以降低火爆的气氛。感情和沟通都是最有感染性的，你完全可以用有建设性的、宽容的态度来与他人沟通并影响他人。

自控是一种内心的自我对话，可以提醒自己不要落入恶劣态度的陷阱。除了上述的理智分析外，深呼吸是最快、最简单的情绪调节方法，中国人说“心浮气躁”、“心神不宁”、“心乱如麻”、“心焦如焚”，指的都是心情紊乱和情绪及精神状态的关系，而“气定神闲”、“心安理得”最方便的做法就是深呼吸，也就藉由调气调息，把气调顺了，比较能摆脱情绪的牵扯，回到理性思考。美国对有暴力行为的加害人，都会施以团体教育，而教导他们认清暴力的毁灭性，学习控制自己的冲动，也就是懂得“叫停”或“离开现场”，以保护自己和对方的安全，避免铸成大错。

如果认为自控不容易，那么，你可以请你的知心好友随时提醒你。我过去的一个老板常常一生气就一发不可收拾，而且他生气都有前兆：他会先用刁钻的问题考倒你，然后他开始颤抖，最后他才发脾气。但他想改掉这个毛病，于是他要求我在每次看到前兆时，用一句“密语”（如“让我们言归正传吧”）来提醒他。几次“密语”提醒之后，他就有了自觉和自控的能力，再也不需要别人提醒了。

快乐的第三步：有人分享快乐加倍，有人分担痛苦减半

科学研究告诉我们，调节自己的心情最好的方法就是找到知心的人倾诉和沟通。科学的根据是，感情源于人脑的 lymbic 系统，而该系统主要靠与他人的接触调节。科学证明，在一起交谈的两个人会慢慢达到同样的心理状态（喜怒哀乐）和生理状态（体温、心跳等）。因此，若想达到感情的平衡，我们必须懂得依靠别人。与人沟通是提升你的情商和快乐的唯一方法。与世隔绝的人只会越来越苦闷。西方有一古谚：“有人分享快乐加倍，有人分担痛苦减半。”马加爵所谓的真情，应该就是指能分享心情、内心的人吧！

所以，如果你情绪不好，或受了委屈时，应多向父母、朋友倾诉，不要像马加爵那样总把话闷在心里，只对日记倾诉。马加爵很苦闷，却没有倾诉苦闷的渠道。他说：“我在学校一个朋友也没有，我在学校那么落魄……在各种孤独中间，人最怕精神上的孤独。”马加爵在人际交往中碰到很多障碍，这些障碍带给他苦闷，而这些苦闷又没有渠道宣泄，进而造成更大的苦闷。这个恶性循环最终导致了悲剧的发生。其实，马加爵的内心独白，证明他是一个有自觉的人，他能看清自己的困境，可惜他将自己锁在自我封闭的牢笼里，让仇恨把他带向毁灭。记得去年，非典风波，最恐怖的威胁就是被隔离，可是平日里我们却常忽略了心里的孤立，使我们和快乐绝缘。

要得到快乐，你需要幽默、乐观的想法和沟通。在所有的沟通中，“笑”的感染力是最大的。耶鲁大学的研究发现，“笑”的感染力超过了所有其他感情，人们总会反射

式地以微笑来回报你的微笑，而开怀的大笑更能迅速创造一个轻松的气氛，此外，幽默的笑也能促进相互信任，激发灵感。乐观、正面思考的力量是无穷的。近年来忧郁症已成为全世界来势汹汹的心理疾病，而其和负面思考有极大的关系，有些人习惯钻牛角尖，往悲观无助的方向想，困在死胡同中。如果能换个角度，半杯水有一半满的而非一半空的！现在的不如意，代表有无限成长进步的空间。学习检查自己，常保正念。无论是驱逐悲伤或是获取快乐，我们都需要从倾诉和沟通中得到正面的激励。最自然的沟通对象可能是你的亲人，特别是你的父母。我相信，所有的父母都愿意听孩子的倾诉。但是，"在家靠父母，出外靠朋友"，所以我们也需要和知心朋友沟通、倾诉。交朋友时不要只看朋友的嗜好和个性，更重要的是，你需要一些会鼓励人的、乐观的、幽默的、诚恳的、有同理心的、乐于助人的、愿意听人诉说的朋友。也许你会说："我没有这样的朋友，也不敢去乱找朋友，如果别人拒绝怎么办？"如果别人拒绝你，你没有失去任何东西，但如果别人接受你，你可能因此找到你自己。我希望你也会在寻找好友的过程中，也让自己成为这样一个会鼓励人的、乐观的、幽默的、诚恳的、有同理心的、乐于助人的、愿意听人诉说的人，并尽力去帮助你周围的亲人和朋友。唯有更多人愿意付出，快乐才能更迅速地通过人际网扩散。

给中国学生的祝福

我一直信奉以下做事的三原则：有勇气来改变可以改变的事情，有度量接受不可改变的事情，有智慧来分辨两者的不同。

祝福中国的学生，当你碰到挫折时，能用这三个原则，以度量、勇气、智慧来帮助你度过难关。

祝福中国的学生，当你追求成功、自信、快乐时，不要忘了成功是多元化的，不要忘了自信是自觉而非自傲，不要忘了快乐的人总能理解、接受和喜欢自己。

祝福中国的学生，当你逐步获得成功、自信、快乐时，会发现一个良性循环：从成功里得到自信和快乐，从自信里得到快乐和成功，从快乐里得到成功和自信。

祝福中国的学生，当你拥有成功、自信、快乐后，不要忘了帮助他人获得成功、自信和快乐。

简析：

李开复博士于 2005 年加入谷歌公司，并担任谷歌全球副总裁兼大中华区总裁。加盟谷歌之前，李开复博士在微软公司担任全球副总裁，是微软中国研究院（现为微软亚洲研究院）的创办人。此前，李开复先后在苹果公司、SGI 公司担任要职。李开复毕业于卡内基梅隆大学，获计算机学博士学位，留校任教期间，开发出了世界上第一个"非特定人连续语音识别"系统，被《商业周刊》授予 1988 年"最重要科学创新奖"。他同时还是美国电气电子工程师协会（IEEE）院士和美国华人精英组织百人会（Committee of 100）副会长。本文是李开复博士写给中国学生的多封信之一。本文告诉中国青年成功、快乐、自信的方法和途径。大学生阅读后一定大有裨益！

十五、你有选择的权利

李开复

有一位中国留学生看完了我的《写给中国学生的第三封信》后，感触很深，他写了一封信给我说："很小的时候，我的目标就是长大，长大了做什么，我当时没有想；读小学的时候，父母给我的目标就是考初中，考上初中做什么，我没有想过；读初中的时候，父母给我的目标就是考高中，考上高中做什么，我没有想过；读高中的时候，父母给我的目标就是考大学，考上大学做什么，我没有想过；上大学的时候，父母给我的目标就是要出国，出国做什么，我也没有想过；现在留学拿到了学位，要找工作了，下一步我该做些什么呢？这次，我要好好地想一想。谢谢你的第三封信，它唤醒了我埋藏了25年的进取心，它改变了我25年来被动的生活方式。从今天开始，我要积极主动地为自己而生活！"

当我为这位中国留学生终于理解他"有选择的权利"感到欢欣鼓舞的时候，我不禁想到，还有更多的年轻人依然在被动的道路上迷茫地生活着。在"开复学生网"我每天都看到"只有你能告诉我，我该怎么做"的被动思维。

在中国的教育体制下，学生们事事要听从父母和老师的安排，遇到问题也可以直接从父母和老师那里获得帮助，这很容易养成被动的习惯。因此，许多中国年轻人不善于主动规划自己的成长路线，不知道如何积极地寻找资源，使自己的学业和人生迈上更高的阶梯。

另一方面，中国的父母和老师习惯于使用越俎代庖的方式，帮助孩子设计人生规划，这通常会使很多人忽视了自己真正的性格和兴趣，当这些孩子长大以后，他们多半会发现，自己早已迷失在"自我缺失"的海洋里了。

此外，中国的传统文化强调群体意识，大力推崇"从上"、"从众"等行为方式。这些思想潜移默化地影响着一代又一代的青年，以至于许多年轻人觉得，"自主"这两个字是那么陌生和遥远。

所以，消极到积极之路是充满荆棘的。虽然在我的前四封信都有提到积极主动的重要性，我还是决定特别写一封有关积极主动的信。

为了成为国际化的人才，为了在信息时代发挥自己的最大潜能，每一个有进取心的中国青年都应该努力迫使自己从被动转向主动，大家必须成为自己未来的主人，必须积极地管理自己的学业和未来的事业——没有人比你自己更在乎你的工作与生活，没有人比你自己更适于管理你的人生和事业，只有积极主动的你，才能找到真正的"自我"，才能让自己在成功的道路上永远快乐！

消极被动（Reactive）的人总是认为自己受环境和他人的左右，如果别人不指点，环境不改变，自己就只有消极地生活下去。碰到问题的时候，消极被动的人总会找人帮着决定，环境不好的时候，他们就会怨天尤人。他们总是在等待命运安排或贵人相助。对一件事情，他们总认为是事情找上他们，自己无法主导或推动事情的进展。

积极主动（Pro-active）的人认为，无论在任何情况下，自己总有选择的权利。所以，他们对自己总是有一份责任感，因为命运操纵在自己的手里，而自己并不是环境或他人的附庸。对一件事情，他们总是认为，自己可以主导事情的发生、发展。

为什么要积极主动

三十年前，在工业社会里，每位员工都是企业机器里的一个齿轮。虽然机器需要齿轮，但是齿轮是可替换的。最好的齿轮是耐用的，而不是卓越的。

因此，这些公司最喜欢的人才是：一个有专业知识的、能够埋头苦干的人。

斗转星移，在今天这个瞬息万变的时代里，人们对人才的定义已经发生了很大的变化，因为在现代化的企业中，有更多的人享有决策的权利，有更多的人必须在思考中不断创新，也有更多的人有足够的空间来决定要做什么、要怎么做……大多数人的工作不再是机械式的重复劳动，而是需要独立思考、自主决策的复杂过程。著名的管理学家彼得德鲁克曾指出："未来的历史学家会说，这个世纪最重要的事情不是技术或网络的革新，而是人类生存状况的重大改变。在这个世纪里，人将拥有更多的选择，他们必须积极地管理自己。"

所以，今天大多数优秀的企业对人才的期望是：积极主动、充满热情、灵活自信。

要想在现代化的企业中获得成功，就必须努力培养自己的主动意识：在工作中要勇于承担责任，主动为自己设定工作目标，并不断改进方式和方法；此外，还应当培养推销自己的能力，在领导或同事面前要善于表现自己的优点。

作为当代中国的青年一代，你应该不再只是被动地等待别人告诉你应该做什么，而是应该主动去了解自己要做什么，并且规划它们，然后全力以赴地去完成。想想今天世界上最成功的那些人，有几个是唯唯诺诺、被动消极的人？对待自己的学业和研究项目，你需要以一个母亲对孩子那样的责任心全力投入、不断努力。只要有了积极主动的态度，没有什么目标是不能达到的。

其实，许多年轻人并不是没有积极主动的态度作出自己的决定，而是不习惯在重大问题上作出自己的决定。如果我问一位中国的大学生："你最常做的决定是什么？"他的回答很有可能是决定买什么样的电脑、看什么电影、读什么书等。这些事情固然需要作出决定，但是，许多更重要的决定更需要由你自己作出。例如，像读什么专业、读什么学校、考研还是出国等决定，大家可能习惯于听父母的安排，或参考大多数同学的选择——殊不知，在这些最重要的问题上，只有你自己的决定才能帮助你迈向真正的成功。自己做无关紧要的决定，但是对一生有重大影响的决定却听他人的，这是多么不合逻辑呀！此外，就算你自己作出了决定，也不见得你事先已经花了足够的时间调查和研究。鲁莽或草率的决定可能会让你后悔一辈子！

当 Google 的创始人赛吉·布林（Sergey Brin）和拉里·佩奇（Larry Page）在电视上被访问时，记者问他们的成功应该归功于哪一所学校，他们并没有回答斯坦福大学或密西根大学，而回答的是"蒙台梭利小学"自由自在的学习，没有任一消极输入的方式。在蒙台梭利教育的环境下，他们学会了"自己的事，自己负责，自己解决"，是这样的积极教育方式赋予了他们鼓励尝试、积极自主、自我驱动的习惯，因而带来了他们的成功。

所以，每一个年轻人都要拥有一个积极、主动的心，必须善于规划和管理自己的事业，为自己的人生作出最为重要的抉择。没有人比你更在乎你自己的事业，没有什么东西像积极主动的态度一样更能体现你自己的独立人格。

正如美国诗人惠特曼《草叶集》里所写的那样：“我不能，别的任何人也不能代替你走过那条路，你必须自己去走。”

积极主动的七个步骤

要达到积极主动的境界，我建议大家按照下面的七个步骤，循序渐进地调整自己的心态，培养自己的习惯，学习把握机遇、创造机遇的方法，并在积极展示自我的过程中收获成功和快乐。

步骤一：拥有积极的态度，乐观面对人生

心理学家早已发现：一个人被击败，不是因为外界环境的阻碍，而是取决于他对环境如何反应。中国国家男子足球队前主教练米卢·蒂诺维奇所说的“态度决定一切”就是这个意思。埋怨不会改变现实，但是积极的心态和行动可能改变一切。

根据心理学家的统计，每个人每天大约会产生5万个想法。如果你拥有积极的态度，那么你就能乐观地、富有创造力地把这5万个想法转换成正面的能源和动力；如果你的态度是消极的，你就会显得悲观、软弱、缺乏安全感，同时也会把这5万个想法变成负面的障碍和阻力。

消极的人允许或期望环境控制自己，喜欢一切听别人安排，但在这样的情况下，他不可能拥有控制自己命运的能力，也无法避免失败的厄运；相反的，积极的人总是以不屈不挠、坚韧不拔的精神面对困难，他的成功是指日可待的。

积极的人总是使用最乐观的精神和最辉煌的经验支配、控制自己的人生；消极者则刚好相反，他们的人生总是处在过去的种种失败与困惑的阴影里。

有了积极的态度，并不能保证事事成功。积极的态度肯定会改变一个人的生活方式，但并不能保证他每件事都心想事成；可是，坚持消极的态度却必败无疑，我从来没见过哪个持有消极态度的人能够取得可持续的、真正的成功。

当然，不是每一件事情都必须由自己来选择，也不是每一件事情都可以由自己来主导。所以在选择积极态度的同时，我们必须保持平和的心态，也就是我常说的那句活：有勇气改变可以改变的事情，有胸怀接受不可改变的事情，有智慧来分辨两者的不同。

步骤二：远离被动的习惯，从小事做起

消极被动的习惯是积极主动的最大障碍，如果你从小就在消极、被动的环境下长大，你就更应该努力剔除自身所拥有的那些消极因素。

例如，消极被动的人总是迷信宿命论，把不如意的事情纷纷归罪于基因遗传、星座、血型等因素，并由此变得自怨自艾，总是怪罪别人的不是，指责环境的恶劣——如果这样的想法成为习惯，他就会陷入消极被动的恶性循环，难以自拔。

年轻人该如何远离消极被动？我想向大家提出五个建议：

1. 不要盲目听信人言，应冷静辨析，积极求证。

现在，网上经常流传着各种谣言。如果盲目轻信这些谣言，你就会被某些别有用心的人左右。例如，有同学发信来说："我想读一个民办学校的课程，因为它可以发'英国剑桥大学的学位'。"冷静辨析应该会告诉你：在这样"天上掉馅饼"的事情里总会暗藏着什么圈套。然后只要到搜索引擎积极求证，马上就可辨其真伪。

此外，有许多同学不懂得主动搜寻和验证信息的方法或重要性。有不少同学请我帮他找某某大学的信息，甚至，还有的同学向我询问某个单词的意义和用法——实际上，这些信息在网上只要简单搜索一下，就能找到答案。因此，当我每次查出答案后，总是告诫这些同学说："如果你想知道什么，就自己到网上去找，不要急着去问别人；如果你听到了什么，不要盲目信从，应当自己主动去网上求证。"

2. 不要让事情找上你，应主动对事情施加影响。

每一件发生在你身上的事都应该是因你的决定而发展、变化的，而不应该是因为你无所作为才变成现实的。

有位同学告诉我说："我申请了两个工作，其中，我比较喜欢那份竞争激烈的工作，但同学们也都在争取那份工作。我现在只好选择等待，如果那家公司不聘请我，我就到另一家公司去。"

我很惊讶地问他："既然你很喜欢第一份工作，为什么你这么被动，只知道等待而不去主动争取呢？"

不要忘了，被动就是弃权，不做决定也是一种决定。

在微软工作的华人都知道郭蓓蕾，一位小巧玲珑、年轻活泼的女孩，见她第一眼你可能很惊讶她是微软最资深的华人经理之一。但是如果你和她交谈一分钟，你就会一点也不惊讶了她讲的每一句话流露了自信和积极乐观的领导力、严谨的逻辑和战略思想。

她曾告诉我她积极主动的一个故事："我十六岁从中国移民到美国。我到美国后六个月就必须参加 SAT 考试。那时我英语口语已经不差，但是文法、词汇、作文都很不行。虽然我的 SAT 数学考了 780 分（接近满分 800 分），但是英语只考了 280 分。如果交白卷也有 200 分，你就可以想象 280 分是多么糟糕！但是我依然满怀希望地申请了加州大学的电机工程系。"

"由于我的英语 SAT 分数太低，我的申请表很可能没有被阅读就被直接拒绝了，但是我不服输，我深信如果我被录取，我会是一个成功的工程师。于是，我决定'上诉'。"

"我直接写了一封信给加州大学的工学院长。在信里，我做了自我介绍，我自豪地描述了我在理工方面的成就，解释了我刚到美国六个月的英语问题，强调了我的学习能力和刻苦精神。最后，我说：'院长女士，如果你录取我，我保证我会成为贵校的财产。'"

"两天后，院长约谈了我。我和她面谈时，她看出我的英语其实已经进步。很快我对她当面保证我的英语会学得和美国同学一样好。一星期后，加州大学收回成命，决定录取我。"

3. 不要习惯性地同意或追随别人，应当学会"有主见"。

年轻人必须知道自己喜欢什么、需要什么，而不应当随波逐流。许多同学有很强的

“从众”心态，自己有想法不表达，时间久了甚至都不清楚自己的想法是什么了。他们每次都会习惯性地先问别人：“你怎么想？”而从不会问问自己：“我怎么看？”

要改掉这个习惯，你就需要下定决心，每一件小事都要表达出自己的意见，就算你不是很在乎。例如，自己决定在餐馆点什么菜，自己决定自己的衣着打扮，周末时自己决定要去哪里玩，等等。你应该学会对自己的生活作出合理的安排，而不是“别人怎样我就怎样”。当自己感觉“无所谓”，想依从别人的意见时，记得提醒自己，一定要把自己的选择展现出来。甚至在自己不是很在乎或不是很确定时，也要正确表达出自己的想法。让“无所谓”这个词从你的词汇里消失。

不要被别人影响，也不要觉得自己一定要“从众”。如果和朋友出去吃饭，大家都不要甜点，但是你想吃，那么，千万不要因为别人的决定而影响你自己意见的表达。有没有什么人总是喜欢告诉你该做什么？如果有，下定决心，要求他们不要再这么做。如果他们不听，那就不要和他们在一起。

也就是说，大家要设法让自己潜意识里的“我感觉，我想要”体现出来，不要被动，不要从众，避免盲目听从父母、老师、名人 …… 答应自己，当你认为必须说“NO”的时候，千万不要说“Yes”。从小事到大事，你如果都能做到听从自己的意愿，日子久了，你就会养成积极主动的习惯。

4．不要说“我办不到”，应当积极去尝试。

遇到困难时，不要找借口，应该多想一想，有没有别的解决方案？能不能将问题分解开来，一步一步地加以解决？或者，是否需要先提高自己在某方面的能力，然后再回头来处理这个难题？不要因为逃避而说自己没有选择或没有时间——没有人缺少时间，只不过，每个人分配时间的方式有所不同而已。

5．使用语言下意识地训练自己。

在史蒂芬·柯维的《高效能人士的七个习惯》中，他提出：我们的语言会下意识地引导我们的思想，也会真切地反映一个人对环境的态度。

习惯于消极被动的人，言语中就会流露出推卸责任的个性。

例如，他们在生气时会抱怨说：“他使我怒不可遏！”——他们想说的其实是：责任不在我，是外力左右了我的情绪。

他们总是抱怨：“我没时间。”——这表明：又是外力控制了我，让我没有选择的机会。

他们还喜欢说：“我不得不如此。”——这其实意味着：迫于环境或他人的压力，我只好选择服从。他们在自我表白的时候说：“我就是这样的人。”——这其实是在宣称：我已经无法改进或提高自己了。

相反，积极主动的人总是在言语中赋予自己决定的权利，他们喜欢说的话包括：“试试看有没有其他的可能性”、“也许我可以换个思路”、“我可以控制自己的情绪”、“我可以想出更有效的表达方式”、“我的感觉是……”、“我选择……”、“我要……”、“我情愿……”、“我打算……”、“我决定……”，等等。

所以，我们要多学习积极主动者的讲话方式，在说话时多用“我……”的句式，多给自己决定的权利，少推卸责任，少埋怨。

步骤三：对自己负责，把握自己的命运

有位学生问我："这个世界到底是不是公平的？"这个问题在"开复学生网"上引起了一场大讨论。有些同学认为世界公平，一个人只要有志气就一定能克服一切障碍；也有些同学认为世界极端不公平，因为无论是财富、天赋还是运气，老天爷好像总是青睐别人。

对此，我的回答是：一切都靠命运（宿命论）和一切都靠自己（人定胜天）都是不合适的。每一个人都有选择，都有机会，但是，先天和环境因素造成每个人的机会多少不同，所以，这个世界不是完全公平的。但如果你因为世界不公平而放弃了自己的机会和选择，那就是你自己的责任，就不能怪世界不公平了。

举一个例子，有些人出生时就因为遗传的原因，可能会在某个时候患上较严重的疾病。但这并不表明他一定会患病。如果他能把握机会，做正确的选择，安排好自己的锻炼和饮食，他很可能比谁都健康；但是，如果他就因为"基因不好"就自暴自弃，那么他得病的几率几乎一定会成倍增加。

所以，凡事都要想清楚，什么是自己不能改变而必须接受的，什么是自己可以选择的，什么是自己必须勇敢挑战的。当你碰到不可改变的事情时，要勇敢地接受它，不要把时间浪费在悔恨、羡慕和嫉妒上。你应该做的是积极主动地抓住命运中你可以选择、可以改变、可以最大化你的影响力的部分。

还有，就算在最艰苦的时候，当你感觉命运已抛你而去时，你总是有选择的。就像弗兰克说的："在任何极端的环境里，人们总会拥有一种最后的自由，那就是选择自己的态度的自由。""积极主动"的含义不仅限于主动决定并推动事情的进展，还意味着人必须为自己负责。责任感是一个很重要的观念，积极主动的人不会把自己的行为归咎于环境或他人。他们在待人接物时，总会根据自身的原则或价值观，做有意识的、负责任的抉择，而非完全屈从于外界环境的压力。

对自己负责的人会勇敢地面对人生。大家不要把不确定的或困难的事情一味搁置起来。比方说，有些同学认为英语重要，但学校不考试时，自己就不学英语；或者，有些同学觉得自己需要参加社团锻炼沟通能力，但因为害羞就不积极报名。对此，我们必须认识到，不去解决也是一种解决，不做决定也是一个决定，消极的解决和决定将使你面前的机会丧失殆尽，你终有一天会付出沉重的代价。

有同学问我："不确定时，该如何负责？"其实，就算你不确定自己想要什么，你至少应该知道自己不要什么；就算你不能积极争取你最想要的，至少也应积极避免你最不想要的。

如果你想做一个积极主动、对自己负责的人，我建议你立即行动起来，按照以下几点严格要求自己：

以一整天时间，倾听自己以及四周人们的语言，注意是否有"但愿"、"我办不到"或"我不得不"等字眼出现。

依据过去的经验，设想一下，自己近期内是否会遭遇一些令人退缩逃避的情况？这种情况处在你自己的影响范围之内吗？你应该如何本着积极主动的原则加以应对？请

在脑海中一一模拟。

从工作或日常生活中，找出一个令你备感挫折的事情。想一想，它属于哪一类，是可以直接控制的事情，还是可以间接控制的事情，抑或根本无法控制的事情，然后在自己的影响范围内寻找解决方案并付诸行动。

锻炼自己积极主动的意识。在三十天内，专注于自己影响范围内的事物，对自己许下承诺，并予以兑现；做一支照亮他人的蜡烛，而非评判对错的法官；以身作则，不要只顾批评；解决问题，不要制造问题；不必怪罪别人或为自己文过饰非，不怨天，不尤人；别活在父母、同事或社会的荫庇之下，善用天赋的独立意志，为自己的行为与幸福负责。试行积极主动的三十天训练法，观察一下，自己的影响范围在训练之后是否有所变化？

步骤四：积极尝试，邂逅机遇

在和学生的交流中，我发现，一些学生因为受到一些挫折就丧失了奋斗的勇气。例如，有的学生因为应试教育在大学中延续而后悔念大学，有些学生因为专业不合适就虚度时光，还有的学生因为在研究生期间遇到种种学术上的难题而感到气馁 …… 不知道大家有没有想过，这些都是可以直面的挫折，它们都需要你具有积极主动的态度。生命中随处是机遇，许多机遇就藏在一个又一个挫折之中，如果你在挫折面前气馁，你很可能会与自己的机遇擦肩而过。

积极尝试是学习最好的方法。在一个先进的公司，你不需要担心失败。在一项美国公司的首席执行官的调查中发现，他们最欣赏的就是那些主动要求做某项新工作的员工。无论是否能做好，至少这些员工比那些只会被动接受工作的员工要令人欣赏，因为他们有勇气、积极上进，而且会从中学习。

对于那些正在选择人生道路的年轻人来说，他们更应该积极地尝试不同的事情。在美国，父母经常说的一句话是："你没有试过，怎么知道自己不喜欢呢？"所以，我建议大家充分利用自己的时间，尝试做不同的事情，找到通向成功的门径。只有这样，我们才能在人生之路上邂逅更多的机遇。

我的积极主动的习惯是五岁开始的。记得五岁的时候，我觉得幼儿园的课程太简单了，于是就主动跟父母说："我想跳级读小学。"父母建议我还是按部就班地读书，等到有足够的能力时再去读小学。为了学到更多的知识，我大胆地提出："让我尝试一下好吗？如果我的能力不够，我就没法通过小学的入学考试；可如果我通过了考试，就表明我有这样的能力，那你们就应该让我去读小学。"父母很爽快地答应了下来。于是我努力读书，最后以高分考进了私立小学。事过三十多年，当时母亲带我去看"放榜"时，看到"李开复"三字排在榜首的那份兴奋，今天想来依然历历在目。这件事让我懂得，只要大胆尝试，积极进取，我就有机会得到我期望中的成功。这也为我日后的自信和积极奠定了坚实的基础。

另外一个例子来自于我的年轻朋友郭去疾。他的人生之学是：每一扇机遇之门，都有一个守门人。收获机遇的临门一脚，在于主动执著地去找这个守门人。当他 1999 年从中国科技大学本科毕业时，收到了很多美国一流大学的录取通知，但是一律没有奖学金。于是，他开始给这些大学的教授们写信，希望他们能接受我作为研究助理从而获得资助。一个月中，他写了两百封信，虽然有很多教授感兴趣，却都因为他研究经验不足而拒绝了。他还尝试写信给中国科大的海外校友，希望得到推荐，也没有结果。一天夜里，面对电脑里一封封婉拒的邮件，他一个人在黑暗的实验室里失声痛哭。然而第二天醒来，他决定继续去敲击这扇机遇之门。几天之后，他收到伊利诺大学的一位教授的回信，欣然答应资助。那位教授说，当他到系里索取郭去疾的材料的时候，发现系里正在准备给郭寄拒信。郭去疾最后说："我的'叩门之旅'在继续着，绝大多时，都无功而返。然而，石沉大海却不代表徒劳无功，因为一次一次，机会之门这样被我敲开。一步一步，我得以到微软总部工作，到斯坦福大学读 MBA，到 Mckinsey 到 Amazon 和 Google 工作的机会。"

美国人很喜欢尝试不同的工作，他们一生中平均要换四次工作。在长期计划经济的思想影响下，更多的中国人不愿意换工作，而更倾向于终生做一件事。其实，换工作岗位的意义在于，你一开始做的决定并不一定是你的终生决定，你仍然有机会去尝试更多的东西，只有这样才能真正找到自己的兴趣所在，才能最大限度地发挥自己的潜力。

所以，不要因为暂时不了解自己的长处而犹豫不决，积极行动起来吧！你会发现自己的才华和天赋。大家要珍惜每一次尝试，因为机遇往往不可复制。要随时做好准备，以免机遇到来时错失良机，同时也应学会从每一个失去的机遇中吸取教训。此外，只有敢于挑战自我，你才能充分地开发自身的潜力。我建议大家经常给自己设立一些极具挑战性、但绝非遥不可及的目标。

步骤五：充分准备、把握机遇

不要坐等机遇上门，因为那是消极的做法。屠格涅夫说："等待的方法有两种，一种是什么事也不做地空等，另一种是一边等，一边把事情向前推动。"也就是说，在机遇还没有来临时，就应事事用心，事事尽力。

如果被苦难或挫折阻挡，我们应该学习把挫折转换成动力，而不要一遇到困境就躲在阴暗的角落里怨天尤人，更不要在需要立即行动的时候犹豫不决。人生不能用这种消极的方式度过。我们终有一天要面对自己，对自己的生命负责。因此，我们必须在平时做好充分的准备，掌握足够的信息，以便在必要时作出最好的抉择，把握住稍纵即逝的机遇。一旦机遇到来，一定要全力以赴，把握机遇。

我在攻读博士学位时，通过自己的努力和同学洪小文的帮助，把语音识别系统的识别率从以前的 40%提高到了 80%，学术界对我的工作给予了充分的肯定。当时，有些老师认为，只要把已有的结果加工好，写好论文，几个月之内我就可以拿到博士学位了。

但是，我很清楚，第一步的成功给我提供的只是一个机遇，而不是一个答案，因为 80%的识别率绝不是最后的最佳结果，因为我用的方法只是冰山一角。而且，我已经公开发表了我的研究成果，每一个研究机构都会学习、使用我的方法，所以，如果我此时放松下来，不再做实验，埋头写论文以求尽快毕业的话，别的学校或公司很快就会超过我。

所以，我不但没有放松，反而更加抓紧时间研究攻关，甚至为此推迟了我的论文答辩时间。那时候，我每周工作七天，每天工作 16 个小时。这些努力没有白费，它们让我的语音识别系统百尺竿头，更进一步，识别率从 80%提高到了 96%。在我毕业之后，这个系统多年蝉联全美语音识别系统评比的冠军。如果我当时在 80%的水平上止步不前，随随便便就毕业的话，后来《商业周刊》颁发的“1988 年最重要科技创新奖”就肯定会让别人抢走了。

所以，当你知道机遇来临的时候，要积极把握；当你尚未看到机遇的时候，要时刻准备。

步骤六：积极争取，创造机遇

当机遇尚来出现时，除了时刻准备之外，我们也应该主动为自己创造机遇，不能总是守株待兔，等着机遇上门。

记得当我在苹果工作时，有一段时间公司经营状况不佳，大家士气低落。这时，我看到了一个机遇：公司有许多很好的多媒体技术，但是因为没有用户界面设计领域的专家介入，这些技术无法形成简便、易用的软件品。

于是，我写了一份题为《如何通过互动式多媒体再现苹果昔日辉煌》的报告。这份报告被送到多位副总裁手里，最后，他们决定采纳我的意见，发展简便、易用的多媒体软件，并且请我出任互动多媒体部门的总监。

多年以后，一位当年的上司见到我，他深有感触地对我说：“当时，看到你提交的报告，我们感到十分惊讶。以前，我们一直把你当做语音技术方面的专家，没想到你对公司战略的把握也这么在行。如果不是这份报告，公司很可能会错过在多媒体发展的机会，你不会有升任总监和副总裁的可能。今天，在 iPod 的成功里，也有不小的一部分要归功于你和你那份价值连城的报告。”

在微软公司，大家都很重视向比尔·盖茨每年四次的汇报工作成果的机会。在报告的几个月前，全球各研究院就开始提早排队，报上最得意的成果。

微软中国研究院刚成立的那一年，当几个研究项目都还没有得到最终结果的时候，我就冒险争取了六个月后向比尔汇报两个研究成果的机会。因为那时我知道很多人对中国研究院还不太理解，如果能在比尔面前成功地演示我们的研究成果，就会对研究院的发展提供很大的帮助。

当时，我知道有四个研究项目各有 60%以上的可能性在六个月后得到好的结果，但是，我不能等到 100%确定后再去申请。于是，我用两个措辞含糊的报告题目预订了位置。六个月后，果然有两个项目得到了非常好的结果，于是，我们修改了报告题目，十多个人飞到美国为比尔做了现场演示。那次汇报非常成功，得到了比尔的高度评价。

报告的第二天，比尔对所有的公司领导说了他著名的那句活：“我敢打赌你们都不知道，在微软中国研究院，我们拥有许多位世界一流的多媒体研究方面的专家。”是这句话开始建立了研究院在公司的信誉的。

显然，如果我总是消极地等待，那么，我们恐怕就要错过向比尔汇报研究成果的机会了。对大学生来说，大家应该积极地计划大学的四年，积极地争取和创造机遇。你的毕业计划将成为你学业的终点和事业的起点，你的志向和兴趣将为你提供方向和动力。

你如果不知道你的志向和兴趣，应该马上做一个发掘志向和兴趣的计划；你如果不知道毕业后要做什么，应该马上制定一个尝试新领域的计划；你如果不知道自己最欠缺什么，应该马上写一份简历，找你的老师、朋友打分，看看哪里需要改进；如果你毕业后想出国读博士，你应该想想如何让自己在申请出国前有实际的研究经验和论文；如果你毕业后想到某个公司工作，那你应该找找该公司的聘请广告，和你的履历对比，看自己还欠缺什么经验 …… 只要做到了这些，你就不难发现，自己每天都会比前一天离成功更近一些。

步骤七：积极地推销自己

在全球化和信息化的时代里，那些能够积极推销自我的人更容易脱颖而出。

很多在美国工作多年的中国人对美国同事的印象总是这样的："他们怎么这么能说？他们充分表达了自己的工作成绩，而中国同事在很多时候做得很好，却没有展现出来，这不能不说是一个遗憾。"在公司里，经常得到晋升机会的人，大多是能够积极推销和表达自己的、有进取心的人。当他们还是公司的一名普通员工时，只要是和公司利益或者团队利益相关的事情，他们就会不遗余力地发表自己的见解、贡献自己的主张，帮助公司制定和安排工作计划；在完成本职工作后，他们总能协助其他人尽快完成工作；他们常常鼓励自己和同伴，提高整个队伍的士气；这些人总是以事为本、以事为先——他们都是最积极主动的人。

要想把握住转瞬即逝的机会，就必须学会说服他人，向别人推销自己、展示自己的观点。一般说来，一个好的自我推销策略可以让自己的人生和事业锦上添花。好的自我推销者会主动寻找每一个机会，让老板或老师知道自己的业绩、能力和功劳。

当然，在展示自己时，不要贬低别人，更不可以忘记团队精神。

当我被微软总部调回美国，在美国启动总部把工作外包给中国合作伙伴的工作时，我一直在考虑如何把这项极为重要但又缺乏资源的项目做好。

这时，我很意外地收到了一封毛遂自荐的信。这封信来自一位在微软技术支持中心工作的经理。她在信中说："虽然我没有这方面的经验，但是我曾在多个部门工作，而且学习很快。我愿意用我自己的时间帮你把这件事情做好。我不需要酬劳，我也不是申请工作，我只是希望为中国做点事情。你选择我没有风险，因为我至少可以把每个细节都帮你想清楚，这样可以节约你的时间。"

如果不是这封信和后来的交谈，我怎么也不会想到，把这个工作交给一位业余而又没有相关经验的人来做。事实证明，我的选择是对的。她没有辜负我的期望，把这件事情做得非常好。因为她起头的工作，微软后来三年中提供给中国的外包业务量增加了三倍。几个月后，当我们终于成立了一个部门来负责这件事情时，她毫无怨言地把所有的工作交给了这个新部门。

后来，微软亚洲研究院有一个很好的工作机会，沈向洋院长要我推荐人选，我想到了这位多才多艺的志愿者。她就是今天微软亚洲研究院高校合作部总监宋罗兰。有些人可能会认为："要求我们展示自己，这是不是要我从一个内向的人彻底转变为外向的人？"其实，一个内向的人很难彻底地改变自己的性格。所以，我建议大家可以在自身性格允许的范围内往“外向”靠拢，尽量寻找一些“比较外向但又不给自己带来太大压力”的机会。

我的选择，你的选择

2005年 7月19日，我离开了微软，加入了Google。我在过去的几年中，一直希望回到中国。而且同时，我发现许多我的朋友加入了Google后都非常愉快。当我听说Google将在中国有很大的计划时，我没有等着它的电话，而是积极地直接联系了我认识多年的Google的CEO斯密特。他积极邀请我去看看。我发现Google是一个让我震撼的公司——从它的新一代技术到员工的激情，从它的诚信和对大众利益的执著，从它独有的自由和透明度，我发现了一片我向往的净土。我有选择的权利。于是，我选择了Google，我选择了中国。

有记者问我这个选择带来不少麻烦，我会不会后悔。我的回答是：“直到我死的那一天，我要做我有激情的事情。对这个决定，无论带来多大的困扰和麻烦，我终生不悔。”

在人生的旅途中，你是你自己唯一的司机，千万不要让别人驾驶你的生命之车。你要稳稳地坐在司机的位置上，决定自己何时要停、要倒车、要转弯、要加速、要刹车等等。人生的旅途十分短暂，你应该珍惜自己所拥有的选择和决策的权利，虽然可以参考别人的意见，但千万不要随波逐流。

只有积极主动的人才能在瞬息万变的竞争环境中赢得成功，只有善于展示自己的人才能在工作中获得真正的机会。

最后，我将下面一段话赠给中国的学生：

你们的时间有限，所以不要浪费时间在别人的生活里。

不要被信条所惑，盲从信条是活在别人的生活里。

不要让任何人的意见淹没了你内在的心声。

重要的，拥有跟随内心和直觉的勇气。

你的内心与直觉知道你真正想成为什么样的人。

任何其他事物都是次要的。

（本文为李开复《给中国学生的第五封信》）

简析：

这是李开复给中国学生的第五封信，虽然不能完全算是演讲，但是我们也不妨把它当作演讲稿来欣赏。在信中，李开复根据自己的人生经历告诉大学生们要选择积极主动的人生，不要总是处于被动状态，否则人生就容易失去很多机会。李开复在信中告诉学子们积极主动的七个步骤，分别是拥有积极心态、从小事做起、对自己负责、积极尝试、充分准备、创造机遇、积极推销自己。阅读这些励志性的语言文字，我们每个人心中都会充满着积极向上的激情，从而思考着自己该如何把握好自己的人生，如何积极主动选择自己的人生之路，从而做最好的自己，同时也会社会为人类做点事情，体现自己的人生价值。

十六、资源是会枯竭的，唯有文化才能生生不息

任正非

人类所占有的物质资源是有限的，总有一天，石油、煤炭、森林、铁矿……会开采光，而唯有知识会越来越多。中国是一个资源贫乏的国家，而又人口众多，人均占有资源在世界上最少，当然她的出路党中央已提出，那就是“科教兴国”，以此提高全民族的素质和基础，同时强调要深化管理，使知识产生价值，以创造民族的财富。以色列这个国家是我们学习的榜样，它说它什么都没有，只有一个脑袋。一个离散了二十个世纪的犹太民族，在重返家园后，在资源严重贫乏，在严重缺水的荒漠上创造了令人难以相信的奇迹。他们的资源就是有聪明的脑袋，他们是靠精神和文化的力量，创造了世界奇迹。

华为公司有什么呢？连有限的资源都没有，但是我们的员工都很努力，拼命地创造资源。真正如《国际歌》所唱的，不要说我们一无所有，我们是明天的主人。“从来就没有什么救世主，也不靠神仙皇帝，全靠我们自己。”八年来的含辛茹苦，只有我们自己与亲人才真正知道。一声“辛苦了”，会使人泪如雨下，只有华为人才真正地理解它的内涵。活下来是多么的不容易，我们对著名跨国公司的能量与水平还没有真正的认识。现在国家还有海关保护，一旦实现贸易自由化、投资自由化，中国还会剩下几个产业？为了能生存下来，我们的研究与试验人员没日没夜地拼命干，拼命地追赶世界潮流，我们有名的“垫子文化”，将万古流芳。我们的生产队伍，努力进行国际接轨，不惜调换一些功臣，也决不迟疑地坚持进步；机关服务队伍，一听枪声，一见火光，就全力以赴支援前方，并不需要长官指令。为了点滴的进步，大家熬干了心血，为了积累一点生产的流动资金，至今98.5%的员工还住在农民房里，我们的许多博士、硕士，甚至公司的高层领导还居无定所。一切是为了活下去，一切是为了国家与民族的振兴。世界留给我们的财富就是努力，不努力将一无所有。

华为是一个功利集团，我们的一切都是围绕商业利益的。因此，我们的文化叫企业文化，而不是其他文化或政治。因此，华为文化的特征就是服务文化，因为只有服务才能换来商业利益。服务的涵义是很广的，不仅仅指售后服务，还包括产品的研究、生产到产品生命终结前的优化升级，员工的思想意识、家庭生活 ……因此，我们要以服务来定队伍建设的宗旨。我们只有用优良的服务去争取用户的信任，从而创造资源，这种信任的力量是无穷的，是我们取之不尽、用之不完的源泉。有一天我们不用服务了，就是要关门、破产了。因此，服务贯穿于我们公司及个人生命的始终。当我们生命结束了，就不用服务了，因此，服务不好的主管，不该下台吗？

今天听到春节慰问团的工作汇报及来自前方服务人员的心灵呼喊，令我们人心颤抖。八年来，我们初期的产品水平不高，质量也不好，学生研究的产品，散布在中国960万平方公里的土地上。而我们今天市场这么好，用户这么信任我们，是一俊遮百丑。用服中心的员工们，用青春和心血铺就了华为成功的道路，不管冰天雪地，赤日炎炎，在

白山黑水、崇山峻岭中，没有日夜的概念，终年奔波在维修、装机的路上，用户的需要就是命令。严冬，由于雪堵死了道路，一困七八个小时坐在零下二十多度的车上；烈夏，挤在蒸笼般的超载的长途车中。大年三十爬上高高的铁塔，为了维修我们在研究、生产中的一点点小小的疏忽；当我们坐在温暖的办公室内，他们却因为赶不上车，在车站外面徘徊；当我们一遍一遍受到培训，增加晋升机会，他们却因公司发展太快，服务工作跟不上，一直呆在远离公司的地方，一呆就是两年，没有回来一次；当我们与家人团聚，他们在远离公司的地方，坚守岗位，不站好这班岗，哪有市场。他们不断地守着我们早期有故障的产品，不敢停歇一会，以确保公司信用。在新技术方面跟不上公司的发展，他们打电话向公司求援时，却受到“明白人”的斥责，说他们水平不高。我们这个时代最崇高的是责任心，最可贵的是蜡烛精神，他们照亮了公司消耗了自己。多么伟大的人格，多么高尚的情操，当我们获得辉煌时，他们仍然像萤火虫一样默默地发光，不管您知道不知道，消耗毕生的精力与心血，在闪着您成功的五彩缤纷时，不曾注意的微光。

经历了千难万苦，磨炼多少宝贵的干部资源，我们要重视培养他们，造就我们事业的中坚力量。在任人唯贤与任人唯亲相结合的干部制度下，造就一个融合的管理队伍的团队。我们说这个任人唯亲就是指认同华为文化，而不是指亲属。对拥有专业技术的新员工，我们要团结爱护他们，放在一定的岗位上使用，而不因暂不具有华为文化而歧视他们。

公司要坚定不移地贯彻做实精神，号召一切员工都要向用服中心学习。土夯实了一层，再撒一层，再夯。只有这样，我们才能不断地造就资源，实现可持续发展。要把精益生产落实到每一个员工、每一个环节、流程，落实到我们每一个思维、每一个动作。如果我们这样做，就能像以色列一样在贫乏的资源上建立起辉煌。不要把学习英雄停留在口头上，要真正用心去学习。用服中心员工向我们展示的是什么呢？就是最具代表性的华为文化，只有它才会生生不息，把我们带向繁荣。

不要说我们一无所有，我们有几千名可爱的员工，用文化粘接起来的血肉之情，它的源泉是无穷的。我们今天是利益共同体，明天是命运共同体，当我们建成内耗小、活力大的群体的时候，当我们跨过这个世纪形成团结如一人的数万人的群体的时候．我们抗御风雨的能力就增强了，可以在国际市场的大风暴中去搏击。我们是不会消亡的，因为我们拥有可以不断自我优化的文化。

简析：

任正非，华为技术有限公司创始人、总裁。1944 年出生，大学文化。1988 年，任正非从部队转业，到深圳以 2 万元注册资本创办了华为技术有限公司。目前华为的产品和解决方案已经应用于全球 100 多个国家，以及 28 个全球前 50 强的运营商，服务全球超过 10 亿用户。2007 年任正非当选“2007 最具影响力企业领袖”。本文是一篇很好的企业文化课。华为公司这些年发展得很好，与华为自己的文化建设是密不可分的。的确，资源是有限的，而且是会枯竭的，但是文化则是生生不息的。因此，一个企业必须要有自己的文化。在业内有这样的一句话：一流企业抓文化、二流企业抓服务、三流企业抓质量，四流企业抓价格。这是很有道理的。

十七、哈佛大学演讲有感

牛根生

2008 年 3 月 9 日，我受邀在哈佛大学就企业社会责任发表演讲。据有关媒体的同志讲，我是“中国历史上第一个受邀在国际上讲企业社会责任的企业家”。缘何？原因大概有三：第一，中国有企业（现代意义的企业）的历史太短；第二，中国讲企业社会责任的历史也不长；第三，国际舞台上某一领域话语权的让渡标志着该国在这一领域的崛起——中国企业社会责任开始在国际舞台上崛起了！在哈佛演讲后，我有五个方面的感想。

第一个感想：“财富权”往往决定“话语权”

马克思曾说，资本主义在它不到 100 年的时间里所创造的生产力，比过去所有时代所创造的生产力总和还要多还要大。

看了这句话，由不得要问：中国生产力创造的黄金时代是落在哪个区间了呢？它与我们的国际话语权究竟是一种什么关系？

国际上的发言权，在某种程度上是取决于财富、取决于生产力水平的。人类历史再往前推 516 年，在“西半球不知道东半球，东半球不知道西半球”的那个漫长时代，古中国曾经拥有过世界上最强大的物质财富与精神财富，但由于时代所限，祖先们没怎么在国际上发出过声音。

接下来的“屈辱近代史”大家都了解了，列强瓜分中国，“八国联军”所在的每一国，都用中国人的血汗钱垫高了自己的“脚跟”——最早的掠夺者大英帝国自不必说，法、德、俄、意、美也不必说，就连此前追随中国几千年的日本小兄弟也“回刀屠师”，用大清帝国的巨额赔款充实了“百年维新”的底子。

从这个意义上追本溯源，我们甚至可以说：发达国家的“长城”是用发展中国家的“砖头”砌成的！再说得委婉一点：发达国家的“长城”中有我们发展中国家的“砖头”。

那时，被人一只脚踩住左肩、另一只脚踩住右肩的殖民地、半殖民地国家，只能切肤痛感一个真理：“落后就要挨打！”“弱国无外交！”

新中国改革开放 30 年，是财富创造最快的时期。套用马克思的句式，我们可以说：中国在最近 30 年所创造的生产力，比它过去 300 年所创造的生产力总和还要多还要大——这，正是我们今天获得话语权的源泉所在。

把生产力搞上去，是我们赢得国际“话权语”最为根本的路径！

第二个感想：远离战争，也要拒绝“斗争”

美国的崛起，与“一战”、“二战”都未在其本土上“腥风血雨”是有关联的。

哈佛大学的传奇，从源头上讲，也可以说是哈佛先生所捐财富催生出的灿烂奇葩。据介绍，哈佛大学的毕业生中，共有六位曾当选过美国总统，他们是约翰·亚当斯（美国第二任总统）、约翰·昆西·亚当斯、拉瑟福德·海斯、西奥多·罗斯福、富兰克林·罗斯福（连任四届）和约翰·肯尼迪；哈佛大学的教授团中，总共产生了34名诺贝尔奖得主。物质决定意识，意识反作用于物质——经济与文化就是这样循序渐进的。

不管是被迫，还是主动，当我们“与别人较劲”的时候，收获的是“零和游戏”；当我们“与自己较劲”的时候，你赢我赢，没有输家。

20世纪的中国，我把前半叶看作“负数”，后半叶看作“正数”。为啥？战争，人死物伤，减法；和平，国泰民安，加法。

最近60年，我把前30年看作“虚数”，后30年看作“实数”。为啥？前30年有“斗争”，“与天斗，与地斗，与人斗，其乐无穷”，外斗修帝主义，内斗地富反坏，直斗得天昏天暗，是非难辨，人身不保，生产力的创造自然也就退居“二线”了；后30年虽有竞争，却没“斗争”。所以，人的主观能动性得到空前解放，我们成为全世界最为耀眼的一个“增长极”！

下一个30年，“竞争”与“合作”的关系怎么处理？“和谐”是硬道理。

第三个感想：“一穷二白”与“后来居上”

在哈佛大学接受提问的时候，话赶话，赶出这样一个回答：先富有先富的累赘，后富有后富的便利——西方人过去已经购买过的东西，像房子和房子里的贵重物品，他现在就不需要购买了；而我们中国许多人过去没买过这些东西，所以购买力就旺盛。

毛泽东说过，一穷二白也有一穷二白的好处，可以画最新最美的图。

这里好有一比：改革开放30年，这当中许多人曾有个“铁饭碗”，这是优势，似乎不用为未来发愁；但也是劣势，反而捆住了自己的手脚。而另一些连饭碗也没有的人，只好“自己给自己造饭碗”，于是，这些人成为中国最早的万元户、百万富翁乃至杰出企业家。

西方人富了，富有富的副作用，实力阶层逐步扩大，许多人是在“用钱挣钱”，那种为工作“弹精竭虑，废寝忘食”的“原始图景”在他们的生活中渐行渐远。但我们没有钱，我们还得艰苦创业，我们还得把自己的脑力和体力挖掘到最大化，“别人睡觉的时候，我们得走着”——而这，正是我们可以后来居上的理由。

众所周知，新建企业的设备一般总是比先建企业的设备要前卫一些，而先建企业又不可能一夜之间把所有的旧设备统统扔进垃圾场。后发国家与先发国家之间也往往面临着同样的际遇。这也是后来居上的理由。

每一个后发国家的崛起，都与新的历史潮流有关。在互联网、信息化这个历史潮流滚滚涌来的时候，全世界所有国家几乎一下子站到了同一起跑线，这就是机遇。

我们中国创业者最大的幸福，就是坐拥全世界最大的市场。而且，你对这个市场的脉搏最有可能把握得最准。所以，还是我老说的那句话：你只要做成中国第一，那你就有机会成为世界第一。

第四个感想：跨国公司与中国公司谁更“善”

在哈佛打嘴仗，有提问者说美国公司“如何如何负责”，中国公司“如何如何不负责”……我说，当中国古人说“己所不欲，勿施于人”、“穷则独善其身，达则兼济天下”时，你们还没建国呢！跨国公司虽然很强，但它们在中国，财富度和慈善度是不成比例的，所做善事的比例还不如我们中国企业大。你们不是有这个做善事的习惯吗？那么为什么你们拿走我们的市场，拿走销售额，拿走利润，却不留下更多的善事？结论：外国的月亮不见得就比中国圆。一位对跨国公司有着深刻了解的政界人士曾私下对我说：跨国公司的账算得特细，他们在公益上只花一点点小钱，却用它撬出更大的蛋糕。

千万不要误解，别以为我要抨击“公益背后有收益”这一现象。

我和公司管理层有过多次讨论，最后得出的结论是：衡量一个企业是否履行社会责任，宜用“行为标准”，而不宜用“动机标准”。不管跨国企业，还是中国公司，只要你做了好事就行，我们最好不要过分琢磨它背后隐藏的动机——第一，探讨动机没有意义，因为同样一件事你可以推测出一万个不同的动机，孰是孰非？第二，如果做了公益有收益，那叫“好人得好报”；如果做了公益的人和不做公益的人统统获得一样的回报，那事实上就等于“好人不得好报”。好人得好报，天公地道。难道非得好人不得好报，你才高兴？第三，做公益也要讲可持续发展，如果只有公益没有收益，只出不入，那就无法形成良性循环，只能进行单向性乃至一次性的“断头公益”；而只有形成“公益——收益——公益”的良性循环、永续循环，才能完成可持续发展的“千头公益”、“万头公益”。

所以，如果本着“动机论”，那么，“不为收益做公益”固然是一种高尚，但“为了收益做公益”同样也是一种善举；如果本着“效能论”，那么，“公益背后无收益”是一种“有限公益”（竭泽而渔），“公益背后有收益”是一种“循环公益”（渔养并重）。

行文至此，自然有朋友要问了：你是属于“公益——收益”式呢，还是属于“公益——无收益”式呢？

坦率地说，这两种我都做过。救人、济穷、贩灾、助学，这方面的投入我们仅最近三年就花出约两三个亿，把它归入“不为收益做公益”的范畴，大家大概没有意见。但我们扶植奶农的活动，的确是“公益”、“收益”双丰收——我们向农民发放种草补贴，投放养牛保险（1000万元），发放养牛贷款（年保持1亿元以上的规模），提供免费培训，实施胚胎移植与性控技术（母牛生母犊率高达93%以上）…… 这些既有帮助农民脱贫致富的“公益成分”，也有为企业获得优质奶源的“收益成分”。

在企业社会责任的履行上，存在“公益背后有收益”与“公益背后无收益”之分，也存在“有限公益”与“循环公益”之别，这种认识我们早几年就是有的。但这次巧了，因为要去哈佛大学，我们搜集资料时才偶然发现，迈克尔·波特教授2006年12月份曾提出一个理论，将社会责任模式区分为两类：一是“反应型责任模式”，企业向社会捐献，或消减自身对社会带来的负面影响（如环保）；二是“战略型责任模式”，企业和社会双赢（如企业由于开发出污染小的汽车而获得巨大的商业利润）——这也算世界虽大，东西一理，所见略同吧。

在哈佛，提问者最不明白的问题是：“你为什么把股份全部捐了？”、“你为什么不给后代留下一点？”这和国内的提问是一样的。

现在，再回到开头的问题上吧：在中国，跨国公司与中国公司谁更“善”？这个问题的答案其实并不重要，但有一样东西很重要：中国人的责任自信！

第五个感想：大品牌就得负大责任

大品牌就得负大责任。这不是口号，不是面具，而必须化作企业的“实践”与“瓤子”。承担社会责任是企业的第一要务。

为什么？

第一，无责任则无品牌。薪水微薄，员工不满意；质量低劣，顾客不买账；信誉欠佳，银行不放贷；贡献平平，政府不支持……不承担责任的品牌大不了。

第二，大品牌伴随大监督。你是大品牌，所以，媒体盯你最勤，队友跟你最紧，社会评你最多。不要说“他比我差，为什么你不说他”，因为你是大品牌；不要说“你不怕死，我也不怕死”，因为你是大品牌；不要说“我栽了树，凭什么你也乘凉”，因为你是大品牌。你的四周布满了眼睛：怀疑的眼睛，期待的眼睛，威慑的眼睛，完善的眼睛。

第三，大品牌关联大市场。假如市场扩大一倍，你受益的比例比别人大；假如市场萎缩一圈，你受损的程度比别人深。你与整个行业同进同退，共生共荣。因此，你要承担更大的责任——你要代表行业与消费者沟通；你要代表行业肩负起产业进步的使命；你要比小品牌更多地关注全局，为了避免“死掉一个小品牌，毁掉一个大行业”的株连效应，你甚至要为小品牌充当免费的导师。

第四，大责任通向大舞台。负一省之责，你是一省品牌；负一国之责，你是一国品牌；负全球之责，你是世界品牌。责任有多大舞台就有多大。

第五，大品牌责系大人群。你是行业领导者，最多的人信赖着你，最多的人支持着你，你的一举一动牵涉着最多人的利益——那么，你不负大责任谁负？

总之，大品牌就得负大责任。有时候，超额负点责任也不怕。下面这个真实的故事，是我3月16日在央视《中国青年创业行动》栏目里讲的：

2005年有一天，东部沿海的一个城市传来一个消息，说“一盒酸奶喝死了一个孩子”！紧跟着，媒体来了，要报道！

我说：“不行。等查清了再说。一切后果我负责。”

大家都知道，食品安全，人命关天。一旦发生命案，要的就不是一条命，而是两条命——顾客的命没了，企业的命也没了。

最终，公安局查清楚了：是孩子姥爷下的毒。原来，这个孩子天生弱智，而女婿还想要一个孩子，就与女儿闹离婚。姥爷心疼女儿，就决定“千斤重担一人挑”，对外孙实施“安乐死”。恰恰这个傻外孙脑子虽傻，肚子却不傻，平时就喜欢喝蒙牛酸奶。这样，他姥爷就在酸奶里下了“毒鼠强”。

这个事情跟我们没关系！但是，在情况没查清的时候，我们立即回收了这个城市的所有酸奶，一共30吨，统统销毁！为什么？因为消费者的安全与健康是第一位的。是你的责任，你要承担起来；不是你的责任，你不妨也先承担起来，是是非非过后再说。

我在这里想提醒大家的是：创业难，你不难别人都要难你！即使你兢兢业业，都有可能死掉；而你要是马马虎虎，那活着是偶然的，死掉是必然的！

简析：

牛根生，1958 年生，内蒙古人，蒙牛乳业集团创始人、董事长，《赢在中国》评委，从事乳业 30 多年。1978 年牛根生在伊利集团从一名洗瓶工干起，担任过车间主任、厂长、生产经营副总裁等职。牛根生于 1999 年创立蒙牛集团，在他的带领下，“蒙牛”以出色的营销手段实现了快速增长。在“一无工厂，二无奶源，三无市场”的困境下开拓进取，使现在的蒙牛“一有全球样板工厂，二有国际示范牧场，三有液态奶销量全国第一”。2008 年牛根生成为“中国青年创业行动”的创业导师之一。牛根生在这篇演讲中分析了中国企业的命运，分析了中国 100 年的历史和解放后六十年的历史，提出了五个感想，显示了一个企业家的责任感和使命感。语言通俗易懂，结构层次分明，有理有据，是一篇优秀的演讲辞。

十八、20 年的海尔感悟

张瑞敏

海尔的三种关系

20 年是历史上的一瞬间，但是就中国特别是中国家电业来讲却发生了翻天覆地的变化，整个家电业从无到有，从小到大，从弱到强。就企业而言，20 年来也是有着很大的变化，经常是大起大落，很多企业由很小发展到很大，一些很好的企业突然在一夜之间消失，很多中国过去的名牌已成为明日黄花，很多出色的企业在一夜之间发生了亏损。海尔在这 20 年中在大的决策上没有出现大的失误，在大的机遇上能够比较好地把握，为什么？现在回顾起来，主要是把握了规律。这个规律就是在任何时候、任何地点都注意处理好三个关系。

第一是无为和有为的关系；第二是重点突破和闭环优化的关系；第三是百米冲刺和跑马拉松的关系。对这三种关系的处理，海尔昨天在做，今天在做，将来一段时间内可能还要遵循这个规律，也就是说这个规律是自始至终的。这三种关系体现了一种递进的关系，第一种关系是第二种关系的指导，第二种关系是第一种关系的支持。比如说无为和有为的关系，其实就是说要找到企业的方向，也就是说企业要做正确的事，如果没有方向就是乱干。第二种重点突破和闭环优化的关系，其实说明了在正确的方向指导下如何正确地做事，如果找到了做正确事的方向但不能正确地做事，这个方向也达不到。第三种百米冲刺和跑马拉松的关系是为第二种关系做支持，保证及时做到位，因为如果有了做正确事的路径但却不能及时地做到也不行。所以说这三种关系是互相在递进的，形成一个整体。

第一是无为和有为的关系，不光对企业，对所有部门都一样，其实是非常关键的。所谓的无为就是企业的价值观，它是无形的但非常重要，如果把企业当成一个人的话，它就是一个人的灵魂。如果把企业比做一艘船的话，它就是罗盘。在这个无形价值观的指导下，可以产生有形的成果，也就是老子所说的“为无为则无不治”，即如果能做到“无为”，则没有什么是做不到的，有形的东西生于无形的东西。

但是对企业而言，说（起来）并不困难，但做（起来）非常困难。因为无形的价值观要找准了非常难，要从表面现象中抓到本质，这是最难的。但最难的地方还不在这儿，在于找对了价值观且产生了很好的成果之后，就必须突破自我再找到新的价值观，这是最难最难的。所以中国有很多家电企业有时也能做到增长得非常快，发展得非常好，但过几年就不行了，因为它停留在曾经带来成功的价值观上而没有找到新的价值观。

从海尔的过去来讲，举一个例子来说明这个问题。比如海尔抓质量管理，海尔从创业初期就开始抓质量管理，当时海尔提出一个价值观：有缺陷的产品就是废品。现在看来，这已没什么意义，但当时没有人能提出这样的价值观，因为当时是供不应求的时代，所有的产品都要排队来购买，何必还要把质量做到极致呢？所以就没有人想到这一点，但海尔当时想到了，因为海尔要做世界一流的产品就必须保证产品质量，砸冰箱就是为了支持这个价值观，结果到 1988 年海尔获得了中国冰箱史上第一块金牌。到了 1989 年，很多企业产品不好卖，因为当时供求已达到平衡。所以产品质量成了关键，在这种情况下，很多企业开始抓产品质量，但是海尔又提升了一步：从抓产品本身的质量这种狭义的质量提升到一种广义的质量，延伸到服务。其实从生产线下来的产品质量再好，也不是完整的质量，要把产品的质量延伸到用户的家里去。海尔当时在全国第一家提出了星级服务，起因是青岛市一位老太太买了一台海尔空调，让一台出租车拉回家，结果到了家，她上楼找人的时候空调被出租车拉走了。海尔得知后赔偿给她一台空调，因为海尔认为这是自己的责任，应该把一切服务都做到位，由此拉开了星级服务，在全国建了几十个电话服务中心。在后来的多元化过程中，这个服务平台起了很重要的作用。而当其他企业也感到应该重视服务，而且也采取了海尔式的具体服务做法时，海尔又开始了新的提升：在 20 世纪 90 年代中期抓到了质量的本质，即永远要满足用户的需求，永远使用户满意；提出为用户创造需求，满足用户潜在的需求；提出“只有淡季的思想，没有淡季的市场”。洗衣机的一般销售淡季在夏季，当时提出这个淡季是不应该存在的，因为用户并不是在这个季节不需要洗衣机，而是没有可以供这个季节使用的洗衣机，由此创造了“小小神童”产品，解决了淡季没有产品卖的问题，也解决了用户在淡季没有合适洗衣机买的问题；而且，这个产品经过十几代的改进，现在在日本、美国都受到欢迎。

所以我想说的是，企业的理念一定要根据市场的变化不断地提出新的理念，并且总要超前几步来满足用户的需求。但是不管怎样说，不同理念的提出一定要有一个核心的东西不能变，就是海尔的“真诚到永远”，永远接近用户，与用户零距离来满足他的需求。

除了质量管理方面，其他的方面如多元化、国际化（海尔）都是遵循这样的规律来做的。

近年来，我们所面对的最大的压力就是：信息化和全球化，因为所有的国际化大公司都到中国来了，我们在“为客户找产品而不是为产品找客户”理念的引导下来应对挑战。我们与客户一起开发市场需求，而不是我拿出产品让客户看着买，双方共同开发产品的结果是可以双赢。所以到现在为止，产生的成果就是中国企业目前面临的两大顽症，一是应收账款，二是库存，对海尔来讲都已经很好地解决了。应对的措施就是继续推进市场链的流程再造，因为它是以订单信息流为中心来带动物流和资金流的运转。必须要不断创造用户需求，与用户零距离地接触，如果保持这一点就能不断从市场上了解用户的抱怨，就会为了创造需求不断提出新的价值观。

第二个关系是重点突破和闭环优化的关系。如果说第一种关系提出了企业的准确发展方向和价值观的话，那么怎么样来做到就是一个大问题。怎样把价值观转化为实实在在的东西？我们提出“重点突破闭环优化”。

所谓重点突破，就是推进一项工作一定要找到一个可以拉动全局发展的突破点，这个点可以使整体的水平提高。而这个点提高了还不行，还需要整体地提高，这就要靠闭环优化。

没有重点突破，就不可能有发展，另外找到重点有了突破之后，如果没有闭环优化，只能孤军深入或虎头蛇尾，解决这个问题就要靠闭环优化。

举个例子，在海尔发展过程中，当提出“有缺陷的产品就是废品”以后，如何来做呢？就是要找到重点，非常简单就是在最后下线这道工序卡住，只要是不符合要求、检验不合格的产品就不能下线。这一卡不要紧，全线都停了，有了这个重点之后一下子把所有问题都反映出来了，零部件的质量问题、人员的素质问题、工艺的问题，等等，所有问题，于是就在整个系统中对每一个环节进行优化。到了 1988 年，海尔表面上拿到了中国冰箱史上第一枚金牌，但本质上我们得到的含金量最高的金牌是一支优化了的有竞争力的员工队伍。

在国际化方向上也是这样，我们提出的理念是“出口创牌”而不是“出口创汇”，而是在操作过程中逐步递进。比如把“走出去”的战略分为三步：“走出去”、“走进去”和“走上去”。“走出去”仅仅是把产品出口到海外去；但是“走进去”则应成为当地认可的产品，要进入到当地连锁，在当地设计，为当地用户服务；“走上去”则是成为当地的名牌。打个比喻，“走出去”是到国外留学，但“走进去”相当于拿到绿卡，而“走上去”则是成为当地的名流。所以在做的时候每个阶段都有一个重点突破，“走出去”是靠列成一列纵队而不是排成一列横队，在美国靠小冰箱突破，然后洗衣机、空调跟进，最后整体推进；“走进去”则是突破在美国建厂，美国建厂成功了，则在发达国家建厂就不成问题；在巴基斯坦建厂成功了，则在发展中国家建厂就不成问题。所以总归有一个重点，靠其突破拉动。“走上去”是我们最后的目标，所谓的世界名牌不是那么抽象的，就是在每一个国家都要成为名牌，实际上欧洲一些名牌做得很好，但仅限于欧洲。

在未来，我们家电（企业）遇到一个很大的问题就是，要不断按照新的价值观念进行重点突破和闭环优化。过去是要求企业开发产品的时间越来越短，现在竞争的态势变了，不是要求产品开发周期越来越短来赶上市场的需求，而是要求企业的组织结构变动越来越快。过去一个企业的组织结构定下来可能十年二十年都不变，现在不行，要不断地变，不变就会被打倒。比如惠普和 IBM 都非常好，但却被戴尔超越了，为什么？因为戴尔的组织结构是最适合信息化时代的。对于海尔来讲，最大的挑战就在于此，虽然现在的组织结构很好，在市场上非常有竞争力，但是信息化时代的竞争要求打破这个组织结构，这很难，相当于一次地震。就像提出流程再造的哈默博士所言，流程再造相当于把一个监狱的犯人全部放出来了，一切都乱了套。如果企业经常要这么做，挑战太大了，而不做则会没有竞争力。这将是我们面临的非常大的挑战。

第三个关系是百米冲刺和跑马拉松的关系。如果说第一个关系无为和有为的关系是确定了企业做正确的事，第二个关系重点突破和优化让我们又去正确地做事，即找到了可以达到目标的路径，那么怎样正确及时地把事做到？作为企业就像是跑马拉松，如果按很慢的速度和国际化先进企业的差距就永远不可能缩小，但如果是以百米冲刺的速度去跑，又没有那么大的力量，这是一个速度和耐力的矛盾。我们在处理这个问题的时候，这样来界定，每年对海尔来讲都是一个马拉松，每天都是一个百米冲刺。比如在第一年创业时的目标是引进国外的先进设备，消化先进技术，当年达到九千台的产品，并把这个目标分解到每一天，于是有了“日清”工作法。凭着这种精神海尔很快地消化了国外先进技术。到现在为止还在推行“日清”工作法，这是海尔的特色，也是非常关键、非常重要的 。

2004 年以来，我们提出的马拉松是大客户、大订单、高增长，到年底我们实现了这一目标，但这个过程中，我们是分解到了每一天每个人每个店，都争取做到同行的第一。

未来对我们最大的挑战在于每天都是百米冲刺，人都会有疲劳感，怎么样才能有一种不懈的动力来继续奋斗？我们今后所要做的就是使每个人变成一个“SBU”(Strategical Business Unit 的缩写，即策略事业单位)，改革带来的结果是在企业里没有传统的上下级关系，人人都对着市场，直接为市场服务。要做到这一点必须要把目标分解得非常清楚。现在国内喊得很凶的 MBO（Management-Buy-Out，管理层收购），其实所有的企业都忽略了一点，即德鲁克在几年前提出的企业必须要做到另外一种管理上的 MBO，且即目标管理，这是一个长期的任务，我们计划用十年的时间完成流程再造，后四年会做得非常艰难，要量化到每一个人。就是说，在企业里最值钱的不是有形资产而是无形的人力资本，我们希望把每一个人变成人力资本而不是人力负债，使创新的基因能够植到每一个人的头脑中去。

20 年的海尔奉献

第一奉献了真诚。20 年来，我们向全球的用户提供了数亿台的产品，创造了很多用户的需求，使海尔成为用户喜爱的产品：我们上缴了 136 亿税金，2004 年预计上缴 20 亿税金，平均每天上交 550 万元税金。

第二奉献了爱心。海尔计划建立 100 所希望小学，现在已赞助建立了 47 所希望小学。另外海尔自身所解决的就业员工 51000 人，社会上直接为海尔服务的人员达到 17.5 万人，加起来相当于为社会解决了近 23 万人的就业。

第三，20 年来，海尔奉献了海尔的管理模式。到目前为止，先后有美国的哈佛大学和南加州大学、瑞士洛桑国际管理学院、法国的欧洲管理学院、日本神户大学等七所商学院共做了 16 个案例，涉及企业兼并、财务管理、企业文化等方方面面，特别是颇具权威的瑞士洛桑国际管理学院为海尔做的市场链案例已被纳入欧盟案例。

这些都是海尔已经做过的，将来海尔的奉献是用我们的手和我们的心奉献给我们民族一个中国人自己的世界级的名牌。

20 年的海尔感悟

第一个感悟是没有改革开放就没有海尔。这是非常肯定的，如果海尔不是赶上了改革开放这个大潮，这个有利的时机，就不可能有海尔的存在。

第二个感悟是如果没有各级领导的支持，没有社会各界的帮助和支持，可能会有海尔，但肯定没有今天的海尔。因为没有这些支持，海尔可能会失去很多时机。

第三个感悟是如果没有员工和员工亲属的奉献、没有用户和股东的支持就没有可持续发展的海尔。因为可持续发展需要两个字：创新，而创新要靠员工用心来实现，还要靠用户对海尔的认可。

还有一个感悟是如果没有来自方方面面的对海尔的质疑甚至个别的恶意中伤，就没有今天思考更加冷静、思维更加缜密、心理承受能力更强、可以更加有能力驾驭复杂局面的海尔，我认为这是好事。这些质疑不管对错，对海尔都是一种提醒，我们会更好地思索这些问题。“生于忧患，死于安乐”，在一片赞扬声中企业不可能很好地生存。但所有的感悟中最大的感悟是一句话：发展是硬道理。如果我们没有这些发展，就没有资本去参与国际竞争；如果没有这些发展就不可能对支持者作回报；如果没有这些发展就不可能对质疑者作出很好的回应，对质疑最好的回应就是发展。

简析：

张瑞敏，现任海尔集团党委书记、董事局主席、首席执行官。他确立了“名牌战略”，20 多年来，海尔集团已由一个亏空 147 万元的集体小厂，发展成为 2007 年全球营业额 1180 亿元的中国家电第一品牌，并在全世界获得越来越高的美誉度。在管理实践中，张瑞敏将中国传统文化精髓与西方现代管理思想融会贯通，“兼收并蓄、创新发展、自成一家”，创造了富有中国特色、充满竞争力的海尔文化。通过阅读本文，我们可以看出张瑞敏领导海尔发展得艰辛历程，也看出了一个优秀企业家的使命感和责任。本文层次清楚，逻辑严密，语言朴实，内涵丰富，告诫每一个企业者一定要发展，发展才是硬道理。

十九、你是老板还是领袖

李嘉诚

屈指一算我的公司已成立了五十五年，由 1950 年几个人的小型公司发展到今天全球 52 个国家超过 20 万员工的企业。我不敢和那些管理学大师相比，我没有上学的机会，一辈子都努力自修，苦苦追求新知识和学问，管理有没有艺术可言？我有自己的心得和经验。

翻查字典，Art（艺术）的定义可简单归纳为人类发自内心的创作、行为、原则、方法或表达，一般带美感，能有超然性和能引起共鸣。是一门能从求学、模仿、实践和观察所得的学问。光看这些表面证供，管理学几乎和艺术可混为一谈，那么我今天就应该没有什么好讲了。

你是老板还是领袖？

我常常问我自己，你是想当团队的老板还是一个团队的领袖？一般而言，做老板简单得多，你的权力主要来自你地位之便，这可来自上天的缘份或凭仗你的努力和专业的知识。做领袖较为复杂，你的力量源自人性的魅力和号召力。要做一个成功的管理者，态度与能力一样重要。领袖领导众人，促动别人自觉甘心卖力；老板只懂支配众人，让别人感到渺小。

想当好的管理者，首要任务是知道自我管理是一项重大责任，在流动与变化万千的世界中，发现自己是谁，了解自己要成什么模样是建立尊严的基础。儒家之修身、反求诸己、不欺暗室的原则，西方之宗教教律，围绕这题目落墨很多，到书店、在网上自我增值的书和秘诀多不胜数。我认为自我管理是一种静态管理：是培养理性力量的基本功，是人把知识和经验转变为能力的催化剂。这“化学反应”由一系列的问题开始，人生在不同的阶段中，要经常反思自问，我有什么心愿？我有宏伟的梦想，我懂不懂得什么是节制的热情？我有挑战命运的决心，我有没有面对恐惧的勇气？我有信息有机会，有没有实用智慧的心思？我自信能力天赋过人，有没有面对顺流逆流时懂得恰如其分处理的心力？你的答案可能因时、因事、因处境，审时度势而有所不同，但思索是上天恩赐人类捍卫命运的盾牌，很多人总是把不当的自我管理与交噩运混为一谈，这是很消极无奈和在某一程度上是不负责任的人生态度。

十四岁，穷小子一个的时候，我对自己的管理方法很简单，我知道我必须赚取足够一家勉强存活的费用。我知道没有知识我改变不了命运，我知道今天的我没有本钱好高骛远，我也想飞得很高，在脑袋中常常记起我祖母的感叹：“阿诚，我们什么时候能像潮州城中某某人那么富有。”我可不想像希腊神话中伊卡罗斯（ Icarus ）一样，凭仗蜡做的翅膀翱翔而堕下。我一方面紧守角色，虽然我当时只是小工，但我坚持每样交托给我的事做得妥当出色；一方面绝不浪费时间，把任何剩下来的一分一毫都购买实用的旧书籍。我知道要成功，怎能光靠运气？欠缺学问知识，程度与人相距甚远，运气来临的时候也不知道。还有一点重要的，我想和同学分享，讲究仪容整齐清洁是自律的表现，谁都能理解贫困的人包装选择不多，但能选择自律心灵态度的人更容易备受欣赏。

二十二岁我成立公司以后，进取奋斗的品德和性格对我而言层次有所不同。我知道光凭能忍、任劳任怨的毅力已是过时的观念，成功也许没有既定的方程式，失败的因子却显而易见，建立减低失败的架构，是步向成功的快捷方式。知识需要和意志结合，静态管理自我的方法要延伸至动态管理，理性的力量加上理智的力量，问题的核心在如何避免聪明组织干愚蠢的事。“如果”一词对我有新的意义，多层思量和多方能力皆有极大的价值，要知道“后见之明”在商业社会中只有很狭隘的贡献。人类最独特的不仅是我们有洞悉思考事物本质的理智，而是我们有遵守承诺、矫正更新的能力、坚守价值观及追求目标的意志。

商业架构的灵活制度要建基于实事求是、能有自我修正挽回的机制 （ Check and Balance ）。我指的不单纯是会计系统，而是在张力中释放动力，在信任、时间、能力等等范畴建立不呆板、能随机应变的制度。你们也许听过我说企业应在稳健中寻找跳跃的进步，大标题下的小点要包括但不局限于：开源对节流、监督管治对创意和授权、直觉对科学观、知止对无限发展，等等。

每一个机构有不同的挑战，很难有绝对放诸四海皆准、皆适用的预制组件。老实说我对很多人云亦云的表面专家的分析是“尊敬有加”，心里有数，说得俗一点，有时大家方向都正确，要的却是花拳绣腿、姿势又不对。管理者对自己负责的事和身处的组织有深层的体验和理解最为重要。了解细节，经常能在事前防御危机的发生。

其次成功的管理者都应是伯乐，摩登伯乐的责任不仅在甄选、延揽“比他更聪明的人才”，但绝对不能挑选名气大但妄自标榜的企业明星。在高度竞争的社会中，高效组织的企业亦无法负担那些滥竽充数、唯唯诺诺、灰心丧志的员工，同样也难负担仅以自我表演为一切出发点的“企业大将”。挑选团队，有忠诚心是基本，但更重要的是要紧记光有忠诚但能力低的人和道德水平低下的人同样是迟早累垮团队、拖垮企业，是最不可靠的人。要建立同心协力的团队第一条法则就是能聆听得到沉默的声音，问自己团队和你相处，有无乐趣可言，你是否开明公允、宽宏大量，能承认每一个人的尊严和创造的能力，有原则和坐标而不是费时失事矫枉过正的执著者。

领袖管理团队要知道什么是正确的“杠杆”心态，“杠杆定律”始祖阿基米得（公元前 287 年至公元前 212 年）是古希腊学者。他曾说：“给我一个支点，我可以撬起整个地球。”支点是效率和节省资源策略智慧的出发点，试想与海克力士（Hercules）单凭个人力气相比，阿基米得是有效得多。不知从什么时候开始，把这概念简单扭曲为叫人迷失的四两拨千斤，教人以小搏大。聪明的管理者专注研究精算出的是支点的位置，支点的正确无误才是结果的核心。这门功夫倚仗你的专业知识和综合力，能否洞察出那些看不见的联系之层次和次序。今天我们看见很多公司只看见千斤和四两的直接可能，而忽视支点的可能性，因过度扩张而陷入困境。

我没有你们幸运，能在商学院聆听教授指导。告诉你们，我年轻的时候，最喜欢翻阅的是上市公司的年度报告书，表面上挺沉闷，但别人会计处理的方法的优点和流弊，方向的选择和公司资源的分布对我有很大的启示。

对我而言，管理人员对会计知识的把持和尊重，正现金流的控制，公司预算的掌握，是最基本的元素。还有两点不要忘记：第一，管理人员特别要花心思在脆弱环节；第二，在任何组织内优柔寡断者和盲目冲动者均是一种传染病毒，前者的延误时机和后者的盲目冲动均可使企业在一夕间造成毁灭性的灾难。

最后，好的管理者真正的艺术在其接受新事物、新思维与传统中更新的能力。人的认知力由理性和理智的交融贯通，我们永远不是也永远不能成为“无所不能的人”，有时我很惊讶地听到今天还有管理人以“劳累”为单一卖点。“天行健，君子以自强不息”。自强不息的方法重要，君子的定义也同样重要，要保持企业生生不息，管理人要赋予企业生命，这不单只是时下流行的介绍企业时在 PowerPoint 打上使命，或是懂得说上两句人文精神的语言，而是在商业秩序模糊的地带力求建立正直诚实的良心。这路并不好走，企业核心责任是追求效率及盈利，尽量扩大自己的资产价值，其立场是正确及必要的。商场每一天如严酷的战争，负责任的管理者捍卫企业和股东的利益已经精疲力竭，永无止境的开源节流、科技更新及投资增长，却未必能创造就业机会，市场竞争和社会责任每每两难兼顾，很多时候，也只能是在众多社会问题中略尽绵力而已。

我常常跟儿子说，他要建立没有傲心但有傲骨的团队，在肩负经济组织其特定及有限责任的同时，也要努力不懈，携手服务贡献于社会。这不能只是我对你的一个希望，也是你对我的一个承诺。今天也和大家共勉。

谢谢大家！

简析：

李嘉诚，1928年7月出生于广东省潮安县（今潮州市湘桥区），1940年到香港，1943年在一家钟表店当店员，1945年在橡胶厂当推销员。1950年创办长江塑料厂，1978年组建长江实业集团有限公司，就任董事局主席兼总经理，同时兼任和记黄埔有限公司董事局主席。从2000年到2007年李嘉诚已连续7年位列美国《福布斯》全球十大富豪的显赫位置。

2005年6月，在长江商学院的讲座上，李嘉诚以“管理的艺术”为题，向300多位学子作了精彩演讲。该演讲简单分析了老板和领袖的区别，简明地讲述了管理的艺术，并对大家寄予了殷切希望。

二十、狮城舌战

——1993年国际大专辩论会决赛辩词实录

辩题：人性本善还是人性本恶

正方：台湾大学队

反方：复旦大学队

主席：黎学平

时间：1993年8月29日下午

主席：观众朋友，欢迎光临1993年国际大专辩论会大决赛。

这个国际大专辩论会是由新加坡广播电视局和中国中央电视台联合举办的。过去的一个星期，辩论会的八支队伍经过四场初赛，二场半决赛之后，其中的六支队伍淘汰了。今天进入大决赛的两支队伍可说是辩论经验丰富的精英，他们肯定会在今天的比赛中大展辩才，给大家带来场“劲”的（比赛），让大家大饱耳福。今天我们非常荣幸地邀请到新加坡副总理李显龙准将出席我们的大决赛（掌声）。国际大专辩论会的冠军队将获得一万元的现金奖，亚军队可获得五千元。另外，我们也将在过去几场和今天的辩论群英会中选出一位最佳辩论员，他可以获得二千元的现金奖励。现在向您介绍参加今天大决赛的两支队伍，台湾大学和复旦大学。在我右手边的是正方台湾大学的代表，第一位是吴淑燕，政治系二年级；第二位是蔡仲达，会计系二年级；第三位是许金龙，政治系二年级；第四位是王信国，哲学系二年级（掌声）。在我左手边的是反方复旦大学的代表：第一位是姜丰，中文系中国语言文学研究生二年级；第二位是季翔，法律系二年级；第三位是严嘉，法律系四年级；第四位是蒋昌建，国际政治系硕士班三年级（掌声）。

今天我们的评判团阵容也特别强大。五人评判团是由本地和海外专业人士组成的。

他们是：郭振羽教授，他是南洋理工大学传播学院院长（掌声）；第二位是吴德耀教授，他是前东亚哲学研究所所长（掌声）；第三位是查良镛先生，他是香港《明报》创办人，也是著名武侠小说家，笔名金庸（掌声）；第四位是杜维明教授，他是美国哈佛大学东方语言及文明学系教授（掌声）；第五位是许廷芳律师，他是新加坡广播局董事（掌声）。

今晚的辩题是人性本善，反方的立场是人性本恶。双方的立场是由抽签决定的。现在我宣布 1993 年国际大专辩论会大决赛正式开始。首先将由正方一辩吴淑燕同学表明立场和发言，时间为三分钟（掌声）。

吴淑燕：大家好！

哲学家康德主张，人不分聪明才智、贫富美丑都具有理性。孟子认为人性本善，所以进一步又加了一句，每个人都有恻隐之心。而佛家说，一心迷是真身，一心觉则是佛。正因为人性本善，所以人随时随地都可以放下屠刀、立地成佛。我方主张人性本善，就是主张人性的根源点是善的，有善端才会有善行。

我方不否认在人类社会中存在有恶行，但是恶行的产生则是由外在环境所造成，所以恶是结果而不是原因。如果硬要说恶是因不是果，也就是说人性本恶，那么人世间根本不能产生真正的道德。虽然英国哲学家霍布斯极力主张在人性本恶的前提下人类可以形成道德。

但是想想看，如果人性本恶，人类一切道德规范都是作为人类最大的利己手段。当道德成为手段时，道德还是道德吗？也就是说，人一旦违犯道德而不会受到处罚，人就不会遵守道德的约束了。深夜两点我走在道路上看到红灯，如果人性本恶我就会闯过去，因为不过是为了个人方便。但事实上并不是如此，仍然有许多人遵守交通规则。而根据人性本恶的前提假设，霍布斯认为必须有一个绝对的、无所不在的权威监督每个人履行道德规约。

如果人性本恶，没有一个人会心甘情愿地遵守道德规约，但是事实证明：人还是有善行、人还是有道德、还是有利他的行为。

如果人性本恶，（时间警示）那么我们只有两种选择：第一个是活在一个“老大哥”无时无刻不监督我们的世界当中；第二个是我们人类社会将是彼此不再相信。如果这样的话，我就会看到一个老太太跌倒了有人把她扶起来，人们则说他居心不良；而我们在辩论会中建立起来的友谊都是虚假的装腔作势。但是我们会发现，在人类历史社会当中，没有一个绝对权威的君主曾经产生过，但是舍己为人的事情在不断地发生。而在生活当中，为善不为人知的生徒小民更是比比皆是。泰丽莎修女的善行，大乘佛教中所说的“众生永远不得渡，则已终身不作佛”的慈悲宏愿，难道不正是人性本善的最佳引证吗？（时间到）谢谢！（掌声）。

主席：谢谢吴淑燕同学。接下来请反方第一位代表姜丰同学表明立场和发言，时间也是三分钟。（掌声）

姜丰：谢谢主席，大家好！

我先要指出一点的是，康德并不是一个性善论者。康德也说过这样一句话：“恶折磨我们的人，时而是因为人的本性，时而是因为人的残忍的自私性。”

对方不要断章取义。另外对方所讲到的种种善行，那完全是后天的，又怎么能够说明我们命题当中的“本”呢？神话归神话，现实归现实。对方同学请你们摘下玫瑰色的眼镜看看这个现实的世界，就在你陈辞的这三分钟当中，这个世界又发生了多少战争、暴力、抢劫、强奸。如果人性真是善的话，那么这些罪恶行为到底从何而来呢？对方为什么在他们的陈辞当中，自始至终对这个问题避而不答呢？我方立场是：人性本恶。

第一，人性是由社会属性和自然属性组成的，自然属性指的就是无节制的本能和欲望，这是人的天性，是与生俱来的；而社会属性则是通过社会生活、社会教化所获得的，它是后天属性。我们说人性本恶当然指的是人性本来的、先天的就是恶的。

第二，提到善恶，正如一千个观点会有一千个“哈姆雷特”，一千个人心目当中也许会有一千个善恶标准。但是，归根到底恶指的就是本能和欲望的无节制地扩张，而善则是对本能的合理节制。我们说人性本恶正是基于人的自然倾向的无限扩张的趋势。那个曹操不是说过：“宁可我负天下人，不可天下人负我”吗？那个路易十五不是也说过：“在我死后哪怕洪水滔天”。还有一个英国男孩，他为了得到一辆自行车竟然卖掉自己三岁的妹妹。这些对方还能说人性本善吗？

第三，虽然人性本恶，但是我们这个世界并没有在人欲横流中毁灭掉，这是因为人有理性（时间警示）。人性可以通过后天教化加以改造。当人的自然倾向无限向外扩张的时候，如果社会属性按照同一方面推波助澜，那么人性就会更加堕落；相反，如果我们整个社会倡导扬善避恶，那么人性就有可能向善的方向发展，这一点也不正说明了儒家思想所倡导的修齐、治平、内圣、外王是何等重要吗！对方辩友，如果真的是人性本善的话，那么孔老夫子何必还诲人不倦呢？

今天，对方辩友所犯的错误就在于以理想代替现实，以价值评判代替了事实评判。从感情上讲我们同所有善良的人一样也是希望人性是善的。但是历史、现实和理性都告诉我们，人性是恶的！这是一个事实，我们只有正视这个事实，才有可能扬善避恶。（时间到）。谢谢各位！（掌声）

主席：谢谢姜丰同学，接下来我们听听正方第二位代表蔡仲达同学的发言，时间三分钟。（掌声）

蔡仲达：大家好！

刚才对方同学谈得很多，我们就一一来检视到底善是本还是恶是本？到底善是表象还是恶是表象？我们先举一个例子来说吧。如果我们今天要吃西瓜，是不是先要种西瓜种子呢？如果我们种红豆、绿豆，长得出西瓜吗！所以人世间为什么这么多善行呢，当然是在人的本性中就有着善的种子嘛。

那人世中为什么有恶的表象呢？很简单嘛，我们都知道我们种西瓜只要丢西瓜种子就好了吗？我们还要施肥，还要浇水啊，而且一不小心，万一再下了十几天的大雨，那么西瓜不仅长不好，而且还会烂掉。所以同样的嘛，我们在人类充满污染的环境中，我们承认有些人他虽然有善根，但是呢他长不出善果。他是长得不好，但是这并不是说他的人性中没有善的种子啊！所以我们发现很多犯罪人到最后他们都良心发现。我们说他是良心未泯，那么想想看，如果人的良心自始就不存在于人的本性中的话，那么我们怎样去解释人有后悔的行为呢？大家不都曾经后悔过吗？

好的，对方同学又指出了另外一点，说人的恶是因为人有欲望，人有这样的本质，那我就不懂了，为什么欲望一定带来恶呢？我今天喜欢一个女生，这个女生也喜欢我，我们都想跟对方结婚，我们组成美好家庭，这是恶吗？（笑声、掌声）再说吧，人有本能，人肚子饿了就想吃饭，那人跟狮子不就是一样了吗？对方同学您如何解释呢？

另外我们再想一想吧，对方同学说人的本性可以教育，所以恶的本性可以教育成善，我们就来想一想，为什么人的本性可以被教育成善呢？我们说小鸟会飞，它只要学了飞就可以飞，为什么我们人怎么教，我们都不会自己飞呢？因为我们本性中没有飞的本性嘛，（时间警示）那么人为什么被教成行善呢？就是因为我们相信人的本性中有善性嘛。如果说人的本性是恶的而能够教成善的，那我们就觉得很奇怪了。如果人的本性没有善性为什么我们一学就知道什么是善，一教就知道怎么行善，而教怎么飞再怎么教你都不会呢？就算如果本性是恶，那到底谁来教我们，是本恶的人来教我们本恶的人吗？他们为什么要教我们呢？他们到底有什么动机，我们能够信任他吗？他们教育我们行善，孔夫子要教育我们行善，他们背后是不是有一个更大的恶的动机呢？（笑声、掌声）我们觉得很奇怪，对不对？比如说吧，一个老人跌倒了，我们把他扶起来；我们来新加坡，交这么多朋友，以辩会友，我们情意真挚；我们看到非洲饥民，人人心中都有孤拯、悲哀、悯天地不悯的心情，如果说扶老人就是沽名钓誉；交朋友这是虚伪矫情……（时间到）谢谢！（掌声）

主席：谢谢蔡仲达同学。接下来我们听听反方第二位代表季翔同学怎么反驳，时间三分钟。（掌声）

季翔：谢谢主席，各位好！

对方辩友我倒真想请问你这样一个问题，既然社会是由人构成的，对方却认为社会环境中的恶和人之恶没有关系，那请问：外界环境中的恶是从哪里来的呢？你的善又是怎样导出恶的呢？我方从来不认为本能和欲望就是恶，本能和欲望的无节制地扩展才是恶（掌声）。对方辩友，孔子早就告诉过我们："道听途说，德之弃也。"我方认为，人性本恶主要基于如下理由：

第一，人性本恶是古往今来人类理性认识的结晶。早在两千年前，所谓人类文明的轴心时代，荀子的性恶论与犹太教的原罪说便遥相呼应。而到近代，从马基雅维里到弗洛伊德，无一不主张人性本恶，这难道仅是历史的巧合吗？不！伟大的哲学家黑格尔一语道破天机："人们以为当他们说人性本善时是说出了一种伟大的思想，但他们忘记了。当他们说人性本恶时，他们是说出了一种伟大得多的思想。"（掌声）令人遗憾的是，对方辩友面对这样的真知灼见，至今未能幡然醒悟，这不由得使我想起乔西·比林斯的那句话："真理尽管稀少，却总是供过于求。"（掌声）

第二，人性本恶是日常生活一再向我们显示的道理。从李尔王的不孝女儿们到《联合早报》上拳击妻子脸部的丈夫们，从倒卖血浆的联合国维和部队到杀人不眨眼的拉美毒枭，恶人恶事真可谓横贯古今，不胜枚举。对方辩友，难道你还要对着《天龙八部》中恶贯满盈、无恶不做、凶神恶煞、穷凶极恶这四大恶人谈什么人性本善吗？（掌声、笑声）

第三，尽管我们承认人性本恶，（时间警示）但并不意味着人类前途一片黑暗，人之所以成为宇宙之精华、万物之灵长，并不因为他白璧无瑕，完美无缺，而在于能有认识自己的勇气，承认人性本恶；人有判断是非的理性，能够扬善弃恶。为了矫治本恶的人性，人们不仅制定法律以平息暴力、规范道德以减少争斗、设立政府以处罚叛逆，而且倡导坚贞以反对意乱行迷、编写童话去诅咒忘恩负义（掌声）。真可谓苦心孤诣、殚精竭虑。而对方辩友却坚持人性本善，言下之意人类所有的道德教化都是多此一举了！心痛之余我不禁请问对方辩友，如果人性本善，那么我们要道德法律、交通规则干什么呢？如果人性本善的话，个人修养、社会教化还有存在的必要吗？（时间到）谢谢！（长时间掌声）

主席：谢谢季翔同学，接下来我们请正方第三位代表许金龙同学发言，时间三分钟。（掌声）

许金龙：孔老夫子孜孜不倦，因为他是个勤于灌溉善根的人。

我想请问对方辩友，今天提出了这么多，如果说人性真的是本恶的，我们来请问下面几个问题：如果说驯兽师可以改变狮子的本性的话，那么我们想想看，我们可以教狮子敬礼，也可以教狮子行善吗？我再想请问对方辩友，如果说今天是人性本恶的话，对方辩友说的种种教育，那可能实行吗？谁会信任谁，由哪一个性善的人来教，还是性恶的人来教呢？如果说性恶的人来教的话，那谁会服谁呢？他教的凭什么就是善的呢？

今天对方辩友最根本的关键的矛盾错误就在于说，他相信人性本恶，但本恶的人会摒弃恶的价值吗？本恶的人会喜欢恶吧 ，他讨厌的是什么呢？讨厌的是某一个人加在他身上的恶行。所以说，本恶的人应当是非常快乐地去行恶才对，他最讨厌、难过的是别人的恶加在他身上才对。所以说，今天对方辩友在这样的错误矛盾之下，怎么能告诉我们说，人性本恶的，但人又会摒弃恶的价值呢？既然人性本恶，人就会欢欢喜喜地接受恶的价值。

接下来我们再来看对方辩友今天说的什么？对方辩友，今天说人性有两层，一种是自然属性，是天性，再一种是社会属性，那种是后天的。自然属性就是说人的天性就跟动物一样，有欲望的本能。对了，对方辩友说得好，自然属性，人就只有自然属性，本能的欲望而已吗？那人跟动物有什么差别呢？跟狮子老虎又有什么差别呢？对方辩友，请您待会儿要解释给大家听。（笑声）那么再说到人的社会属性，我就不懂了，人的社会属性，为什么就是后天的，不是本性？人的社会属性就是说人可以被教，人有善根，人有善端，那这不就是人的本性了？

对方辩友，如果说今天本性可以移来移去，从恶换到善，从善换到恶，那我想请问，本来的性到底是什么？（鼓掌）如果对方辩友说今天坚信，历史演进过程当中都是往恶的方向移动的话，我方今天没有话说。今天就在于说，整个历史过程都是往善的去移动，所以我们相信，对方辩友也相信，该往善的方向去移动，可是谁会相信，社会该往善的方向去移动呢？是那些本恶的人吗？如果说对方辩友真的坚信本恶的话，那我就要称赞对方辩友一句：你是泯灭天性，没有天良的人了！（笑声、掌声）因为那就是您顺性而为，顺乎自然，应乎天理，顺乎人心了吗？

所以，我们再来想想看，如果说我们建立起来一个本恶的世界的话，我们的社会会是怎么样？相信我，我们在这里谈，不是谈输赢，是谈真理。如果说人性本恶，我们彼此无法信任。你坐在那里，我坐在这里，我们彼此有什么样的语言可以进行沟通。因为你会怀疑我，我会猜忌你，如果没有本 ，如果没有善良的端行，没有善良种子，我们怎么在这里进行流畅的沟通呢？在这里，我方要一再地强调的是说，今天对方辩友，如果今天（时间到）相信人性本恶的话，就不会有我们这群和善的人群了。（掌声）

主席：接下来我们听听反方第三位代表严嘉同学怎么反驳，时间三分钟。（掌声）

严嘉：谢谢主席，各位好！

对方一辩说，有的人是“放下屠刀，立地成佛”的，这不错，但我请问，如果人都是本善的话，谁会拿起屠刀呢？（掌声）第二，对方二辩说，人一教一学就能够会善，那我们看到好多人他们做恶事的时候，是不要教，不要学，就会去做的。（笑声、掌声）我们再看到，对方辩友认为恶都是外因，但我请问，如果鸡蛋没有缝的话，苍蝇会去叮它吗？所以，还是它有内因在起作用的。至于说到，善端是从哪儿来的？我告诉对方辩友，如果人人皆自私的话，那么人人都不能自私。因此制约、权衡中产生节制，这就是最早的善源。至于后天的教化，它自然而然形成了。对方辩友不要对历史事实视而不见。好，下面我从现实和历史的层面进一步阐述我方观点。

第一，人类在诞生之初，就已经把本恶的人性充分地显示出来。人类学研究表明，周口店猿人就已经懂得用火来把同类的头骨烤着吃，这种生猛烧烤，是何等凶残啊！而《人类的起源》一书中告诉我们，当一个土人的小孩不小心，把一筐海胆掉进海里的时候，土人竟把他活活地摔死在石崖上。面对着原始人这种凶残的天性，对方辩友，难道还告诉我们，人性本善吗？

第二，正是由于人性本恶的存在，所以，在人类社会沧海桑田的演进过程之中，教化才显得尤其重要，而且也相当艰巨。“十年树木，百年树人”，我方从来不否认，通过后天的教化和修养，人是可以对他的人性加以改变，甚至形成伟大的人格的。但是，正因为有本恶的人性存在，所以，我们要知道，学好三年，学坏三天，（时间警示）“病来如山倒，病去如抽丝” 呀。请大家想一想，看暴力片，色情片，是从来没有什么公开的倡导和鼓励的，为什么总有那么多人要趋之若鹜呢？（笑声、掌声）

第三，认识到人性本恶，其实并不是人类的羞耻。真正应该反省的，是面对着真理，却不敢去正视它。其实，人类社会演进的过程，从某种意义上也就是人的尊严这种虚假的虚荣被不断剥去的过程。我们看到在神学灵光笼罩之下，人类曾经是相当的夜郎自大。但是，哥白尼的日心说，抹去了人在宇宙中的中心地位；达尔文的进化论揭示人与动物之间必然的内在联系；而弗洛伊德则披露了在理性的冰山尖之下，人的巨大的本能的冲动与欲望。今天，我们也只有真正地认识到人性本恶这一基础，（时间到）才能做到抑恶扬善。谢谢！（掌声）

主席：谢谢严嘉同学，听过双方代表对善恶的陈辞。现在是他们大展辩才的时候。在自由辩论开始之前先提醒双方代表，你们每队各有四分钟发言时间，正方同学必须先发言。好，现在自由辩论开始！（掌声）

王信国：我想首先请问对方辩友，既然人性本恶，世界上为什么会有善行的发生？

蒋昌建：我方一辩已经解释了。我倒想请问对方辩友，在评选模范丈夫时，你能告诉我，这个模范丈夫本性是好的，就是经不起美色的诱惑吧？（笑声、掌声）

许金龙：对方辩友，他要有人勤加于灌溉，我想请问对方辩友，请您正面回答我，您喜

不喜欢杀人放火？（笑声）

季翔：我当然不喜欢，因为我受过了教化。但我并不以我的人性本恶为耻辱。我想请问对方，你们的善花是如何结出恶果的？（掌声）

吴淑燕：我想先请问对方同学，您的教育能够使你一辈子不流露本性吗？如果您不小心流露本性，那我们大家可要遭殃了。

严嘉：所以我要不断地注意修身自己呀！曾子为什么说："吾日三省吾身"呢？所以，我再次想请问对方辩友，你们说内因没有的话，那恶花为什么会从善果里产生呢？

王信国：我来告诉大家为什么会有，这是因为教育跟环境的影响！我倒请对方辩友直接回答我们问题嘛，到底人世间为什么会有善行的发生，请你告诉大家。

姜丰：我方明明回答过了，为什么对方辩友就是对此听而不闻呢？到底是没听见，还是没听懂啊？（笑声、掌声）

许金龙：你有本事再说一遍，为什么我们听了，从来没有听懂过呢？我想请问对方辩友，您说荀子说性恶，但是所有的学者都知道荀子是无善无恶说。

蒋昌建：我第三次请问对方辩友，善花如何开出恶果呢？第一个所谓恶的老师从哪来呢？

吴淑燕：我倒想请问对方同学了，如果人性本恶，是谁第一个教导人性要本善的？这第一个到底为什么会自我觉醒？

季翔：我方三辩早就解释过了，我想第四次请问对方辩友，善花是如何结出恶果的？

王信国：我再说一次，善花为什么结出恶果，有善端，但是因为后天的环境跟教育的影响，使他作出恶行。对方辩友应该听清楚了吧？我再想请问对方辩友，今天泰丽莎修女的行为，世界上盛行好的行为，为什么她会做出善行呢？

季翔：如果恶都是由外部环境造成的，那外部环境中的恶又是从何而来的呢？

蔡仲达：对方辩友，请你们不要回避问题，台湾的正严法师救济安徽的大水，按你们的推论不就是泯灭人性吗？

严嘉：但是对方要注意到，8月28号《联合早报》也告诉我们这两天新加坡游客要当心，因为台湾出现了千面迷魂这种大盗。（笑声、掌声）

许金龙：我们就很担心人性本恶如果成立的话，那样不过是顺性而为，有什么需要惩罚的呢？

蒋昌建：对方终于模糊了，我倒想请问，你们开来开去善花如何开出恶果，第五次了啊！（笑声、掌声）

吴淑燕：我方已经说过了，是因为外在环境的限制，我倒想请问对方同学了，对方同学告诉我们，人有欲望就是本恶，那么对方同学想不想赢这场比赛呢？如果想的话，您可真是恶啊（笑声、掌声）

姜丰：对方辩友口口声声说，因为没有善端就没有善。我们要问的是，都是善的话，那第一个恶人从哪里来？又哪里有你们所说的那种环境呢？

许金龙：环境天险，天险狡恶。对方辩友，您没有听说过吗？环境会让人去行恶的。

严嘉：对方似乎认为有了外部恶的环境，人就会变恶。请问在南极，在一种非常艰难的沙漠之中，人就会变坏了吗？

王信国：我方没有这样说，对方又在第二次栽赃，我是要告诉大家，是说人有善端，你在哪个环境，好的环境会变好，坏的环境会变坏。

季翔：如果都如对方所说的那样，人性本善，都是阳光普照，雨水充足，那还要培育它干什么呢？让它自生自灭好了。（笑声、掌声）

许金龙：照对方辩友那样说的话，人性本恶，我们要教育干什么？因为“师傅领进门，修行在个人”，这句话早就不成立，应该是“师傅领进门，教鞭跟你一辈子。”（笑声、掌声）

严嘉：按照对方辩友的这种逻辑，那么教化应该是非常容易的，每个人都是“心有灵犀不点通”了？（笑声、掌声）

王信国：我倒想请问对方辩友，在人性本恶之下，我们为什么要法律，为什么要惩治的制度呢？

姜丰：对呀，这不正好论证了我方观点嘛！（笑声、掌声）如果人性都是善的还要法律和规范干什么？（掌声）

蔡仲达：犯错、犯罪都是人性本恶，就符合您本恶的立场了吗？那么犯罪干嘛要处罚他呢？

蒋昌建：我还没听清楚，你们论述人性是本善的，是在进化论原始社会的本，还是人一生下来的本，请回答！

许金龙：我方早就说过的嘛！孟子说良心啊，你有没有恻隐之心，你有没有不安不忍之心，这就是良心嘛！你怎么不听清楚了呢？（笑声、掌声）

蒋昌建：如果人生来就是善的话，那我想那个“宝贝”纸尿布怎么那么畅销啊？（笑声、掌声）

吴淑燕：我想请问对方同学，再次请问你，如果人性本恶的话，到底是谁第一个去教导人要行善的呢？

季翔：我方已经不想再次回答同样一个问题了！我倒想请问孟子不也说过“形色，天性也”嘛？请问什么叫天性呀？

许金龙：您讲得吞吞吐吐，我实在听不懂。对方辩友，请您回答我们荀子说的是性恶说，还是性无善无恶。

严嘉：这点都搞不清楚，还来辩论性善性恶？（笑声、掌声）我想请问，孔子说：“七十而从心所欲，不逾矩。”像这样的圣人都要修炼到古稀之年，何况我们凡夫俗子呢？（掌声）

王信国：对方辩友，所有的问题，所有的问题都不告诉我们答案。我倒想请问对方辩友的是，康德的主张到底是有没有道德？

姜丰：不是我们不告诉对方，是我们一再一再地告诉，你们都不懂。（笑声、掌声）

许金龙：对方辩友这句话回答的什么，我们实在没有听出来。不过我想告诉对方辩友解决一下性恶的问题吧！荀子说：“无为则性不能自美”。说性像泥巴一样，它塑成砖就塑成砖，塑成房子就塑成房子，这是无恶无善说啊！对方辩友。

蒋昌建：荀子也说：后天的所谓善是在“注错习之所积耳”，什么叫“注错习之所积耳”呀？请回答。

许金龙：荀子说错了！荀子说他看到什么是恶的，还是说没有看到善，你就说是恶的。没有看到善是不善，不是恶，对方辩友。

蒋昌建：你说荀子说错了就说错了吗？那要那么多儒学家干什么？（笑声、掌声）

许金龙：儒学就是来研究荀子到底是说了性恶还是性善嘛！

季翔：荀子明明白白地告诉我们："人性恶，其善者伪也。"（掌声）

蔡仲达：对方同学，如果说，荀子说恶就是恶的话，那我们今天还要辩什么呢？

严嘉：对方辩友不要一再地引语录了，我们看看事实吧！历史上那么多林林总总的真龙天子们，他们有几个不是后宫嫔妃三千，但为什么自己消费不了，却还要囤积居奇，到最后暴殄天物呢？（笑声、掌声）

王信国：那也想请对方辩友看看历史上展示的仁人志士的善行，对方辩友如何来解释呢？

姜丰：没有规矩不成方圆，到底何为善？何为恶？

吴淑燕：要谈现实，就来谈现实吧！如果人性本恶，我和对方同学定立契约，对方可千万不能相信哪，因为我可能会占你便宜呀！（笑声）

蒋昌建：对方说，有人的话那就是人性善的，拳击场上没有恻隐之心，没有慈让之心，那些观众，那些拳击者就不是人了？请回答。

许金龙：拳击场上是比竞技，有竞赛规则，又不是拿刀子来互相砍杀，对方辩友。（笑声）我们看看伊索比亚的难民，谁不会掉泪，谁不会动心忍性呢？

季翔：那当然会动心忍性了，因为人都受过教化了嘛。

许金龙：对方辩友，如果人都受过教化的话，但本在哪里呢？本为什么移来移去，可以从善变到恶，从恶变到善，本在哪里？

严嘉：佛祖释伽牟尼可算是至德至善之人了吧，但他在释伽族作王子的时候，不也曾六根不清静过吗？

王信国：所以他最后变好了，为什么？因为他的本心，他的根源是善的。（掌声）

姜丰：如果我们光说本的话，我们只要说人性恶就行了，你们论证本了吗？

许金龙：我们当然论证本了，良心就是本哪！对方辩友，您才没有论证本呢！您说的那是跟动物一样啊（掌声）

蒋昌建：那我就不知道了，哪个人过马路的时候，是捧着这个良心过去的吗？我倒听说过孤胆英雄，却没有听说过"孤心英雄"啊（笑声、掌声）

许金龙：人过马路当然是捧着良心过去的。而且，看到老弱病残的时候，我们还要扶他一下。对方辩友，人是带着良心过去的。

严嘉：为什么我们要进行交通法则教育呢？这不是后天让他向善吗？

王信国：因为有人要变坏，所以要纠正他，纠正他是因为他会变好。

季翔：对方始终没有告诉我们，既然人性都是本善的，怎么会有人变坏呢？

吴淑燕：请对方同学正面回答如何利用教育来把人性恶改过去？

姜丰：我方早已回答，倒是请对方正面回答，按照种瓜得瓜的逻辑……（时间到）

主席：对不起……

许金龙：对方辩友，从来没有回答过问题，就说回答过。我们来看看对方辩友，对方辩

友一辩说人是理性的动物，那么如果说这个社会上人有一个滞胀的，那人就不理性了。（掌声）

主席：经过了精彩激烈的自由辩论之后，我们的节目到这里暂时告一个段落，广告过后我们再见。

主席：欢迎各位回到辩论会现场，现在我们请反方第四位代表蒋昌建同学总结陈辞，时间四分钟。（掌声）

蒋昌建：谢谢各位。

一个严肃的辩论场需要一个严肃的概念。对方多次问我们人性怎么样？人性怎么样？始终没有问我们人性本怎么样？我想请问对方，人性是什么和人性本是什么是同样的一个概念吗？你们如果连这个概念都没有根本建立基础的话，那你们的立论从何而来呢？我们多次问对方的善花里面如何结出恶果，对方说要浇水，要施肥呀。那我就不懂了，大家都承蒙这个阳光雨露的话，为何有那么多罪行横遍这个世界呢？难道这个水，那个肥还情有独钟吗？为何要跟恶的人作一个潇洒的“吻别”呢？（笑声、掌声）

今天我们本着对真理的追求来同对方一起探讨这个千年探讨不完的话题。无论是从性善论的孟子也好还是性恶论的荀子也好，又有哪一家哪一派不要我们抑恶扬善呢？抑恶扬善是我方今天确立立场的一个根本出发点。下面我再一次总结我方的观点。

第一，只有认识人性本恶，才能正视历史和现实。回顾历史的时候，我的内心总感到痛苦而颤抖。

从希波战争到十字军东征，从希特勒的奥斯维辛集中营到日寇在华北的细菌试验场，真可谓是“色情与贪婪齐飞，野心共暴力一色。”以往的人类历史，可以说是交织着满足人类无限贪欲而展开的狼烟与铁血啊！可见，本恶的人性如果不加以控制的话，将会给这个世界带来什么呢？

第二，只有认识人性本恶，才能重视道德、法律教化的作用，才能重视人类文明引导的结果，培养健全而又向上的人格。在历史的坎坷当中，人类并没有自取灭亡。尤其是在面对彬彬有礼、亲切友善的新加坡朋友面前，我们更有理由相信，人类明天会更好，这其中我们要感谢新加坡孜孜不倦地建立起他们优良的社会教化系统。人类文明是在人类智慧之光照耀下不断茁壮成长的。饮水思源，借此我们要感谢那些在人类教化路途中洒进他们含辛茹苦汗水的这些中西先哲们。正因为从他们的理论智慧当中，从他们的身体力行当中，人们才有可能从外在的强制走上理性的自约，自约人的本性的恶，从而培养一个健全而又向善的人格。

第三，只有认识人性本恶，才能调动一切社会教化的手段来扬善避恶。光阴荏苒，逝者如斯，在物质和科学技术突飞猛进的同时，而人类的精神家园可谓是花果飘零。在这个时候，我们要警惕，人性本恶这个基本的命题。可喜的是，在东方的大地上，我们说传统文化的发扬光大，已经从一阳来复开始走向了新的春天。我们也相信，通过传统文化的精华，必将使人类从无节制的欲望中合理地扼制并加以引导，从他律走向自律，从执法走向立法。人类才可能挽狂澜于既倒，扶大厦于将倾。“黑夜给了我黑色的眼睛，而我却要用它来寻找光明！”谢谢各位！（掌声）

主席：谢谢蒋昌建同学，最后我们请正方第四位代表王信国同学总结陈辞，时间也是四

分钟。（掌声）

王信国：大家好！让我们先回到对方所建构的一个恶的世界来看看这个世界里边到底发生了什么事情。对方辩友告诉我们人性本恶，首先就犯了三大错误。

第一大错误就是从经验事实的法则里面归纳出来的错误。对方辩友举出了人世间很多的恶事，告诉我们因此人性本恶，这是错的！为什么呢？对方辩友的立论告诉我们欲望，人是有欲望而来的。但是我们想，我方已经论证过了，欲望是有好有坏，今天我喜欢你，我想要跟你结婚，这是一个不好的欲望吗？所以最终我们知道了，今天对方辩友是看到人世间的恶行，某些恶行，然后告诉我们说人性本恶。那为什么对方辩友忽略了经验事实上面呈现的善行呢？人世间的很多善行，你一定听过了，有人跌在地上你把他扶起来，你在汽车上让座给老人，或者是，你一定也听过无名氏的指教。这些难道不是人世间的善行吗？这是对方辩友犯的第一大错误。

第二大错误，对方辩友犯的是倒果为因的错误。对方辩友借用一种经验事实的法则告诉我们说，我们有恶的果，所以导出来恶就是因。如果真的这样说的话，我们发现是什么呢？每一个人都是恶，尤其对方辩友口口声声告诉我们要教育，要道德教育，你如何去教育呢？每一个人都是恶，由此来定出真正的法律，而定出的法律就是善法吗？恶人定出来的是恶法。如果你定出了法律，如何去遵循，每一个人都恶，我为什么要信任你，好像大家在这个地方，我为什么要相信你呢？你可能在骗我，于是我们这里所有的人都戴上面具。大家互相欺骗，互相蒙蔽，这样的世界是对方辩友所建构出来的。他告诉我们由于有欲望就建构出来个恶的世界。

对方辩友犯的第三个错误是什么呢？他告诉我们人性的性就是欲望，我们根本就晓得说，我方一开始就论证了，人性就是人的心。孟子告诉我们："人有四端之心。"这是一个善的种子，我们从来没有否认过说，人世间没有恶行。你有善苗，不见得你就不会有恶行。为什么呢？我们发现了，因为外在环境，因为资源缺乏，所以我们人在无形之中会做出一些恶的行为来伤害别人，这是不得已的。所以，我们教育跟法律就在于纠正人的行为。如果按照对方辩友告诉我们是恶行的话，你为什么去纠正它？人性本恶，人纠正的结果还是回到本。我们的人是性本善，因为我们知道每一个人都有一颗向善的心，于是你透过道德，透过教育，透过法律，他有可能会转变为好。教育跟法律的功能就是要辅导，辅导他走上善途，于是乎，教育就在这个地方茁壮了。

对方辩友举了个例子告诉我们说，原始人如何地烧杀虏掠，原始人如何地生灵涂炭。我们告诉大家的是，原始人民，他一开始那个求生的欲望，这跟本性是要区分的。因为当你如果说有五个人同时是饥饿的状态下，有一块面包在那边，一个人跑过去吃，这个时候绝对不会有人用道德来非难他。因为这个时候生存是立于道德之上的。你没有个人的生命，你没有生存的欲望，你如何来谈道德呢？所以原始人那个状况是一种动物性的本能。（掌声）所以，开始对方辩友犯的错误就是告诉我们说，人性是欲望，如果真的是欲望的话，人跟动物怎么分呢？人之异于禽兽者，已心就是一个本心的问题。所以我们说过人有善苗。今天对方辩友告诉我们说都是阳光雨露，没有错！但是有风吹雨打，因为你的风吹雨打，你的外在环境影响，你当然会做出恶的行为。所以，我们要纠正他，让他走向善的世界大同。所以，我们来看看世界上所有善行的发生吧！从历史上，从目前经验事实上面，我们发现，古往今来，志士仁人杀身成仁，等等之类。还有目前，泰丽莎修女等等之类，甚至说，大陆发生了安徽水荒，正严法师的慈济行为，对方辩友如何来解释呢？孟子就告诉我们了：“见孺子，掉落于井”，在这么一刹那之间你都会救他，你不可能把他推下去。为什么？人的本性是善的，你不要告诉我说，原来你救那个小孩子是为了虚名。原来你过马路遵守交通规则你是不得已的，你是虚假的。原来，泰丽莎修女救了你，那是一个骗人的行为。到最后，你会发现，只有浅水湾的鲨鱼才是一个大善人。（时间到）这是一个什么样的世界，这是一个恐怖的世界，这个世界之所以能够存在，就是因为我们有善根。谢谢！（掌声）

主席：谢谢王信国同学。在这一片善恶声中，人性到底是什么呢？还是让评判专家们去伤脑筋吧！接下来我们请评判团退席！我们稍后见。（休息、评判团评决）

主席：各位来宾，观众朋友，欢迎大家回到辩论会现场。在宣布成绩之前，先让我邀请评判团代表杜维明教授给我们分析今晚的赛情。杜教授请！

杜维明：主席，评判同仁，台大和复旦的辩论员，各位来宾。

作为一个海外华人，并且是关切文化中国发展前景的学术工作者，我谨代表评判团向举办1993年国际华语大专辩论赛的新加坡广播局和中国中央电视台表示恭贺和感激。他们从世界各地，亚洲、澳大利亚、西欧和北美的著名大学邀请到八队三十多位口若悬河的青年才俊，在一周之间，针锋相对，辩论了大众传播、现代化、环保、经济、道德，乃至生老病死，种种既有宏观的全球视野，又有切身的现实意义的课题，充分体现了华语国际化的精神。

还值得提出的是，昨天休会，主办单位又通过轻松愉快的旅游，为参赛朋友们提供了交谈和沟通的机会，也让大家对这个在企业竞争上勇猛如狮，而在自然环境方面又艳丽如花的星洲留下了深刻的印象。对了，新加坡建国以来的第一位民选总统王鼎昌先生和今天特别前来颁奖的李显龙副总理都是华校出身的辩才无障的政治领导，给我们很大的鼓舞和勉励。（掌声）

过去六天，台湾大学成功地建构了“现代化不等于西方化”和“安乐死应该合法化”两个命题；复旦大学也说服了评判员，“温饱不是谈道德的必要条件”、“艾滋病是社会问题”。今天呢，从正反两方来辩论人性本善，究竟鹿死谁手呢？今天下午正反两队似乎都直接或间接地采取了在古文章法里的启承转合这种策略。正方一辩站在高屋建瓴的方式引述康德、孟子和佛教，建立了性善为本，恶行为果的基本理论，脱俗不凡，条理简洁。我好像已经被说服了。

但是，这个交通规则的比喻不甚恰当。反方一辩呢，有这个排山倒海之势，坚持“人性本恶，其善者伪也”的观点，分辨自然属性和社会属性，简洁明了，很有震撼力。而且，用词精炼，有条不紊。我好像又被她说服了。（笑声）正方二辩呢，承接了一辩论述，又以西瓜种子为例，很贴切。认为欲望本身不是恶，也有理趣，使观点作了进一步的深入展开，还作了一些实证的补充。反方二辩呢，妙语如珠，既承接了一辩的观点加以发挥又猛攻正方二辩的经验基础，并且旁征博引，荀子、犹太教、黑格尔，甚至《天龙八部》（笑声），使正方好像陷入了防御的态势。那么，正方三辩作了一个转折，很有新意，但是没有充分地发挥。反方三辩大有异军突起之势，从新的思维角度展示了一些观点，比如说“放下屠刀”，屠刀何来呀，也很恰当地引用了达尔文、弗洛伊德各方面的观点。在资料运用方面，大家都能引经据典，而且也可以说妙语如珠吧。那么，似乎反方的知识结构比较谨严，也比较全面。在语气方面，正方是严厉质问，恳切坦诚，有的时候情绪比较激动。（笑声）那么反方呢，有点排山倒海，义正辞严，有时候嘛，轻松活泼，而且引逗幽默。但是，用词显得有点华丽，也许可以向平实方面再努力。自由辩论期间，双方短兵相接，此起彼落，好像双方都从金庸先生武侠小说中学到了出奇制胜的新招。（笑声）我们觉得双方似乎是势均力敌，用了先发制人哪，连续发问哪，分而治之、乃至巧设陷阱哪，声东击西等各种策略。那么，反方四辩文字流畅，好像行云流水。在结论这方面可以说是缝隙不留，圆而不滑。正方四辩呢？很有理据，特别是举出原始人的凶残是为了求生欲望，也很有说服力。但是，我提到了情绪有点激动。

那么，一般说来，反方颇能显示一种流动的整体意识，整个队伍运用一种整体配合的作战方略，加强了一种整体的攻击力，保证了对重点攻击目标的一种优势。也增强了整个辩论队伍的气势，显得中心课题比较明确，活而不乱，而且错落有致。最后呢，让我发表一点感想，中国传统文化的儒释道都强调体会、体验、体味，这种体之于身、身体力行的具体真知。在这个思想导引之下，目明耳聪，也就是明察秋毫的视德和从善如流的听德，才是雄辩的基础。能说善道固然很好，巧言令色就背离了仁厚的核心价值了。因此，这次华语的辩论，虽然常有排山倒海，甚至咄咄逼人的气势，但却一再地体现出同情、坦诚的美德，树立了非常良好的风气，值得我们效仿。谢谢大家！（掌声）

主席：谢谢杜教授为我们的大决赛所作的分析。

在宣布评决之前，先让我邀请我国副总理李显龙准将上台为我们颁发参赛证书。李准将请！（热烈掌声）我们首先颁发参赛证书给剑桥大学的代表（掌声），马来亚大学的代表（掌声），悉尼大学的代表（掌声），香港大学的代表（掌声），新加坡国立大学的代表（掌声），英属哥伦比亚大学代表（掌声）。

接下来我们看看谁是那位辞锋锐利，反应敏捷的最佳辩论员。从过去的四场初赛，两场半决赛和今天的大决赛当中，评判团一致认为全场最佳辩论员是：复旦大学的蒋昌建（热烈掌声）。现在是大家屏息以待的紧张时刻，究竟是台湾大学或者是复旦大学能够荣登冠军宝座呢？评判团经过慎重考虑之后，一致同意：优胜队伍是——反方复旦大学。（经久不息的掌声）

谢谢！谢谢各位！首先我们颁发参赛证书和奖品给亚军队伍，就是台湾大学。请台湾大学领队林火旺教授和辩论代表上台。（掌声）请领队（掌声），亚军队伍，他们获得奖杯一座和五千元的现金。现在我们请冠军队伍复旦大学的领队俞吾金教授和辩论队代表上台领奖。（热烈掌声）冠军队伍获得奖杯一座和现金一万元。我们谢谢李显龙准将、副总理。（掌声）

各位来宾，观众朋友，我们的 1993 年国际大专辩论会大决赛在这里圆满结束。谢谢各位！

简析：

本文节选自王沪宁等主编《狮城舌战》（复旦大学出版社 2004 年 11 月版）。辩论赛是一种极富理性的“高水平的智力游戏”，集道德涵养、文化积累、知识结构、逻辑思辨、心理素质、语言艺术、整体默契、仪表仪态为一体，是高水平的、综合素质的较量，极富魅力。本次辩论赛的第一位辩手复旦大学队的姜丰同学陈辞亲切感人，逻辑层次一一展开，表现出志在必夺的自信，不畏强手的意志，先声夺人，先入为主，“好的开头是成功的一半”。其他三位男辩手也表现不凡，整场辩论一气呵成、精彩绝伦，他们最终赢得了这场比赛。本次辩论是当代大专辩论史上的一个经典范例。

主要参考文献

陈建军．2005．演讲理论与欣赏．武汉：武汉大学出版社
陈汝东．1999．社会心理修辞学导论．北京：北京大学出版社
程在伦．1992．演讲与口才．北京：高等教育出版社
高捍东．1996．有效演讲口才技能．长沙：中南工业大学出版社
郭海燕，徐永富，张立中等．1990．实用演讲艺术．北京：学苑出版社
郭水泉，李祖超．1991．演讲教程．武汉：湖北人民出版社
韩宝育．2002．语言与人的意义世界．北京：中国社会科学出版社
康家珑．2003．语言的艺术．北京：海潮出版社
李次授．1997．演讲艺术品评．武汉：华中理工大学出版社
李杰群．2002．非言语交际概论．北京：北京大学出版社
李军华，朱文妮．1998．口才艺术品评．武汉：华中理工大学出版社
刘德强．1996．现代演讲学．上海：上海社会科学院出版社
马银春．2005．口才训练与演讲艺术．北京：中国物质出版社
苗发勇．2007．提高领导讲话魅力的 10 大策略．南宁：广西人民出版社
莫非著．2006．实用口才学．广州：暨南大学出版社
欧阳友权．2001．口才学．长沙：中南大学出版社
孙海燕，刘伯奎．2004．口才训练十五讲．北京：北京大学出版社
孙洁编．2002．口才改变命运．北京：海潮出版社
谭达人．1997．幽默与言语幽默．北京：北京三联出版社
涂伟谦．1990．现代演讲艺术．成都：四川人民出版社
王宏民．2009．大学语文．钟露鑫，北京：科学出版社
王沪宁，俞吴金．1994．"狮城舌战"启示录．上海：上海人民出版社
王培光．2005．语感与语言能力．北京：北京大学出版社
王希杰．2006．会说话就是财富．长沙：湖南师范大学出版社
王志凯．2004．口才一本经．西安：西北大学出版社
未艾，晓芳．1997．论辩艺术品评．武汉：华中理工大学出版社
武传涛．1992．著名演讲鉴赏．济南：山东人民出版社
萧胜平．2008．幽默与人际关系．北京：中国纺织出版社
谢伯端．2001．实用演讲与口才教程．武汉：华中科技大学出版社
谢承志．1995．明明白白我的心——怎样演说．上海：上海古籍出版社
谢伦浩．2004．演讲态势表达技巧．北京：石油工业出版社
熊文华．2005．表达与听解．北京：国防大学出版社
余培侠．2001．创世纪舌战——2001 年国际大专辩论会纪实与评析．北京：西苑出版社
张德明．1996．世纪之辩——首届中国名校大学生辩论邀请赛纪实．上海：复旦大学出版社
张先亮．2003．语言交际艺术．北京：科学出版社
赵传栋．1997．论辩原理．上海：复旦大学出版社
赵贤德．2010．普通话与汉语应用研究．北京：光明日报出版社
朱锋．1995．辩论的实践与技巧．北京：北京大学出版社

后　记

教学中，我们常常发现很多大学生都渴望掌握好语言这个交际工具，但是却苦于不知如何着手，结果在求职、就业、升迁、恋爱以及与人交往过程中因语言表达问题而错失良机。

有鉴于此，我们根据现实的需要，组织一批有教学经验和演讲实践经验的高校教师编写了这本书。

关于演讲与口才的重要性，有人说：是人才的不一定有口才，但有口才的一定是人才。又有人说：挽救生命的是药材，拯救灵魂的是口才。还有人说：会说话的说得人笑，不会说话的说得人跳。可见口才的重要性。

在研究易中天等名人演讲艺术的时候，我们顺便辑录了一些他们比较精彩的甚至搞笑的语言，这是因为中国人本主义观念讲究“三不朽”，即“立德、立功、立言”。我们认为，立德、立功固然可贵，但立言更重要。因为人是受思想支配和认知指导的，人类的理智不灭，语言的影响力就会存在。而人的苦与乐、贤与不肖、圣人和魔鬼的差距完全取决于心灵的状态，而最能够直接改变和影响心灵状态的最佳手段也是最便宜的手段莫过于语言文字了。

在本书即将问世时，作为主编，我感谢各位编者的通力合作，感谢科学出版社的信任和支持，感谢江苏技术师范学院教务处领导及教材科周丽琴科长的鼎力支持，更企盼使用本教材的广大师生能提出宝贵的意见和建议。有好的意见或者建议，请与我们联系（联系方式QQ734864606），我们将择善而从之。

最后我们要说明的是，本书在编写过程中，参阅了大量的演讲方面的文献资料，浏览了大量的网络信息资源，吸收了众多同行的有关研究成果。凡所引用著作、观点及事例，我们都尽量在参考文献中加以注明。尽管如此，由于一些主客观原因，也难免有遗珠之憾。在此，敬请原著者谅宥并致以诚挚的歉意。

赵贤德

2010年10月